Encountering Children
A Humanistic and Relational Approach to Childcare

子どもと出会う保育学

思想と実践の融合をめざして

西 隆太朗
［著］

ミネルヴァ書房

はじめに
──探究の出発点──

　保育は，人と人とのかかわりによって成り立つ営みである。どんなに優れた環境や立派なプログラムが整備されていても，保育者その人と子どもとの間に信頼ある関係が築かれていなければ，保育は成り立たない。人間的なかかわりこそが，保育の根本にある。

　人間的なかかわりとは，一方的に子どもを動かすのとは違って，相互的な行為である。子どもたちの心を受け止めながら，保育者も日々，心動かされている。大人が子どもと応答的にかかわるなかで，遊びの世界を共に楽しみ，生活のさまざまなことにつきあいながら，人として心を通わせていく点は，保育の専門職であっても，家庭やその他のさまざまなかかわりであっても，変わらない。保育学には幅広い領域が含まれるが，そのなかには，職業上の技術や知識を越えて，保育の基盤となるもの，人間として育ち合う体験を扱うものがなければならないだろう。

　本書は，「子どもと出会う保育学」を探究するものである。その探究は，保育の場を訪れるなかで，筆者なりに子どもたちと出会ってきた経験から始まっている。筆者自身が子どもと出会い，考えを深めていく過程では，倉橋惣三，津守眞の保育学が助けとなった[*1]。彼らは自ら子どもたちとかかわるなかで，保育について，人間について思索を深めてきた。その著作は，時代を越えて多くの保育者を支え続けている。

　子どもと出会うなかで，保育について，また人間について考えるということは，誰もがしていることである。一つひとつしている具体的なことは，楽しい遊びや，生活のこまごましたことや，人間同士のぶつかり合いであって，大人の社会から見れば，ささやかなことかもしれない。けれども，その一つひとつ

　＊1　倉橋惣三については本書第１章及び第２章，津守眞については第３章で詳しく論じる。

の行為や思いが積み重なって，人間が育ってゆく。誰かが子どもに思いを込めてかかわり続けることがなければ，未来の社会も生まれないだろう。また，子どもと出会う私たち自身も多くのことを教えられる。子どもたちと出会うたび，私たちは人間の原点に身をもって触れ，その理解を新たにする。筆者にとっての保育学は，こうした世界を探究する学問である。

今，子どもと出会う保育研究は，十分なされているわけではない。離れたところから「客観的」な観察を行う研究者とは違って，自ら身をもってかかわる保育者の思索は不確実であって研究たり得ないという考えが，その背景にある。けれども「客観的」な研究だけでは，子どもと出会う保育者の実際のあり方が視野の外に置かれてしまう。保育学が，保育を支える基盤である保育者という存在に，リアリティをもって触れることができなくなる。

本書では，子どもたちとの人間的な出会いを通して，実践と研究を結ぶ新たな保育学を探究する。まず，倉橋惣三，津守眞ら，子どもと出会う保育学の思想を再検討し，その現代的な意義を明らかにする（第Ⅰ部・第Ⅱ部）。また，自ら子どもと出会う保育学を研究するための方法論について検討する。その際には，こうした研究の先駆者である津守眞の著作に加えて，自らかかわる事例研究の歴史をもつ心理療法学の方法論を参照する（第Ⅲ部）。最後にこれらに基づいて，筆者自身の体験による事例研究を行う（第Ⅳ部）[*2]。

「序章」には，筆者が折々に体験した保育園でのエピソードをあげている。ささやかなものではあるが，筆者が保育のなかで何を大切にしたいと思っているか，また，本書のエッセンスを伝えられるのではないかと思う。第Ⅰ部から第Ⅳ部の冒頭にもイントロダクションを置き，各セクションの背景となっている思いを手短に示すこととした。

なお本書においては，倉橋惣三・津守眞の観点を受け継ぎ，教育と保育，教師と保育者を，本質において同じものと捉える。倉橋も津守も，人間として子どもとかかわり，その成長に携わるという本質において，教育と保育は変わらないと考えている（津守，1998；2001）。

---

*2　エピソードや写真を研究に用いることについては，園を通して保護者の了解を得ている。

はじめに

　探究を始めるにあたって，本書の全体に通底する考え方について述べておく。「関係性と相互性」「イメージと物語」「人間的な視野」が，そのキーワードである。詳しい議論は本書の全体を通して行うが，ここではその概略のみを共有し，探究の出発点としたい。

関係性と相互性
〈保育の関係性〉

　保育者と子どもの関係は，保育の基盤である。直接かかわることももちろんだが，心がつながれるということが根本にある。その人といて安心できるという体験があれば，それを背景として，子どもは自分から世界を広げていくことができる。

　関係性の観点から見るとき，保育の理解はまったく異なるものになる。新しいクラスに入ってきた子どもが，さまざまなトラブルに巻き込まれているとする。その子の問題を突き止めて，直接にどう指導するかを考えるのは，問題をその子個人のものとする限定的な視野であり，保育を技術的に見る立場である。これに対して関係性の観点からは，現象はその子個人だけでなく，人とのかかわりのなかで生まれるものと捉えられる。保育のなかでは，何よりも保育者との関係が問われるのであり，それなくして保育は始まらない。ある子を新しくクラスに迎え入れるなら，その子が私のクラスでどう安心して過ごすことができるかが，第一の問題になる。私自身がどうかかわるかによって，その子のあり方も，周りとの関係も，変わってくるだろう。

　保育のなかで子どもたちが見せる姿から，その子の問題や課題ばかりを見るのは，関係性を排除した視点である。これに対して関係性の観点からは，子どもの姿が私たちのかかわりを映し出す鏡と捉えられる。子どもたちとかかわることは，私自身を振り返り省察することを必要とし，またそのことが新たな出会いの可能性を開く。

〈相互性〉

　保育者は日々のかかわりを通して，子どもたちの思いを受け止め，その成長

を支えようと願っている。けれども，そう願って取り組むほど，自分自身のほうが支えられ，教えられているのである。教えること，学ぶこと，子どもの心を受け止めることは，一方的になされることではない。むしろ子どもたちから学び，育てられることを通して，私たちはその子の成長を支えることができる。

　一人ひとりの子どもの個性的な成長を見出すことができるのは，子どもとつきあうときの楽しみである。その一つひとつに応答していくことを通して，その子も私も，共に育ってゆく。

　保育は子どもたち自身の力を生かすことによって進む過程であり，私一人が進めていくものではない。一方的に子どもを動かす保育に陥るときは，保育者はどこかで子どもよりも自分を優位に置こうとしているのであり，それは子どもを人間として信頼しない見方である。

　人間は誰も対等な重みをもった存在であり，どんなに幼い子どもにも，その幼い時期こそがもつ輝きがある。それぞれに担っている役割は違っても，人間としての重みは変わらない。幼い者を低く見るとか，大人にとって都合のよい能力の高い低いばかりを問題にするのは，偏見である。相互性の観点に立ち，子どもたちに敬意をもって接するとき，私たちは偏見から自由になり，目の前の子どもに出会って学ぶことができる。

イメージと物語
〈言葉を超えて〉
　直接的な言葉も大事だが，互いに心通じ合うときには，イメージや物語，あるいは雰囲気といった言葉にしがたいものも，大きな役割を果たしている。「あなたを大事にしていますよ」と言葉にすれば，子どもが安心するというわけではない。幼い子どもたちは言葉を越えて，私たち自身の本当の思いを感じとっている。共に心から楽しんだ一日や，対等な話し合いのなかで生活を共にする体験があれば，そこから新たに関係は深まっていく。

　イメージは心によって生かされる。ただの砂が大切な贈り物になるのは，そこに子どもの心が込められているからである。だから子どものイメージは，共に遊び，かかわって体験を共有するときに，よりよく理解される。イメージや

物語の世界を共に体験することによって，心がつながれる。子どもとの信頼関係は，意図的な操作を越えて，イメージや物語の世界で共に遊ぶなかで，自然と育まれていくものである。

〈無意識の創造性〉

　イメージと物語の生命や，遊びの楽しみは，人工的につくり出すことができない。それは意図や意識を超えて，子どもの心から生まれ来るものである。

　創造とは，意識的・計画的な積み重ねだけでは達成することのできないものである。創造のプロセスは「孵化」に喩えられている。信頼関係によって温められ，表面からは見えない心を耕す時間が与えられるなかで，子どもたちは新たに育ってゆく。保育者の成長も同じである。

人間的な視野

〈保育によって培われるべきもの〉

　保育において，個々の能力を取り上げてそれを増進しようという考え方がある。一日一日の保育に目標と計画が定められ，そして何歳までには何を達成すべきかが示される。確かに保育者が日々を振り返ることも必要であり，子どもたちも大人の側で考えた目標など遥かに超えて育ってゆくものだろう。

　けれども人間とは，個々の能力を集めたもの以上の存在である。人間は，機械に部品を取り付けるようにして育つわけではない。特定の能力を短期的に引き伸ばすことばかり考えていると，子どもの心が置き去りになる。幼い子が，こんなに無理して頑張っていたんだねと思わされることもある。

　保育学には，目につきやすい能力だけでなく，見過ごされがちな心の世界を含めて，子どもを全人的に捉える視野が必要である。保育は，大人にとって都合のよい能力を引き伸ばすためではなく，その子が自分自身の人生をよりよく歩むためになされる。育ちゆく力は子どもたち自身のなかにあり，保育はその力を生かすことによってはじめて成立する。子どもが育つ力は大人が予定した通りに発現するとは限らない。特に子どもの主体性は大人への反抗となって現れることも少なくないから，大人には自分の枠組みを越えるものを受け止めるための人間的な器が求められる。

乳幼児期の保育において培われるべきものとして，津守眞は「存在感」「能動性」「相互性」「自我」をあげている（津守，2002）。これらはいずれも，目に見える個々の能力ではないところに意義がある。もちろん子どもたちは保育のなかで，私たちが思う以上にさまざまな力を身につけていく。それを見過ごすのではなく，一人ひとり違うその力を発見し，応えていくことも保育者の専門性に含まれる。しかし，そうした個々の能力を生み出す根本こそ，人生の出発点において培われるべきものだろう。津守は先の4つのキーワードを，子どもたちと出会う保育の経験から導き出した。保育学者は人間の原点について，子どもと出会い，子どもを受け止めるなかで考えるのである。

〈価値観の問いなおし〉

　保育のように人間と出会う営みには，一面的な価値観で臨むことができない。能力が高ければ，発達が早ければよいという考えにとらわれていると，それは容易に偏見となって，目の前の幼い子どもと心を通わせるうえでの妨げとなる。今しかない，その時期こそがもっている尊さを見失うことになる。また，「社会的に望ましいと言われていること」だけにとらわれていると，子どもの思いが見えなくなる。泣きやませることばかり考えていると，それが壁となって，その子の心を汲むことができなくなる。

　目の前の子どもに心を開いてかかわることは，既成の価値観や，自分が当然視していた枠組みを越えることを必要とする。枠をはみ出そうな遊びや，子どもたち同士のぶつかり合いをただ制止するのではなく，一つひとつ思いを共にしながらつきあっていくとき，私たちは遊びの本質や，人間同士の交わりについて理解を深めていくことができる。自分とは異なる他者と出会うことは，自らの価値観を問いなおすことにつながっている。

〈保育者の専門性と人間性〉

　幼い子どもたちに細やかな配慮をもってかかわることのできる人，子どもたちが一緒にいたいと思う人，その人がいることで子どもたちが安心して自らの挑戦に取り組むことのできる人，そんな保育者を保育の場で見てきた。保育者にはさまざまな力が求められるが，関係性の観点からは，何よりも子どもとのかかわりが重要になる。

はじめに

　保育者の専門的なかかわりは，家族や，親しい友人や，ボランティアのかかわりとは異なるものと考えられがちである。しかし，人と人として出会うという次元では，専門職もそれ以外の人も本質が異なっているわけではない。何より，子どもはそのような肩書きによって大人を見てはいない。思いを込めて子どもとかかわり，子どもが求めるものに応えていくことは，誰であっても同じことである。保育者の専門性は，日常の人間関係と地続きであり，それを深めたものであるところに特徴がある。子どもとの関係性という点では，保育について学び，探究する道は，誰にも開かれている。

〈意味と解釈の世界〉

　子どもたちと出会うとき，私たちはその子の気持ちについて考える。自分なりに理解しようと願ってかかわれば，その子も私を理解して応えてくれる。保育の関係性は，互いに理解し合い，影響を与え合うなかで深められていく。

　保育者にとって，行為の意味を理解し解釈することは，基本的な行為である。しかし客観主義的な研究においては，意味と解釈の世界はほとんど扱われてこなかった。そこには保育者の主観が働くから，確実な研究たり得ないと考えられてきたのである。そうなると，保育学は保育者の基本的な行為を扱えないことになる。保育者のありようを外側から調査することはできるが，そうやって多くの人について表層的な次元を知ってみても，私が保育者としての自分自身をつくっていく内的な過程には，あまり役に立たない。

　ここで必要なのは，既存の学問の枠組みに当てはまらない問題を排除するのではなく，むしろ意味と解釈を探究するのにふさわしい方法を探究することだろう。そのためには先入観を超えて，子どもたちとのありのままの出会いから考えを進めてみてはどうだろうか。子どもたちはきっと，共に理解し合い，育ちゆく世界へと，私たちを温かく迎えてくれるだろう。

　意味と解釈の世界は，長い歴史のなかでは文学や哲学によって扱われてきたが，保育学ではその原点が人とのかかわりのなかで見出される。そう考えると，それは広く人間にとって大切なことに思える。そのような新しい保育学のあり方を，本書では探究していきたい。

子どもと出会う保育学
―― 思想と実践の融合をめざして ――

目　次

はじめに──探究の出発点

序　章　子どもたちとの出会いのなかで……………………………… 1
　1　保育のなかの静かな時間 ……………………………………………… 1
　2　転がすということ ……………………………………………………… 4
　3　心が開かれるとき ……………………………………………………… 7
　4　保育園の砂──ある日の去りぎわに ……………………………… 10
　5　保育はみんなでつくるもの ………………………………………… 13

第Ⅰ部　倉橋惣三の保育思想

Introduction　倉橋惣三を読む …………………………………… 18

第1章　倉橋惣三の保育者論
　　　　──小説「夏子」から読み解く ……………………………… 23
　1　保育者のアイデンティティ ………………………………………… 23
　2　物語を読む意義 ……………………………………………………… 24
　　（1）過程を捉える視点の必要性　24
　　（2）保育思想における体験的基盤の意義　25
　　（3）「語り」という媒体の意義　27
　　（4）小説「夏子」を読み解く　29
　3　語りのなかの保育者論──小説「夏子」から …………………… 30
　　（1）冒頭──ある朝に　31
　　（2）恩師への手紙　32
　　（3）ある母親との出会い　33
　　（4）講習会での疑問　34
　　（5）結末──家路　36
　4　倉橋の保育者論の現代的意義 ……………………………………… 38
　　（1）保育者のコミットメント　38
　　（2）意識を超えたインキュベーションの過程　39

　　　　（3）対象とかかわって自ら学ぶこと　*41*
　　　　（4）保育者の省察　*42*
第2章　子どもの心へのアプローチ
　　　　――倉橋惣三における「保育の心理学」……………………………… *45*
　1　保育のなかで子どもの心に触れること ……………………………… *45*
　2　人間的なかかわりの視野 ……………………………………………… *45*
　　　　（1）かかわりのなかで理解する　*47*
　　　　（2）全体性の視野をもつ　*47*
　　　　（3）一人ひとりの個性を捉える　*47*
　　　　（4）自分自身の心で受け止める　*48*
　3　保育者自身のかかわりを通した理解 ………………………………… *48*
　4　保育者自身のあり方を問う姿勢 ……………………………………… *49*
　5　保育実践と結びついた研究の可能性 ………………………………… *52*

第Ⅱ部　保育者の省察

Introduction　保育者の専門性を考えるために ……………………… *56*
第3章　保育者の省察とその過程
　　　　――津守眞の保育思想……………………………………………… *61*
　1　保育における「省察」………………………………………………… *61*
　2　子どもたちとの出会いに立ち返って ………………………………… *63*
　3　津守眞における省察の概念 …………………………………………… *64*
　4　省察の過程とその実際――事例から考える ………………………… *66*
　5　省察の過程 ……………………………………………………………… *68*
　　　　（1）保育の体験という出発点　*68*
　　　　（2）行為を表現として見ること　*70*
　　　　（3）コミットメント（保育者の主体的・全人的関与）　*71*
　　　　（4）インキュベーション（孵化）の過程　*74*
　　　　（5）子どもとの相互的関係　*75*

        6 　自らかかわるなかで理解するということ ……………………………… 76
            （1）「主観的解釈」への批判を超えて　76
            （2）事例を見る眼の必要性　79
            （3）解釈の方法論とその可能性について　80

第4章　保育者として生きるということ
    　　――津守房江の保育思想と解釈の方法論 ………………………………… 85
        1 　保育研究における生活者の視点 ………………………………………… 85
            （1）生活の営みとしての保育　85
            （2）津守房江の保育思想　86
            （3）事例解釈とその方法論　86
            （4）検討の方法　87
        2 　背景――津守房江がかかわった保育の場 …………………………… 87
        3 　津守房江の保育思想――保育を捉える視点 ………………………… 89
            （1）内的世界の意義　89
            （2）相互性　91
            （3）生命性　94
            （4）人間性の次元　95
            （5）生活のリアリティ　97
        4 　解釈の方法論とその前提 ……………………………………………… 98
        5 　解釈の実際 ……………………………………………………………… 100
            （1）既存の枠組みを超える要素　101
            （2）つながりの多重性　102
            （3）コンテクストの理解　103
            （4）保育者自身の省察　103
            （5）普遍性の次元　104
        6 　解釈の主体としての保育者 …………………………………………… 104

目　次

第Ⅲ部　保育における事例研究の方法論

Introduction　自らかかわって理解するということ……………………… *108*

第5章　保育における事例研究のために
　　　　──保育の関係性を理解する出発点………………………………… *113*

　1　保育における関係性の意義…………………………………………… *113*

　2　子どもと出会う事例研究に関する先行研究………………………… *114*

　　（1）自らかかわる関係性の理解　*114*

　　（2）津守眞の保育研究とその背景　*116*

　　（3）エピソード記述の方法論との関連　*119*

　3　保育における事例研究のための概念整理…………………………… *121*

　　（1）事例，エピソード，素材　*121*

　　（2）理解と解釈　*122*

　　（3）保育，保育者，研究者　*123*

　　（4）臨床心理学，心理療法学，精神分析学　*124*

　　（5）事例研究の方法論　*125*

第6章　子どもと出会う事例研究の方法論
　　　　──保育事例の選択・記述・解釈をめぐって……………………… *127*

　1　事例の意義…………………………………………………………… *127*

　　（1）保育としての意義　*127*

　　（2）保育観の次元　*128*

　　（3）省察を触発すること　*129*

　2　事例と素材の選択…………………………………………………… *130*

　3　事例記述の方法について…………………………………………… *135*

　　（1）保育者の視点からの記述　*135*

　　（2）事実と解釈の区別　*135*

　　（3）出来事の継起（シークエンス）　*137*

　　（4）保育者のかかわりと関係のコンテクスト　*138*

　　（5）さまざまな素材の性質を区別すること　*139*

xiii

　　　　（6）保育者の主観的体験　*140*

　　　　（7）記述の生きた具体性　*142*

　　4　事例解釈とその妥当性……………………………………………… *143*

　　　　（1）自らの解釈を問いなおす　*143*

　　　　（2）素材に基づいて考える　*144*

　　　　（3）子どもからのフィードバック　*146*

　　　　（4）解釈のコミュニティ　*148*

第Ⅳ部　保育的関係の展開

Introduction　物語と子ども …………………………………………… *152*

第7章　見えないものが心をつなぐ
　　　　――遊びのなかのイメージと関係の展開………………… *157*

　　1　遊びの世界で子どもとかかわること ……………………………… *157*

　　　　（1）子どもと遊びの世界　*157*

　　　　（2）保育と遊戯療法　*158*

　　　　（3）イメージと関係性　*161*

　　2　保育園を訪れて …………………………………………………… *163*

　　　　（1）子どもたちとかかわる体験　*163*

　　　　（2）事例の抽出と検討　*164*

　　3　ある子どもとの出会いから ……………………………………… *165*

　　　　（1）エピソード1：保育のなかの静かな時間　*166*

　　　　（2）エピソード2：Cくんのスポーツカー　*167*

　　　　（3）エピソード3：思い出のアルバム　*170*

　　4　イメージと関係の展開 …………………………………………… *171*

　　　　（1）イメージが実現する過程を共にすること　*172*

　　　　（2）役割を超えたかかわり　*174*

目　次

第8章　絵本を通して子どもとかかわること
　　　　──相互的な意味の創造…………………………………………… 177
　　1　絵本を捉える関係性の視点………………………………………… 177
　　　　（1）絵本の体験と保育の関係性　177
　　　　（2）絵本を通したかかわりについての先行研究　178
　　2　子どもと交わる保育による研究…………………………………… 180
　　3　2歳児クラスでのかかわりから…………………………………… 181
　　　　（1）エピソード1：存在を受け止める通路としての絵本　182
　　　　（2）エピソード2：関係のなかで新たな意味が生まれる　185
　　　　（3）エピソード3：イメージは関係のなかで生かされる　190

第9章　園庭のコロンブスたち
　　　　──ランゲフェルドの臨床教育学とお話づくりの体験………… 195
　　1　「コロンブス・テスト」について………………………………… 195
　　　　（1）ランゲフェルドの「コロンブス・テスト」　195
　　　　（2）ランゲフェルドの観点　196
　　　　（3）物語の解釈について──関係性の観点から　198
　　2　保育園での実施にあたって………………………………………… 202
　　　　（1）保育園での実施について　202
　　　　（2）実施方法　203
　　3　「コロンブス」の語りから………………………………………… 204
　　　　（1）エピソード1：旅の始まり　204
　　　　（2）エピソード2：関係の広がり　207
　　4　創造の体験とその共有……………………………………………… 213
　　　　（1）「コロンブス」から読み取られるもの　213
　　　　（2）「コロンブス」的なかかわり　214
　　　　（3）エピソードから「成長」を捉えなおす　215

第10章　去りぎわが生まれるとき
　　　　──保育における出会いと別れ…………………………………… 217
　　1　去りぎわの体験について…………………………………………… 217

　　　　（1）保育のなかの別れの意義　*217*
　　　　（2）保育のなかの別れに関する研究の状況　*217*
　　　　（3）去りぎわに生まれるかかわり　*218*
　　2　子どもたちとの出会いのなかで考える………………………………*219*
　　　　（1）子どもと交わる保育による研究　*219*
　　　　（2）保育園での事例について　*220*
　　3　2歳児クラスでの出会いと別れ………………………………………*220*
　　　　（1）エピソード1：残されるもの　*220*
　　　　（2）エピソード2：別れは人と人との間で生まれる　*224*
　　　　（3）エピソード3：別れによって出会う　*226*

おわりに　*229*

文献一覧　*233*
初出一覧　*245*

序章
子どもたちとの出会いのなかで

　「子どもと出会う保育学」の探究を始めるにあたって，最初に筆者が子どもたちと出会って体験したエピソードをあげることにしたい。
　これらのエピソードは，保育を学ぶ者として保育園に通うようになった歳月のなかで，折々に書き留めてきたものである。

　幼い子どもたちとかかわる保育のことは，大所高所の議論より以前に，こんな何気ない場面を通して描き出されるように思う。

1　保育のなかの静かな時間

　子どもたちに導かれ，共に夢中になって遊ぶとき，ふと静かな時間が訪れるときがある。
　保育園はいつでも笑顔に溢れていて，普段は嬉しく，ときに悲しく，そして優しく，子どもたちの声が響きわたっている。片時も止むことのないさざめきのなかに，それでも私とその子と二人だけの間で，静かな時間を感じることがある。
　はじめて保育園を訪れたころ。
　それまでのように仕事としてではなくて，保育を学ぶために——と言うよりは，たぶん子どもたちと一緒に遊ぶために，だったのかもしれないが——Ａ保育園に通わせていただけることになった。
　園庭に現れて，まだ少し戸惑っている私を，子どもたちはすぐに見つけて，

「動きやすい服装」であってもなくても，子どもたちは遊びの世界に連れていってくれる。

彼らの世界に誘い出してくれた。子どもたちは園庭を訪れる鳥に興味があるようで，鳥たちの話をしているうち，みんなで鳥になって遊んだりした。みんながかけてくれたビニールシートが，私の翼になった。

　フロイト(Freud, S.)[*1]は，心理療法の自由な語らいを，患者の心の世界を共に旅することに喩えた。アクスライン(Axline, V. M.)の『遊戯療法』には，「子どもが導いてくれる(The child leads the way)」という言葉がある[*2]。

　いま，子どもたちは喩えでなく，園庭に訪れた新参者の手を取って，彼らの世界への旅に導いてくれたのだった。

>「おにいちゃん，こっち来て！」
>　3歳のBくんに手を引かれ，園庭中を駆け回っているうちに，私もいつのまにか

---

*1　フロイト, S. (1856-1939)　精神分析学の創始者。夢や症状など，意図を超えて生まれる無意識の働きを探究した。無意識の心の動きを理解していく精神分析療法において，「転移・逆転移」の概念によって示される患者と治療者の関係性が鍵となることを示した。

*2　心理療法・カウンセリングは，保育とは異なる領域ではあるが，子どもの心の世界を尊重し，信頼関係を築くなかで共に成長していく営みである点で，保育と共通点をもっている（Freud, 1913；アクスライン，1972）。本書で言う心理療法学，精神分析学がどのようなものかについては，第5章第3節を参照されたい。

序章　子どもたちとの出会いのなかで

さるになりきって遊ぶ時間はいつまでも続くような気がした。

無心に遊んでいた。Bくんは雲梯のところに行って、ここにぶらさがってほしいと言う。私がやってみると、みんなは「すごい」と言って喜んでくれた。子どもたちは、できるようになりたい、伸びていきたいという気持ちでいっぱいのようだった。

それを見ていた同じ3歳のCくんも、雲梯に登りたくなった。柱に手を掛けたあと、私のほうを少し振り返るようにして、はっきりと言葉にはしないけれど私に支えてほしいらしく、どことなく切ない顔で私を見上げる。私に抱えられて雲梯によじ登ると、Cくんは本当に嬉しくなる。嬉しくて、「おさるさんみたい」と言いながら、キャッキャッと鳴き声をあげる。それから降りるときは、ただ降りるのではなく、自分の両手を使って自分の力で降りていきたいようなので、私も手を添えるのは軽くする。

「もう一回！」。Cくんはどんどん登りたくなり、左側の柱から登れば今度は右の柱から、右から登れば次は左から、何度も何度も雲梯の上で「さるになった！」と鳴き声をあげ続けた。さるになりきったCくんをあちらこちらと押し上げながら、私はこんなにも一心に遊んでいられることを嬉しく思うと同時に、この興奮がどこまで高まっていくのだろう……とも、どこかで思っていた。

そのとき、雲梯の上で、Cくんはふと私の腕時計に気づいて、「これ、動いてる……」と呟くように言った。そのデザインを、「かっこいい」とも言ってくれた。それから私の指輪を見て、「結婚してるの？」と尋ねた。

こんなとき、あまりうまい言葉も見つからなくて、ああとかうんとかありがとうとか言うしかなかったのだが、さっきの興奮は風が吹くように通り過ぎていったよ

3

> うで，ただ二人の静かな時間が訪れた。園庭ではみんなが遊ぶにぎやかな声もしていたのだろうし，さっきまではどこまでも興奮が収まらないように思えていたのだが，このときは落ち着いた時間が過ごせた気がした。この静かな時間のなかで，人と人として，Cくんと親しくなれた気がする。
> そのうちに，保育士の先生が声をかけて，みんなが集まる時間になった。「また遊ぼうね」とCくんに言うと，Cくんは「ぜったい？」と何度も振り返りながら，みんなのほうに駆けていった。

嬉しいこと，楽しいこと，悲しいこと——どんな感情も，子どもたちは体いっぱいに感じ，伝えてくれる。子どもらしさを失いかけた私たちには，その感情を抱えきれないこともある。

高まる感情をどう受け止めればいいのか，その解決は，あらかじめわかっているわけではない。なだめてみたり，収めようとしてみたり，制止してみたりしても，自然が生みだす感情を抑えつけることはできない。そうではなくて，自然の感情を二人で一心に体験するなかから，何か思いがけないもの，新しいものが生まれる気がする。心を支え，関係を深める力は，子どもたち自身がもっている。

保育園では，いつでも何かが新しく生まれている。まだ何かはわからないけれど，その新しい未来に出会いたくて，また保育園を訪れている。[*3]

2 転がすということ

あれから，私はA保育園に毎週通うようになった。自由な遊びが広がる時間，子どもたちに誘われて，いろいろなクラスに入れてもらっている。他の保育園，幼稚園も訪れるようになって，何年かが過ぎた。

> 今日は，園から帰る前に，少しだけ０歳児のクラスに立ち寄った。
> 私が入っていくと，人見知りのころの子どもたちは，じっと立ち尽くして私のほ

＊3　Cくんとは，その後もさまざまな機会にかかわることが多かった。その体験については，本書第7章で述べている。

序章　子どもたちとの出会いのなかで

迎える笑顔——体はもう，一緒に遊ぶものを探して動き出している。

うを見ている。泣かせちゃいけないな……と思い，私はいきなり近づいていくことはしないで，その場にあったチェーンリングを集めて遊んでいた。

　そうしているうちに，一人で遊んでいる私を見かねたのか，1歳を過ぎたころのDくんが，とてとてとて……とやってきてくれた。そこにあるおもちゃをしばし見渡したあと，ボールに目を留め，私のほうに転がす。[*4]

　私もボールを転がし返す。Dくんはニコニコ笑って，またボールを転がしてきた。そこにDくんより少しだけ大きなEくんがやってきて，ボールをつかみ取り，私のほうにバウンドさせる。転がしたり，バウンドさせたり，その子に合った動かし方，投げかけ方があるんだな……と思いながら，私もボールを返す。するとボールは，じゅうたんのでこぼこ模様のせいもあって，Eくんの後ろに転がっていった。Eくんはボールを追いかける。Dくんはボールが向こうに行ったので，今度は鈴のきれいな音が鳴るおもちゃを見つけて，私に持ってきてくれる。

　それからもDくんは，いろいろなおもちゃを見つけては，私のところに持ってきてくれた。来客をあれこれともてなすように。

　どこかしら，子どものころに親戚の家を訪ねたときのことを思わせる。「隆太朗，これがええか，あれがええか」と，お菓子やおもちゃを見繕ってもらった日が，私

＊4　保育園では，4月時点での満年齢を基準にクラスが設定される。0歳児クラスも，秋や冬になれば1歳を超える子が大半になってくる。子どもたちの成長のスピードを考えると，どのクラスもそうだが，特に0歳児は目覚ましい変化を遂げるクラスである。

> にもいつかあった。
> 子どもと遊ぶときはいつもそうだが，大人が遊んであげるというのではなく，子どものほうから，この人と共に楽しむには何がいいだろうか……と案じてくれているように思う。Dくんはそんなふうに，私という訪問者を迎え入れてくれた。
> お昼が近づくころ，私が園から帰る前のたった数分の出来事だったが，ふと訪れた私にも，子どもたちは楽しみと親しみのひとときを与えてくれた。

いつもと違うクラスを訪れたときのことについて，津守眞はこう語っている。

> はじめてのクラスにいったとき，私はこちらから子どもに話しかけたり，誘ったりしないことが多い。手もちぶさたで不安定なのは私の方であって，その不安から逃れるためにさわがしくして，私の必要に子どもを巻きこんだら，子どもの姿が見えなくなるだろう。私はただ座っていたり，あるいは，子どもと同じように，積木を並べたり，紙を切ったりしている。すると，子どもの方から近寄ってきてくれて，私が思っていなかった何かがはじまる。こうして子どもの世界を見せてもらうことは数限りなくある（津守, 1989, p. 17)。

そこにいる大人が，どんな思いでそこにいるか——言葉や行動にしなくても，私たちのあり方は，保育の展開に影響している。積木を並べたり，紙を切ったりしている大人は，子どもたちの遊びの世界を共有できる人であり，自分を子どもに受け入れさせようとする者ではなく，子どものためにそこにいようとする人であることが伝わるのだろう。

子どもたちの世界を分かち合うことを許されるとは，こんなふうに始まる体験なのだと思う。

ボールが一つあるだけで，言葉でなくても，子どもたちとの世界が広がっていく。言葉の「キャッチボール」はよく使われる喩えだが，乳児のクラスでは文字通り，ボールが心を通わせてくれる。

ボールを転がすということ。

そっと転がせば，ボールがゆっくりと相手のほうに向かう。自然と心が開かれる。心を向けてくれていることが伝わってくる。空中に投げるのとは違って，ゆったりしたペースもあり，相手とかかわりたいというささやかな願いが，目

に見えるような気がする。

　何もかも思い通りでないことにも意味があるのだろう。柔らかいじゅうたんのでこぼこのおかげで，ボールはときに，届くようで届かなかったり，逸れたりもする。それを拾いに行ったりするうちに，他の子も加わって，取ったり，取り返したり，そんな楽しみも生まれてくる。

　コミュニケーションとは，本来そういうものではないかと思われてくる。情報を効率よく伝達し，相手をねらった通りに動かす……ということが，「コミュニケーション能力」とは限らない。こぼれ落ちそうな心を受け止めたり，思わぬ行き違いが生まれても，互いが取り返そうと願ったり，そこから他の人とのかかわりも生まれることで，親しみや楽しみが広がっていく。

　人間らしいコミュニケーションとは，そのようにして積み重ねられていくものだろう。0歳児のクラスでは，言葉でのやりとりが主ではないが，かえって人と人とのかかわりやコミュニケーションの，原点を教えられるように思う。

3　心が開かれるとき

　ガラス戸の向こうから私を見つけてくれた男の子に手を引かれ，1・2歳児のクラスに入った。それを見つけた女の子が私に飛びついて甘えると，その子と仲良しのFちゃんもやって来てくれた。

　Fちゃんは私が前回このクラスから帰るとき，「もう来ないで」と言っていたから，そのことはずっと気にかかっていたところだった。私のかかわり方がよくなかったのかなとも，一緒に遊んでいたのに急に帰ることになったのが嫌だったのかなとも思っていた。

> 　Fちゃんは私と両手をつないでそっくりかえり，ブリッジのように頭のてっぺんを床につける遊びを何度もする。ごつんとぶつからないよう，私は気をつけているのだが，勢いよくぶつかりそうなくらいが，かえってFちゃんにはおもしろいらしい。ぶつかりそうなスリルだけでなく，やりとりを楽しみたいという気持ちもあって，私がつないだ手をぶるんぶるんすると，Fちゃんは少し笑う。Fちゃんのこんな笑顔ははじめて見た気がして，こんなふうに笑うんだ，と思う。そのうち，私の

絵本を楽しむなかで,おばけのいないいないばあが始まる。

腕や肩を手づかみで食べるふりをして遊び始めたので,私も嬉しくなって,Fちゃんの膨らんだほっぺたを指で「ぷっ」とする。

他の子にも頼まれて絵本を読んでいると,Fちゃんが半透明の布を頭からかぶり,「おばけー！」とやってきて,「ばあ」と布を取る。「あ,おばけかと思ったらFちゃんだった！」と喜ぶと,何度も繰り返し,おばけのいないいないばあをして遊ぶ。そのおもしろさが周りの子どもたちにも広がったようで,みんながいろんな色のおばけとなって,私のところにやって来てくれた。

好きな色の布を引っ張り合っているうちに,少し転んでしまった子もいた。Fちゃんはその子の膝に寄って,「だいじょうぶ？」と声をかけている。他にもFちゃんは先生の動きを察して,ベランダに出てしまった子を呼び戻そうと声をかけたりしていた。

これまでは,体をぶつけたり転んだりする危なっかしい遊びが印象的だったのだが,Fちゃんはこんなふうに誰かを思いやったり,周りのみんなのことを考えてくれているのだと気づく。今日は私にも,背中に布をかけてさすってくれたり,その布を洗濯物のように,まめまめしく干してくれたりさえしていた。

このごろは言葉も増えてきたから,こんな優しさも見てとれるが,それはずっとFちゃんのなかにあったものだろう。私はこれまで,どれだけ気づけてきただろうかと思う。

Fちゃんの求めに応じて抱っこしていると他の子どもたちもしてほしくなるので,忙しく抱っこしながら,少し高いところにある飾り棚のお花やくまさんを一緒に見

序章　子どもたちとの出会いのなかで

一緒にブロックをつなぎながら，子どもたちの思いもつながっていく。

ていた。どの子も私に，「ママ」「パパ」と呼びかけてくれる。ちょうど食事の時間が近づき，私も帰ることにした。「そろそろ帰るね」と言うと，Ｆちゃんのほうから「また一緒に遊ぼうね」と言ってくれた。膝に登ってくるＦちゃんを「ありがとう」と言って抱きしめ，みんなに手を振ってもらって別れた。

　これまでこのクラスを訪れたときは，求められて抱っこしても，よじ登ってじゃれるような遊びになることが多かったが，今日は私自身，どの子のことも，すっと自然に抱きしめられる気がした。

　何年保育園に通っていても，「心から」その子とつきあうことが，どれだけできていただろうか。この日は，「子どもが求める範囲で」といった枠を超えて，自分自身の気持ちで，その子たちを大事にしようと思えた気がする。特に気を張ってというよりは，今まで以上に，自然と気持ちが通じ合えた気がする。

　ママやパパとの体験が思い浮かぶような自然なかかわりは，「保育者の専門性」とは異なるものと考える人もあるかもしれない。しかし，1・2歳のあどけない子どもたちは，そんな接し方を求めても当然なのではないだろうか。保育の専門性と呼ばれるものも，その基盤は，子どもたちと心通じ合う，ありのままの人間としての体験にあるのであって，こうした人間的基盤を排除して専門性をつくりあげるわけにはいかないように思う。

　心を開いて子どもたちと出会うとはどんなことか——それは，自分自身の体

9

験を通じて，また自分自身のとらわれを越えて，体感し，深めていくべきことのように思う。

　子どもたちも，私たちに最初から心開くことができる子ばかりとは限らない。最初は危なっかしいような遊びから始まっても，いつしか子どもたちのほうから私に心を開いてくれた。心開かれるとは，どちらか一方だけでなく，互いの心が通じ合って進む過程なのだろう。

　みんなのいないいないばあが始まると，どの子の「ばあ」も見てあげたくて，忙しくなる。子どもたちに，「見てほしい人」と思ってもらえることは，とても嬉しいことだと思う。

　ある日は「もう来ないで」，別の日は「また遊ぼうね」と言う。そのことも，日にちをかけた，いないいないばあのようなものだったのかもしれない。

　そのとき・その場ではつかめないもの，一つのエピソードを見ただけではわからないものが，つきあっていくうちにわかることがある。出会うたび，子どもたちと私の関係も変わっていく。

　雨の日もあれば晴れの日もあるように，子どもが私に向けてくれる気持ちも，そのときどきによって色合いを変えるだろう。それでも，今日のように出会えたこと，これまで互いにかかわってきた時間が，これからの過程に生かされていくことと思う。

4　保育園の砂——ある日の去りぎわに

　A保育園の先生方と子どもたちには，いつも温かく迎えていただいてきた。
　朝，自由に遊ぶ時間を共に過ごした後，私は子どもたちと別れて帰ることになる。いつまでも手を振ってくれる子，「明日も来る？」と尋ねてくれる子……。
　子どもたちの世界では，どの去りぎわも，心あるかかわりのなかで生まれている。

序章　子どもたちとの出会いのなかで

かくれんぼのトンネルは、みんなが集まってくるうち、やがてお化け屋敷になっていった。

　クリスマスの日の朝、園庭で子どもたちと遊んだ。
　「サッカーしよう！」と私を誘う、3歳の男の子。そのうちに、もう二人の男の子も加わって、途中からはバスケットのゴールに、どこまでも一緒にチャレンジした。
　それがいつの間にか、かくれんぼになり……。トンネルのなかに三人で隠れ、鬼のGくんが見つけてくれるのを待つ時間。私たちは、いつもと違う静かさのなかで楽しみを共有した。Gくんと再会したみんなが歓声をあげると、そこに年長の女の子も加わって、トンネルはお化け屋敷になっていった。女の子が配ってくれた見えない入場券を手に、次々にお化け屋敷を探検する。同じ一つのものも、子どもたちの心と楽しさに導かれ、どこまでも変化していく。
　ちょうどその近くで、仲間とはぐれてしまった女の子が泣いている。私の手を次々に引っ張る男の子たちに「ごめんね、ちょっと待っててね」などと言いながら、何とか彼女をなだめようとしてみたり……。
　いろんなことがあった。
　お昼も近づき、そろそろ私も帰る頃合いとなった。
　「そろそろ帰るね。ばいばい、また遊ぼうね」
　Gくんは、持っていたお皿から砂をすくって、私の手のひらに乗せてくれた。
　「おいしいね！　Gくん、ありがとう」
　そうして帰るつもりだったが、何度もおかわりの砂をくれる。
　「持って帰っていいよ。こぼさないでね」

11

カップに砂や草を入れてごちそうをつくり「持って帰って」と私の手に乗せてくれた。

「ほんと?! ありがとう。大事に持って帰るよ」
　私はGくんが振る舞ってくれた砂を紙に包んだ。保育園の砂だが，名残惜しく持って帰る今，どこかしら甲子園の砂のようにも思えてきた。
「そのなかに入れたの？」
「そうだよ。ありがとう」
　そして，ずっと手を振り続けながら別れた。

子どもと遊ぶ時間について，津守眞はこう語っている。

　　いっしょにたのしくいることが，そこでのすべてである。その時間は，ずい分長い。かぞえてみれば，四十分以上もたっている。けれども，いっしょにたのしくいる時間はみじかく感ぜられる。気がついたときには，もう帰りの時間になっている。こういうときの子どもの世界には，前も後もないみたいだ。その瞬間のたのしさがあるだけのようである。瞬間と言っても，長い瞬間であるが。その中にいるとき，おとなも，その時の前後を忘れる。子どもの世界って広いなあと思う。
　　私は，おにごっこをしていたのではなかったのだと思う。子どもといっしょに，ともにいる世界をたのしんでいたのだと思う（津守，1979, pp. 233-234）。

　他にどう表現することもできない。子どもと共にいる時間とその尊さを，これほど心動かす言葉で語れる人を，私は他に知らない。

別れのとき，私にも子どもたちのなかにも，いろいろな気持ちが動く。去り難い気持ちもあり，どんな言葉を掛けて別れようか……と，さまざまに考えもする。

　けれども去りぎわは，私と子どもたちの間で生まれるものである。私の意図だけで，子どもたちの体験をコントロールすることなど，できるはずもない。心ある去りぎわの体験は，むしろ子どもたちのほうから与えてくれることが多い。この日も，私が配慮してというより，Gくんのほうから砂のプレゼントを，そして心に残る去りぎわをくれたように思う。

　誰にも体験があると思うが，目覚めて心に残る夢がある。とても長い夢で，どんなストーリーだったか，すべてをすぐに思い出すことはできないが，最後のシーンだけは，胸の奥の体感とともに，ずっと後を引いている。それが，その夢を象徴する「意味の感覚（felt sense）」（ジェンドリン，1988）[*5]だったのだろう。

　園庭で過ごした時間。そのなかには何気ないけれども，しかし大切なことが，たくさんあった。どんなことも，思い出してみれば，そのときの楽しさや，子どもたちにどう出会おうかといろいろと考えたこと，心動かされたことがよみがえってくる。

　最後にGくんがくれた砂。それは名残惜しい夢の世界に別れて目覚めたときの体感のように，心に残っている。その日，園庭で出会った大切な体験の一つひとつが，集約されているように思える。

　今そこに残されているのは少しばかりの砂であって，外から見ればただの砂にしか見えない。それでも，そこには子どもと私との夢が生きている。

5　保育はみんなでつくるもの

　保育園を，保護者として訪れることもある。

　[*5]　ジェンドリン（Gendlin, E. T.）は，ロジャーズ（Rogers, C. R.）の来談者中心療法の流れを汲む心理療法家である。クライエントの感情を受け止めるとき，言葉となって現れた表層よりも，心の底にある「意味の感覚」に触れることが重要だとする，体験過程療法を提唱した。

娘のHが保育園の2歳児クラスに通っていたころのことである。

平日たまに時間が取れたときは，私も娘を保育園に連れていく。普段は仕事で保育園にお邪魔することも多いが，保護者として園を訪れるときにも，改めて保育の大事なことを感じさせられるように思う。

> ある冬の日。まだ家で遊びたそうなHを，抱っこで誘う。靴を履き，手を引いて扉を開けると，外には雪がちらほらと舞っている。
> 「見て！　雪だよ」
> 「うん！　ゆーきー！」
> その一瞬でHの気持ちも高まり，にこにこと一緒に歩いていく。
> いつもの曲がり角には，おじいさんが佇み，「おはようさん」と満面の笑顔で声を掛けてくださる。
> 「おはようございます！　Hちゃん，おはようって」
> 照れてしまってなかなか言えないようだったが，きっと嬉しかったに違いない。いつもこの角で道行く人を見守ってくれているおじいさんだが，どれだけかこの街を支えてくれているだろう，と思う。
> 保育園は幸運にも家の近所で，歩いて通いやすい距離にある。通りを渡ってお地蔵さんに挨拶すると，そこからはもうすぐだ。
> 2歳児クラスへと向かって廊下を歩くと，「あ，Hちゃん来た！　Hちゃん来た！」と，ぴょんぴょんはしゃいでくれる女の子。先生方は子どもたちとかかわりつつも，私たちを笑顔で迎えてくださる。私が服を用意したり，一日の支度を始めると，背中に「どーん！」とHが乗っかって甘える。すると，廊下の向こうから男の子が一直線にやって来て，Hの周りをくるくる駆けて，飛行機が急旋回するように廊下の向こうへ飛んでいく。向こうへ行ったかと思うとまた駆けて来るのを，楽しげに繰り返す。その子に「おはよう」と声を掛けたところで，「おはよう」と型通りに言葉で返すわけではないが，それ以上に私たちを歓迎してくれているのだと思う。
> 先生がギターを手にして歌い始めた。それが聞こえてくるなり，Hはすっと私のそばを離れ，椅子に座ってみんなと一緒に聴き始めた。以前のようにもうちょっと私に甘えていてほしかった気もするが，このごろはこんな様子も出てきたように思う。

> 　もちろん保育園の朝はにぎやかで，こんなひとときも，いろんなことが目まぐるしく行き交い，子どもたちと入れ替わり立ち替わり出会うなかで，生まれているのである。今日のようにボタンの掛け違えもなく，嬉しいことがとんとん拍子に積み重なっていく日もあるが，そうでもないことも数多くある。それこそ，Hがコートのボタンを一番上から一番下まできっちり自分で留めたいのになかなかうまくいかなくて……といったことが重なり，ぐずぐずすることもある。
> 　準備を終えると，私も保育園を出ていくことになるが，廊下でそっけなく別れるよりは，Hの手を取っていったん部屋のなかに入っていくことが多い。朝，みんなが自由に遊んでいるなかにすんなり入っていく子もいると思うが，Hの場合は少しゆっくりと自分なりに様子を見てから，ということも多いように思う。
> 　ふと気づくと，Hが絵本のコーナーでIくんと寄り添って，二人静かに絵本を読んでいる。隣同士落ち着いた安心感が漂うなかに，男親としてはIくん迎えてくれてありがとう，という気持ちもあれば，どこかしら複雑な気持ちにもなるのだが……。
> 　去りぎわが難しく，なかなか私の腕を離れないときもある。先生はみんなの遊びのなかに入りながらも，私たちの様子をよく見てくれていて，ちょうどいい頃合いを見てそっと手を伸ばしてくれる。先生に一対一で抱っこされ，昨日楽しかったことなど聞いてもらいながら，Hも少しずつ安心して園での生活に入っていく。私も，先生がHを優しく抱きとめてくださったことで，「Hちゃん，行ってくるよ」と言える。

　私たちばかりでなく，どの子も，どの保護者も，一つひとつ心動かされながら，新しい一日へと向かっていく。登園のひとときは，そんな時間である。
　登園時の保育を考えるとき，挨拶を習慣づけるとか，的確な言葉掛けで保育に導入していくとか，そんな保育士の「専門性」や「スキル」が語られることも多いようだ。保育の実際がそう絵に描いたように進むとはとても思えないが，日常の一つひとつのことが大事だということだろう。ただ，「保育の対象」というよりも，人としての私たちにとっては，登園はそれ以上の意味をもっている。
　ある一日，その子が世界に受け入れられていく時間。その子自身も，その日の世界を自分の心のなかに受け入れていく時間。短い時間ではあるけれど，子

どもにとって世界への信頼は，こんな積み重ねからも築かれていくのだと感じられる。

　その過程には，地域の人々も，共に育つ子どもたちも，かかわってくれている。誰か一人の大人が思いのままにコントロールするような体験ではない。保育はみんなでつくるものだと思う。扉を開けて見つけた雪が心を明るくするように，思いがけない自然の変化も，力になってくれる。大人があれこれ考えて言葉を掛けるより，自然は一瞬で子どもたちの気持ちを新たにしてくれる。

　時間も保育の味方になってくれる。今日，いろいろと嬉しいことが重なったのは，ただの偶然というだけではなくて，日々ここに通ってきた歳月や，冬になってクラスが成熟してきたことや，H自身が大きくなってきたことなど，これまで過ごしてきた時間が与えてくれたものでもあるだろう。その時間は，ずっと通ってきた保育園と先生方によって支えられてきた。友達が温かく迎えてくれるのも，クラス全体，園全体が支えられているからだと思う。優しい先生と一緒に過ごした一年，一人ひとりを大切に見てくださった一年がある。保育はみんなでつくるものだと言ったが，みんなの力が生きるように支えているのが保育園であり，どの子のことも温かく受け止めてくださった先生方なのだと思う。

　4月には，この乳児棟を卒業し，お隣にある幼児棟に移ることになる。行く手遥かな人生にとって，小さくて大きな一コマだ。新しいクラスに入って，私たちの心も今まで以上に動かされることと思うが，みんなで育ちゆく時間のなかで，きっとこんなふうに幸せな場所になっていくのだろうと思う。

第Ⅰ部
倉橋惣三の保育思想

Introduction

倉橋惣三を読む

　倉橋惣三*は，日本の保育の礎を築いた人として知られる。
　保育研究者の間では，彼が残した「誘導保育」のような概念，「生活を生活で生活へ」といったキーワードや，彼の思想に見られるとされる「児童中心主義」「情緒主義」の是非といったことが議論されている。
　しかし，もし倉橋の残したものがそれらの概念や，あるいは保育制度への貢献だけであったなら，彼の言葉が現代の保育者たちに読み継がれることもなかっただろう。
　子どもと出会う保育者にとっての倉橋は，そうした学問的議論を展開した人である以上に，何よりも『育ての心』や『幼稚園雑草』の著者としての倉橋である（倉橋，1926a；1936a）。学生時代から「お茶の水幼稚園のおにいちゃん」として園児に親しまれ，後には園長となって日々子どもたちと出会うなかで，保育の本質を語ってきた倉橋である。詩のように綴られた彼の言葉が，保育者たちの営みを支えてきた。
　整理済みの概念からではなく，倉橋惣三の詩的な言葉から出発することが，彼の思想を真に理解することにつながるだろう。

＊　＊　＊

　折々に書き溜めてきた随想を振り返って『幼稚園雑草』にまとめる際，倉橋はこう述べている。

　　幼児の教育について，私の学び得たものの一切が，このお茶の水の幼稚園の中からであった事を思えば，一片の感想も，私だけには貴い実感実想であったのである。

18

Introduction

そこで，私は，つとめて，その時々の心持ちの伴うものを採って，一般的な知識的なものを捨てることにした。〔…中略…〕

題して幼稚園雑草という。実にその通り雑草である。花としても飾るに足らず，果実としても滋味あるものではない。ただ雑草も枯れて後，土地の肥料になることのあるものだということを聞いて，小さい望みとしているのである（倉橋，1926a，p. 9）。

幼稚園雑草という題には，子どもたちのなかにいて生まれるさまざまな思い——「雑想」の意味が込められているのだろう。その想いは，園庭に芽生える植物と同じように，生きたものである。もとより体系的な書物をめざしたものではない。「一般的な知識」の次元は，あえて捨てているのである。その時代限りの保育知識をまとめるのではなく，子どもの世界のリアリティに根ざした想いが綴られているからこそ，かえって今の保育者の心を動かすのだろう。保育は日々の生活から成り立っていて，一つひとつの出来事も想いも，保育を離れた大人の目から見れば，取るに足りないささやかなものなのかもしれない。しかし，それらの無数の積み重ねこそが，人間が育つ土壌となっている。

『幼稚園雑草』のなかで，夏休み明け，幼稚園のお山に広がる雑草を見つけて遊ぶ子どもたちのことを，倉橋はこんなふうに語っている。

子供は大喜びである。〔…中略…〕お庭でも，公園でも，草は見るもの，花は眺めるもの，その，見て眺めてしかして触るべからずときまっている草が，ここでは遠慮なくふんだんにむしってよいのである。草と一しょになって遊んでよいのである。当分は別に玩具も何もいらない。この雑草こそ，自由自在の玩具である。恩物である。

可愛そうな都会の子供たちは，この雑草を特別の賜物のように喜んでいる。自分たちの生活に必然の世界としていくらも自然が与えてくれている野も知らず，山も知らず，そこで遊んだ先祖達の幸福も知らず，たまたまの夏やすみを利用して，自然が辛うじて与えてくれたこの雑草に，渇けるものが水を得たように喜んでいる（倉橋，1912a，p. 63）。

Introduction

　雑草には，人為によってつくり出すこともできなければ，抑えつくすこともできない，自然の生命力がある。雑草は園庭によって育まれるが，やがては土に還って園庭の生命をも豊かにしていく。

　倉橋の保育思想を読むことも，これと同じように考えられるのではないだろうか。保育は生命の営みである。人為的に拵えた理論や枠組みを押しつけたり，勝手に接ぎ木したりしてみても，保育は生命あるものとして育たない。子どもと出会う体験こそが，保育思想を育む土壌となる。

　保育に携わる者が保育思想を読むときも，それが園庭の自然に育まれた思想であるならば，「渇けるものが水を得たように」親しみたくなるのではないだろうか。先人の遺した思想は「見て眺めてしかして触るべからず」という絶対不変のものと捉えられるべきではない。自らかかわることを許されない観察の対象ではなく，共に思いを巡らせながら，自分自身が自由に対話する相手だと考えれば，そのことによって思想も自らの保育も生かされるだろう。

　読むことは，著者の思想を受け止める受動的な行為であるだけでなく，自ら心を動かしながら新たな意味を見出す，能動的で創造的な行為でもある。そして倉橋惣三や津守眞のような著者からは，読むたびに人間についての深い洞察を与えられるのだが，不思議なことに読むことで何かを一方的に与えられるばかりでなく，かえって自分自身の想いが受け止められているような気がする。子どもたちと出会うなかでさまざまに迷い，考え，感じたことが，改めて意味あることとして位置づけられる。明日，新たな思いで子どもたちと出会うことを励まされる思いがする。

　対話の相手として，保育者が心に抱く問いを受け止められる器をもつ思想だけが，時代を越えて受け継がれるだろう。

＊　＊　＊

　本書に示す論考のなかで筆者が保育思想を読むにあたっては，その思想の要点だけを抽出して他の流派と比較するようなやり方には重きを置かなかった。

Introduction

そうした方法では，いろいろな人たちの立ち位置だけはわかっても，当の思想の中身そのものに触れることができない。思想を育む土壌に触れない理解は，皮相なものとなってしまう。これに対してある思想を真に理解するとは，目立った主張や結論をなぞるだけでなく，その生命を自らのうちに受け継ぐことを意味する。

本書では，倉橋，津守らの思想と筆者なりに対話するなかで生まれたものを形にすることとしたい。先行研究ももちろん検討しているが，保育を考えるうえでそれ以上に確かな参照点となるのは，子どもたちとの出会いである。

保育は子どもたちとの出会いによって成り立っている。著者らがどのように子どもたちと出会ってきたかを示す具体的な事例を読み解くことや，彼らの考えを筆者自身が子どもと出会う際の体験に照らし合わせて考えることが，保育の実際に根ざした理解を可能にするであろう。

注
* 倉橋惣三（1882-1955）　東京女子高等師範学校（現・お茶の水女子大学）において教鞭をとり，附属幼稚園の主事（園長）を長く務めるなかで，子どもを尊重する人間らしい保育のあり方を日本に広めた。戦後，日本保育学会を創設。彼の生涯と思想については，自伝『子供讃歌』（倉橋，1954）のほか，坂元（1976），津守（1979），森上（1993）に詳しく述べられている。

第1章
倉橋惣三の保育者論
―― 小説「夏子」から読み解く

1　保育者のアイデンティティ

　倉橋惣三の保育思想は，自ら子どもたちと出会ってきた体験から生み出されている。初期の著作から百余年を経た現在に至るまで，彼の言葉は保育者たちに読み継がれてきた。実践と切り離された理論としてではなく，子どもと出会う保育者たちを支え続けてきた事実は，他にはない彼の思想の特徴だと言える。
　「保姆その人」（倉橋，1917）に示されるように，保育者がどんな人であるか，その人こそが教育にとって最重要の問題なのだとする倉橋の人間学的思想にとって，保育者論は中心的な領域である。保育者の専門性がこれまで以上に重要視されている今日，倉橋の保育者論は単なる歴史的文献以上に，意義ある示唆を与えるだろう。
　本章では，倉橋惣三の著作を手がかりに，彼の保育者論を明らかにしていく。倉橋の著作のなかでもここで主に検討するのは，保育者のアイデンティティをめぐる葛藤を描いた小説「夏子」（倉橋，1916a）である。倉橋が小説を書いていることに驚く人もいるかもしれない。この小説は『幼稚園雑草』（倉橋，1926a）に収められている。幼稚園の主事（園長）として保育のなかに身を置き，そこから生まれる日々の思いをまとめたのがこの本である。子どもたちとかかわるなかで，また園長として現場の保育者や保護者と出会ってきた体験が，あるとき自然と一つの物語に結実したのであろう。物語の最後にはふと景色が開けていくとともに洞察が訪れる場面があるが，それによって物語のさまざまな要素が結びなおされ，新たに統合される。この小説は，単に保育者に教訓を説くた

めの道具のようなものではなくて，文学的想像力に支えられた一つの物語として成立しているのである。

ここでは倉橋の保育者論を，物語を通して検討するという方法を用いる。その理由としては，保育者論を考えるうえで，(1)過程を捉える視点や，(2)保育的体験を通しての理解が必要であること，また(3)「語り」という媒体が独自の意義をもっていることがあげられる。

2　物語を読む意義

(1)　過程を捉える視点の必要性

倉橋惣三の保育者論に関する先行研究には，彼の思想全体を概説するなかでこのテーマに触れたものや（坂元，1976；森上，1993；諏訪，2007），特に保育者論を取り上げて論じたもの（柴崎，1992；高杉，2008）がある。これらのいずれにも共通しているのは，倉橋が主張する「保育者が備えるべき資質」を何点か概念的に抽出し，それについて検討・批判を加えるという手法である。

保育者論という研究分野においては，これとは異なる視点からの研究も必要だと考えられる。それは，過程を捉える視点である。たとえばある資質が保育者にとって必要だと結論づけられたとしても，そう言われて努力すればその資質がそのまま身につけられるというわけではない。保育者の資質について，その個々の内容を論議することもさることながら，それを一人ひとりの保育者が実現していく過程や，その際の体験に着目することも必要になってくる。

保育者の成長は，近年では保育者アイデンティティの問題としても論じられてきており，関連するものとしては，秋田（2000）が紹介している保育者アイデンティティの発達段階論や，これを踏まえて行われた保育者に対する調査研究がある（足立・柴崎，2009）。これらの研究は，多くの保育者に共通する要素を抽出するものである。しかし，アイデンティティの探求とは，本来保育者一人ひとりにとって独自の過程である。したがって両研究においても，一般的な発達段階論に尽くされない部分があることや，個々の保育者のエピソードを分析する必要性が付言されている。このような必要性を真に踏まえるなら，一般

的な傾向ばかりでなく，一人ひとりの保育者が歩む個性的な過程を見ていくことが必要だと言えるだろう。

なお，倉橋の思想についての先行研究としては何よりも，彼の思想を受け継ぎ，自ら保育のなかに身を置いて独自の思想を展開してきた，津守眞によるもの[*1]があげられる。彼は倉橋の言葉から，省察する保育者の内的体験を取り上げており（津守，1974a），そこには個々の資質内容よりも，倉橋の思想の核心を捉えようとする姿勢が示されている。以下，物語を読み解いていくうえでは，特に津守の議論を参照することとしたい。

（2） 保育思想における体験的基盤の意義

過程を捉える視点の必要性について述べたが，外的に表れる経過のみでなく，保育者の内的体験に注目すること，また自らの体験を共鳴させながら理解していくことも重要である。

保育思想が生まれるとき，また保育思想を理解するとき，その根底には，保育的体験がある。特に保育者論を理解するには，そのような体験的基盤が重要な意味をもつだろう。保育者でない研究者が体験的基盤に触れることなく，外から保育者を観察・調査したり話を聴いたりする，いわば間接的な形で保育者論を考えるというような研究もあるが，そのような研究は本当の意味でどこまで可能だろうか。このことは，方法論的にも問われるところであろう。

アイデンティティをめぐっての苦闘は，その人のもっともその人らしい内面がかかわる部分である。倉橋の保育者論も彼自身が子どもたちとかかわり続け，日本の幼児教育を新しくつくり出していく過程において生まれている。それを理解する際には，こうした体験的過程への共感が必要とされるだろう。この点について柴崎は，倉橋の思想は保育者に直接語りかけるものであり，「保育者の為の保育論」としての意義をもつことを指摘している（柴崎，1992，pp.11-12）。

ただ，そのような共感的理解は，必ずしも倉橋のように幼児教育の開拓期に

[*1] 津守眞については，本書第3章を参照。

保育の仕事に就くといった、彼とまったく同じ立場での体験を共有していなければ不可能だというわけではない。誰しも子どもと出会う限り、保育的体験をもつことができる。津守眞は保育を普遍的な人間の営みと捉えて、こう語っている。どんな人であれ、「それぞれの立場によって、子どもとふれる時間の長短、特定の子どもとのかかわりの深浅などの相違はあっても、子どもと交わるそのときには、保育者であることにおいてかわりはない」（津守, 1980, p.3）。私たちが心を開いて出会う限り、どんな立場や肩書きであるかにかかわらず、子どもたちは保育の世界を共にしてくれる。保育思想を理解するとき、そのつくり手も読み手も、広く人間がもっている保育的体験を共鳴させていくことが可能であろう。倉橋の著作は、単なる概念的論議よりも、このような体験的共鳴を通じての読み方を誘いかけている。また、それによってこそ真に理解されるものだと思われる。

　同じことが、アイデンティティの探求についても言える。その中身は人によってさまざまであるにしても、人間の誰もが取り組む過程であることには変わりがない。アイデンティティの概念についてはエリクソン（Erikson, E. H.）[*2]自身も多様な定義を示しているが、共通するところとしては、自らの自分らしさの感覚と、それを社会との関係のなかに位置づけていく、統合のあり方と捉えることができるであろう（Erikson, 1968, pp.22-23）。アイデンティティという概念は、定義し尽すことのできない曖昧さを含んでいるが、河合隼雄[*3]は、それが意図されたものであることを指摘している。アイデンティティの概念定義を整然と行ったところで、かえってその概念の意義が失われてしまいかねないというのである（河合, 1989）。

---

*2　エリクソン, E. H.（1902-1994）　精神分析家。人間の成長を成人によって完成するものと見るのではなく、生涯にわたって続くものと捉えるライフサイクルの概念や、青年期におけるアイデンティティの問題を取り上げ、人間を研究する幅広い分野に影響を与えた。

*3　河合隼雄（1926-2007）　臨床心理学者、ユング派分析家、京都大学名誉教授。日本心理臨床学会の設立に携わるなど、日本における臨床心理学・心理療法学を確立するうえで大きな役割を果たした。子どもの教育や児童文学についての論考も多く、『子どもの宇宙』（岩波書店）、『子どもの本を読む』（光村図書出版）などがある。

それは，アイデンティティの概念が，言葉にし尽くすことのできない実践知としての側面をもつからだと考えられる。この種の，生きた人間の内的世界にかかわる概念は，定義を文字通りに読むだけで十分に理解したと言うことはできない。その理解は，具体的な道程はさまざまであっても，自分自身がアイデンティティの探求をどれだけ深めてきたかによって支えられる。この概念にも，体験的基盤を通しての理解が求められる。

　体験的基盤を共鳴させるこうした読み方は，ちょうど倉橋がフレーベル（Fröbel, F. W.）[*4]に対して取った姿勢と同様である。倉橋はフレーベルを深く敬愛していたが，当時の幼児教育界がフレーベルの思想を体験と切れた教条主義的理論として受け止めたのに対して，倉橋は理論を超えてその本質を，フレーベルの心を率直に読むべきだと繰り返し述べている。「観念そのものを批判するよりも，そこから生まれて来ているフレーベルの児童観の深味そのものに対して十分の理解を集中させることに意を用いなければならない。それが，フレーベルの児童観を味到するにおいて，何より一番大切」（倉橋, 1939, p.336）だというのである。倉橋自身の思想も，このように理解されるべきものであろう。

（3）「語り」という媒体の意義

　倉橋惣三の思想を理解するうえでは，整理された概念より以前に，保育に対する彼の思いや，それを伝える媒体としての詩的な語りを通して，その中身を読み取ることが必要だと考えられる。

　河合隼雄の物語論によれば，語りとは，単に事実の羅列によって成り立つものではない。それは個々の事実とともに，その背景にある心の動きを伝える媒体なのである（河合, 1993a）。保育の体験は，一人ひとりさまざまに異なったものであるだろう。一方，整理された概念は，一定の普遍性をもつことが可能ではあっても，しばしば体験という基盤から切れたものになりやすい。その間にあって，語りは体験を生かしつつ，個を超えた共鳴を可能にする媒体と位置づ

＊4　フレーベル，F. W.（1782-1852）　ドイツの教育者。世界で初めて幼稚園を創設した。子どもが自ら育ちゆく力を尊重し，遊びを通しての教育を重視した。「子どもの庭」を意味する幼稚園（Kindergarten）の名は，彼によるものである。

けられる。

　倉橋の語りは，同じ状況，同じ子どもに出会っているわけではない現代の保育者たちにも，子どもと出会う体験に根ざした共感を呼び，主観性を通しての普遍性をもち得てきた。これまで多くの学問分野が，個人的体験が観察を歪めることを危険視するあまり，主観性や対象とのかかわりを研究から排除してきた。しかし保育とは，子どもたちとの主体的なかかわりや，共感のような主観性を含む理解を抜きにすることのできない営みである。近年エピソードや事例による保育研究が広まりつつあるが，保育の体験を理解し共有していくうえでも，個と普遍をつなぐ「語り」という媒体は，今後さらに重要な意義をもつであろう。

　また，学びを参加の体験やコミュニティにおける関係性の視点から捉えなおし，幅広い領域に影響を与えた正統的周辺参加論[*5]において，語りはアイデンティティの形成を促す重要な媒体と位置づけられている（Lave & Wenger, 1991）。倉橋の「夏子」もまた，およそ百年にわたって読み継がれるなかで，そのような役割をも果たしてきたことだろう。

　この物語を通して保育者論を考えるとは，どういうことだろうか。それはたとえば実在の保育者へのインタビューを分析するような研究とは，素材の性質からして異なることになる。したがって，ここから何が理解できるのか，その妥当性はどこにあるのかを，明らかにしておきたい。

　この物語は倉橋の保育者論を，抽象化された概念の次元ではなく，体験的な次元を含めて伝えるものである。したがってそれは，一般的な保育者の意識調査とは違って，第一に倉橋という保育者の思想を具体的に読み取るための素材となる。

　第二に，ただしそれは，単に恣意的な考えをフィクションに託して伝える道

＊5　正統的周辺参加（legitimate peripheral participation）　学びを個人内での知識の獲得と見るだけでなく，何らかの実践を共有するコミュニティへの参加が深まっていく過程として捉える観点。学習研究に広く影響を与えた。この観点からは，教授方法や教えられる知識の内容だけでなく，学びが生まれるコミュニティのあり方や，学び手のアイデンティティの深まり，学び手を取り巻く人々とのかかわりが，重要なものと考えられる（Lave & Wenger, 1991）。

具などではない。この小説は，倉橋の保育体験を相当に反映していると考えられる。倉橋自身が保育のなかで自らをつくり上げてきた過程はもちろん，保育者を育て，保育者たちの相談に乗ってきた体験も，そこに反映されているであろう。保育者として生きる夏子の姿も，同僚の保育者たちも，また夏子が心から頼りにしている恩師も，それぞれに倉橋が生きてきた一側面を表しているのであって，そこには彼の実体験が昇華されていると考えられる。物語のなかにも，保育の「事実」から出る言葉こそ力をもち得るのだということが繰り返し語られているが，この物語はそうした実際の体験に支えられて成立しているのである。この物語が長く読み継がれ，現場の保育者たちの共感を得てきたことも，それが保育の事実に根ざしたものであることに対する，間主観的な傍証だと言える。

　第三に，この物語に示された思想は，後の検討において示すように，実践にかかわる現代のさまざまな思想とも呼応している。こうした呼応は，この物語から読み取られる保育者論を，新たな角度から支持するものになるであろう。

（4）　小説「夏子」を読み解く

　倉橋惣三の小説「夏子」には，保育者がアイデンティティの危機を乗り越えていく過程が生きた形で描かれている。主人公の夏子は，保育者として生きるとはどういうことか，つかみきれないでいる。その思いを抱え続けるなかで，日々の保育，子どもたちや保護者との出会い，他の保育者たちとの関係，支えてくれる人々，心に触れる日常の情景，音楽，はっと目覚める夢などが，全体として一つの布置（コンステレーション）*6 となって，彼女の新たな洞察につながっていく。この物語は，倉橋の保育者論について単に概念的に議論するだけでなく，保育者の

---

*6　コンステレーション（constellation；布置）　河合隼雄がユング心理学に基づいて，心理療法家の視野を表すために用いた概念。もともと constellation の語は「星座」を意味する。遠く離れた星々が結び合って一つの像を形づくるように，クライエントの語りのなかに含まれるさまざまな内的・外的事象は，単純な因果関係ではなく，意味によって結ばれている。自らもそのコンステレーションのなかに身を置きながら，全体像を意味の次元において「読む」ことを，河合は心理療法家の根本的な姿勢と考えた（河合，1993b）。

成長の過程と体験を具体的に理解していくうえで,他にはない出発点となるであろう。

倉橋の保育者論に関する先行研究において,たとえば「一人の尊厳」(倉橋,1923)のように,倉橋が保育者に求めるところを端的に表題とした文章はよく取り上げられてきた。一方で,これまで「夏子」に触れた研究はほとんどない。数少ない資料に,津守眞の発言があげられる。津守はあるシンポジウムにおいて,倉橋の思想の底に流れるテーマが「自我の探究」であるとして,「夏子」に言及している(津守ほか,1984)。また,高林らも,倉橋の人間学的な保育者論の表れとして「夏子」を取り上げている。「倉橋の保育論に於いて,保育者は自ら育つものである。実践の中で育つもの,育たねばならぬものなのである。そのように見る(読む)ときにはじめて,子どもと保育の本質を語った倉橋惣三の思想の言葉(子どもの自発性・保育者の自発性・充実指導・誘導保育など)の真の質が形をもちうる」(高林・藤野,2002,p.175)としている点は,津守の議論や,本章でこれまで述べてきた,体験や過程の意義とも重なるものである。

ただ,両者とも物語の一部に言及してはいるものの,それ自体について検討を加えているわけではない。したがって本章では,この物語そのものを読み込むことによって,倉橋の保育者論をより具体的に理解することとしたい。

3 語りのなかの保育者論——小説「夏子」から

上述の方法によって倉橋の小説「夏子」を読み解いていくが,ここでは主要な場面五つについて,倉橋の文章を筆者が要約したものを囲みで示し,それぞれに考察を加える。小説とは本来,要約を拒むものであって,どの細部にも倉橋の思想が浸透したものとしての価値があるが,ここでは本章での議論と直接つながる範囲で取り上げることとする。

（1）冒頭――ある朝に

> 　子どもたちがお山の上で遊んでいる。と思ったら，芳枝さんが斜面を転がり落ちていってしまった。夏子は追いかけるが，斜面は思った以上に長く，もうすぐ大きな池に落ちてしまいそうだ。「誰か！」と手を伸ばし，何とか抱き止める……という夢を見て目が覚めた。保姆になったばかりのころ，こうした夢をよく見た時期があった。仕事にも慣れ，経験を積んできたこのごろ，改めてこんな不安な夢を見る。
>
> 　　　　　　　　　　　　　　　　（倉橋，1916a，pp.107-108より）

　主人公の夏子は，試行錯誤しながらも懸命に保育に取り組んできた新人時代を乗り越えて，経験も積み，周囲からも信頼を得てきた時期にある。倉橋の「新たに考えよ」（倉橋，1912b）には，物語の内容は異なるものの，春子，夏子，秋子，冬先生という保育者が登場する。「夏子」の名は，倉橋が保育者のライフサイクルを四季に喩えたものと言えるだろう。初々しくも激動の春を過ぎ，輝ける新しい季節を迎えたころ，改めて自らの保育が問われてくるのである。

　この物語は夢から始まっているが，そのことにも意味があるように思われる。夢は私たちの心が生み出すものでありながら，私たちの思惑を超えて，向こうから訪れるものである。自らのアイデンティティを問うということは，自分がもっている既存の枠組みや現在の安定を超えていくことでもある。予期せぬ出会い，思いがけない出来事，望んでもいなかった困難が，アイデンティティの変革のきっかけとなることは多くある。夢もそのように，意図や意識を超えて生まれ来る。倉橋の「新たに考えよ」に登場する四人の保育者の場合は，年数を重ねるにつれ，新人のころには抱いていた問いがいつの間にか忘れ去られ，経験者の尊大な慣れへと堕してしまう。ともすれば問いから逃げてしまいそうな私たちを引き留め，向き合わせるのは，意のままに抑え込むことのできない保育の現象であり，保育の後に残された感情である。夢もそのようなきっかけの一つとなる。

　多くの保育者が，子どもへの想いをこんなふうに夢に見てきたことだろう。日々子どもと懸命にかかわる気持ちは，出会っているそのとき限りのものではない。保育の時間を離れても，ふと楽しい思い出がよみがえったり，あのとき

どうすればよかったのかと振り返ったり，思わず知らず気に掛かる。意図的な計画や努力を超えて，自らの意識を超えたところでも，保育者は子どものことを想っている。

夏子の夢には，担任として日々出会う子どもたちへの想いが表れている。アイデンティティの揺らぎを体験している彼女にとって，それは何か保育のなかの大切なものを抱きとめようとして抱きとめられない，といったもどかしさをも象徴しているように思われる。ただ幸いと言うべきか，夢の終わりには，夏子がそれをついに抱きとめられることが暗示されてもいる。そのことは，この夢一つからというより，物語の全体を捉えるときに言えることである。自分が子どもたちをケアできているかどうか，傍観を超えて決定的な瞬間に子どもたちに手を差し伸べることができるかどうか，そうした保育者としての自らへの問いは，これから描かれる探求の過程に繰り返し表れるテーマである。

（2） 恩師への手紙

> 　夏子はこの間から，自分に保姆としての資格がないので職を辞したいと，恩師のもとへ手紙を書きかけては，書けないでいる。半年ほど前から自分の毎日していることに，何だか捕まえどころがないような気がしてきたのである。
> 　夏子は決してなまけはしない。怠りはしないけれども，済まないような心持ちばかりしている。この葛藤を先生に伝えて何とかしてもらいたいが，自分でも捕捉しがたいこの心持ちは，なかなか書き表せない。　　　　（倉橋，1916a，pp. 115-117より）

夏子には，信頼すべき恩師がいる。保育者として，また人として，自分自身のあり方を問いなおすとき，その想いを伝えたいと心に浮かぶ恩師である。物語のなかに繰り返し現れるこの恩師の存在は，夏子が保育者アイデンティティを探求する過程にとって大きな支えとなっている。

ここで印象的なのは，夏子がまだ実際には恩師に手紙を書いていない点である。人が人を支えるとき，実際に出会って問題を話し合うことも助けにはなるが，ここではそれとは違う支えのあり方が描かれている。日々出会い，協力し合う先輩や同僚は大きな存在だが，恩師は普段出会わなくても心のなかにいる

存在である。このことは，アイデンティティを探求する保育者への支援を考えるうえで，一つの示唆を与えるものである。

「夏子」に描かれている恩師は，単に知識を授ける者としてではなく，保育者が心のなかで対話することのできる存在として描かれている。現代の保育者に対する支援においても，知識や技術ばかりでなく，より全人的な信頼関係や，根本的な疑問を問いかけることのできる関係が求められるだろう。

また，彼女の葛藤が自分でも捕捉しがたいものであり，容易に言葉にできないものであることも，アイデンティティの問題を考えるうえで示唆的である。先にも触れたように，アイデンティティとは容易に言葉にし尽くせない実践知としての側面をもっている。したがって，保育者アイデンティティについての葛藤を理解する際にも，「私は……に悩んでいます」のような表面に出てくる言葉だけを捉えるより，むしろ葛藤に取り組む言葉にはならない過程を共にして，はじめて見えてくるものがあると考えられる。このことからは，過程と体験の意義が改めて示唆される。

(3) ある母親との出会い

> 夢の中にも出てきた芳枝は新入園児だったが，しばらくして病気で入院してしまった。心配して見舞いに行くたび，芳枝は夏子が来るのを喜んだ。また，芳枝の母が懸命に看病する姿に夏子も敬意を感じているうちに，母の方も夏子に心を開いて，互いに心通じ合うようになっていった。
> 　ある日，注射に泣き疲れて眠った芳枝の傍らで，二人は静かに語り合った。
> 「奥さんもお疲れでしょうね」
> 「私でないとだめだと，芳枝が言うものですから」
> 　その母の言葉が，夏子の心に強い印象を残した──「自分でなくてはならない」。
> 　　　　　　　　　　　　　　　　　　　　　　　（倉橋，1916a，pp. 117-123より）

夏子が自らのアイデンティティの転機（crisis）[*7]に直面しているとき，時を同じくして，クラスの子どもと母親も，それぞれの転機に向き合っている。芳枝が懸命に病と闘うのを，母親も夏子も心を痛めながら支えている。夏子も察し

ているように，芳枝を想う母にとって，苦悩は深い。しかし同時に，親しい静けさのなかに何気なく語られた言葉から，夏子は今まで知らなかった強さを感じとるのである。それは，母として苦難を経験するなかで新たに見出された強さであったが，夏子が保育者として生きていくうえでも大きな影響を与えるものだった。

　ある人の存在にかかわるような変化・成長の過程は，必ずしも孤独のなかだけで進むとは限らず，他の人の成長の過程とも交わりながら深められる。ここには，子ども・保護者・保育者が，それぞれに自らの存在にかかわる転機を経験するなかで，共感によって結ばれながら共に成長していく，相互的な関係を見て取ることができる。

（4） 講習会での疑問

> 　保育の講習会に参加した日のことである。夏子は学問好きで周りからも一目置かれているが，その学問に対する気持ちが，このごろ何か違ってきた気がする。知識と自分との関係，これが飽き足らない感じがしてしまう。
> 　休み時間に，ある老保姆が夏子のノートを見せてもらいにきた。「ここを教えてもらえませんか。子どもを科学的とか客観的とかに研究しなければならないというところ」。夏子がノートをもとに説明すると，「そうすると，つまり，子どもを私たちの考えや感じを離れて見なければいけないというのですね。客観的でないから，私たちが子どもを見間違えたりするんですねえ」と，しきりに感心している。そう言われれば言われるほど，夏子自身はあまり感心もできず，説明してみてかえってわからなくなった気がした。
> 　　　　　　　　　　　　　　　　　　　　　　　　　（倉橋，1916a，pp. 123-126より）

　正統的周辺参加論に言われるように，学びとは知識だけの問題ではなく，アイデンティティの軌跡と一体であり，アイデンティティへの希求が学びへの原動力となる（Lave & Wenger, 1991, pp. 110-112）。逃れがたい疑問を心に抱えながら，自らのアイデンティティを問うている夏子にとっては，改めて，知識が

＊7　identity crisis は，通常アイデンティティの「危機」と訳されている。crisis は重大な転回点を指す言葉であり，マイナスの意味合いだけをもつわけではないことから，ここでは「転機」と表現した。

単なる知識に終わるのではなく，自らの存在にとって意味あるものであるかどうかが問われてくる。

また，この老保姆のエピソードは，「客観性」へのとらわれの無意味さを痛烈に指摘するものである。保育者が自らの考えや感じ方を離れて，かかわりから身を引いて子どもを理解するというようなことが，一体あり得るだろうか。またそうすることが，目の前の子どもたちにとってどれだけ意味をもつだろうか。津守は，かかわりのなかに身を投じ，一瞬一瞬に自らの判断で行為を選択していく保育の営みは，保育者自身の主観を切り離して理解することはできないことを指摘している（津守，1974b）。倉橋の思想は，こうした保育者の主観的・主体的関与という，実践者にとって欠くことのできない前提を明らかにしたものと言えるだろう。

このように客観性にとらわれることの問題を指摘したからといって，客観性を度外視して恣意的に子どもと接することを是としているわけではもちろんない。ただ，主観の関与は保育にとって排除されるべきものではなく，むしろ欠くことのできない重要な前提なのである。保育が主体的関与を前提とした営みだという当たり前の事実は，津守の子ども学（1979）や，近年保育の世界にも影響を与えているノディングズ（Noddings, N.）のケア論[*8]（ノディングズ，2007），ショーン（Schön, D. A.）[*9]の省察的実践論（Schön, 1983）などから認められつつある一方で，鯨岡（2005）が指摘するように，研究の世界においては十分理解されていない段階にあるように思われる。その点で，100年近く前になされた倉橋の指摘は，今なお意義あるものだと考えられる。こうした主体的関与にかかわる課題については，後に保育者の省察との関連から論じる。

---

*8　ノディングズ，N.（1929-）　アメリカの倫理学者，教育哲学者。倫理や道徳性とは，抽象的な規範から導き出されるのではなく，具体的な状況における関係性や共感に基づく人間の営みであるとする，ケア倫理の代表的論者。

*9　ショーン，D. A.（1930-1997）　アメリカの哲学者。実践家の専門性とは，既存の知識を単に現場に適用することではなく，状況やクライエントとの対話のなかで自らの枠組みを問いなおすことにあるとする省察的実践（reflective practice）の概念は，教育・保育をはじめとする幅広い分野に影響を与えた。

第Ⅰ部　倉橋惣三の保育思想

(5)　結末――家路

> 　　講習会からの帰り道，さっきからの問題がまた頭の中に浮いてきた。…我を離れて子どもを見る。純客観的に子どもを観察する。これでいいのだろうか。すると急に講習の先生の真白なカラーが目に浮いてきた。自分を離れて子どもを見る。言葉の上では，はっきりしているようだが，事実の上には，はたしてどういうことになるのだろうか。私には，どうもわからない。そう考えながら歩いているうち，あたりが急に明るくなった。いつも歩いているはずの帰り道に，いままで気づくことのなかった柔らかなピアノの音が聞こえてくる。
>
> 　　このとき，ふと，芳枝の母の姿が浮かんできた。「自分でなければならない」。――何という力の強い言葉だろう。この力でこそ，わが子の病気が治るのだ。自分は…
>
> 　　何事でもこういう心持ちがあってこそ，自分のしていることに力が入る。私にはこれがまるでない。子ども達をどうして喜ばせようかとは思う。どうして益しようかとは思う。どうしたら，どうしたらとばかり考えていて，自分が一人ひとりの子どものためにどれだけ必要とされているか，考えてもみなかった。「子どもたちは要求しているのだ。私を要求しているのだ。私から何かを，ではない。私をだ。私とかかわりたいのだ。それに私は何を与えているだろうか」。
>
> 　　家に帰り着くと，偶然にも恩師から葉書が届いている。このときやっと，夏子は手紙を書くことができた。この頃の心持ち，幾度か手紙を書きかけて書けなかったことなど…　最後に，「しかし，ご安心下さいませ，私は保姆を辞すようなことはいたしません。何にも分りませんがもう一度新たに考えてみます」と書き添えた。何か立派なことを言い過ぎている気がしたが，先生だから何と書いたって私の実際を見抜いてくださるはず，そう思って，そのまま封をした。
>
> 　　　　　　　　　　　　　　　　　　　　　　（倉橋，1916a，pp. 127-130より）

　先ほどの講演への疑問は，夏子の心を捉え続けている。「真白なカラー」は，ここでは身体を労して子どもたちとかかわる保育現場から遊離したあり方を象徴しているのだろう。体験を離れた言葉のレベルでは，いわゆる「客観的」な立場からの理論も一見成立するかのようだが，それは保育の現実という裏づけを欠いているために，実践を助けるよりも，むしろ混乱させるものになってしまっている。

夏子は意識的な課題設定のようにして，考えようと努力しているのではない。それとは違って，どうしても心に浮かんでくる問いを問い続けているのである。そんな思いを抱えながら歩いていくうちに，「あたりが急に明るく」なる。いつも見ている風景が新たな光で照らし出され，新たな音楽が聞こえてくる。このようにさまざまな事態と心の動きとがつながりをもって描き出されるところは，倉橋の筆力の表れでもあるが，同時に人の心が意識的な思考の力のみによってではなく，さまざまな印象や感動や偶然の出会いとともに動かされるものであることの反映でもあるだろう。ここにも，意図や意識を超える体験が，保育者の省察にとって重要な意義をもつことが，生きた形で描かれている。

そのとき夏子は，今までの自分に欠けていたものが何だったか，何を探し求めてこれまで問い続けてきたのかに気づかされる。それは，「私でなければならない」という，保育者としてのコミットメントである。ここでコミットメントとは，保育者の主体的かつ全人的な関与を指している。自分自身で保育の現実を見る眼と，自分自身の人間性をもって子どもたち一人ひとりとかかわりを築いていくという原点に立つとき，改めて夏子は保育者として新たに歩んでいくことができたのである。

このとき，夏子が「何にも分りませんがもう一度新たに考えてみます」と語っているのも印象的である。保育者アイデンティティはしばしば何らかの能力・技術の獲得と関連して論じられることが多い。これに対して夏子の言葉は一見逆説的に聞こえるかもしれないが，しかしかえってここにこそ，保育の原点を問いなおす省察の姿勢が現れていると言えるだろう。近年では，保育者の専門性がショーンの言う「省察的実践」に基づくとの認識が広がっているが，そこでも，既存の知識に依存するのではなく，状況の不確実さに心を開き，クライエントと共に新たな探究を進めていく姿勢が重視されている（Schön, 1983, pp. 290-307)。

こうしたコミットメントの意義と省察の姿勢については，次節に考察することとしたい。

4　倉橋の保育者論の現代的意義

　小説「夏子」には，倉橋の保育者論を随所に読み取ることができるが，特に現代において意義ある点として，保育者のコミットメント（主体的・全人的関与；commitment），意識を超えたインキュベーション（孵化；incubation）の過程，対象とかかわって自ら学ぶことという，三つの側面を取り上げる。また，現代に残された課題として，保育者の省察の問題を論じたい。

（1）　保育者のコミットメント
　子どもとの出会いを自らの存在にかかわるものとして引き受ける保育者のコミットメントは，「夏子」において具体的に語られているが，それは倉橋の保育者論全体に通底するものでもある。
　人とかかわる実践者は，一瞬一瞬に相手に応えるための選択を行っており，ときには「これしかない」という存在を賭けた選択が求められることがある。これを河合は commitment と表現した（河合，1982a）。「私でなければならない」というほどの深い全人的な関与には，このような表現がふさわしいと思われる。それは，保育を理論や技術だけで捉えるのではなく，感情や体験，意識されざる側面を含めた，保育者の人格にかかわる営みと捉え，子どもと主体的にかかわる姿勢である。
　先に示したように，実践にかかわる概念は，定義ばかりでなく，その体験的基盤とともに理解される必要がある。このような側面は，「夏子」の原典からも感得されるところだが，さらに倉橋の保育者論から見ていくこととしたい。
　「一人の尊厳」（倉橋，1923）は，倉橋の保育者論としてよく引用される文献である。そこでは，子どもたちを一人ひとり尊厳あるものとして迎えるべきことが，簡潔に述べられている。しかしこれはもともと新入園の時期に書かれたものであって，より詳しい言及は，「新入園児を迎えて」に見ることができる。「幼児のためには新入園の時から幼稚園が始まるのである。またその幼児のためには，あなたもこの時から始めて保姆になるのである」（倉橋，1916b, p. 162）。

一人ひとりの子どもに尊厳を見るのは，自分自身の人格を離れて，ただ保育者として望ましいからそうするというのではない。その子との出会いを，自分自身のアイデンティティにかかわる体験として受け止めることから始まるというのである。先に述べた「全人的な関与」とは，倉橋において，こうした人格的なかかわりを意味している。

このように，子どもとの人格的なかかわりのなかで「子どもたちと出会う私」を問うことが，倉橋の思想の基盤だと言えるだろう。こうした思想は，「自我の探究」のテーマを受け継ぐ津守（津守ほか，1984，pp. 34-40）や，また「人格的な交わり」を通しての教育者の「自己更新」を説いたランゲフェルド（1974）の臨床教育学と呼応するものである。

物語には，客観性へのとらわれが，保育者が自らの目で子どもを見るコミットメントを妨げることを描き出すエピソードがある。このことは実践と理論の乖離が指摘される現在，改めて重要な意味をもつであろう。保育者にとって自らの主観を通したかかわりが前提となることは，津守（1974b）が早くから指摘してきた通りである。またノディングズ（2007）は，ケアの営みが客観的手順によって行われるようなものではなく，ケアする自らの心から，すなわち主観に根ざした形で自発的に生まれるものであることを指摘している。思いを込めて保育することがなければ，保育というケアの営みは成り立ちようもないだろう。このように保育者の主観性を含み込んだかかわりが恣意的なものに陥らないためには，後に述べる保育者の省察が重要になる。

（2）　意識を超えたインキュベーションの過程

物語の最後に，夏子はアイデンティティにかかわる新たな洞察を得て，再び歩み始める。ここに見られるように，アイデンティティの変容とは，計画的なステップを踏んでなされるようなものではない。むしろ夢や，ふと心に「浮いてくる」想いや情景，思いがけない出会いなど，既存の意識の枠組みを超える体験が積み重ねられるなかで生まれるのである。

アイデンティティの探求は，しばしば創造の過程にも喩えられる。しばしば指摘されるように，創造の過程は論理的なステップだけを踏んで進められるわ

けではない。そのような過程であれば，初めから結果は既存の枠内にあるわけだから，自分の殻を破るような変化が生まれたとは言いがたい。それまでの自分自身を超えていくアイデンティティの探求は，芸術や科学におけるそれと形は異なるにしても，新たに価値あるものを生み出す創造の過程になぞらえることができる。

　創造の過程にインキュベーション（孵化）の時期が必要なことはよく知られている。社会思想家のウォーラス（Wallas, G.）は，創造の過程が準備期，孵化期，啓示期，確証期を辿ると論じたが，その後もこの考え方は広く支持されてきている（Wallas, 1926；林，1984）。意識的な取り組みばかりでなく，無意識の働きにも支えられて，問いを温めるなかで時期が熟すとき，新たな洞察が生まれるのである。この物語は，意識的な取り組みばかりでなく（もちろん夏子はそのような努力を惜しまないのだが），意識を超えたインキュベーションの過程がもつ意義を示している。津守は，倉橋が自らも迷いながら保育を探求してきた過程を指して，「いつも保育者の心の中で温められ考えつづけられているものがあって，それが日々の子どもにふれて具体的に動き出す」と述べ，それが「子どもを育てる人の，自分自身の形成と修練にかかわること」としている（津守，1987a, pp. 211-212）。保育者がアイデンティティを築いていくためのインキュベーションの過程の意義を，実感と共に描き出したものと言えるだろう。

　倉橋も津守も，意図的・意識的な反省を超える自由な心の動きが，かえって保育者の省察を促す体験についてよく語っている。倉橋の「子どもらが帰った後」（倉橋，1933a）にも，津守の「省察」（津守，1997）にも共通することだが，子どもたちと別れた後に，掃除をしているときに，同僚と語り合うときに，ふと浮かぶ想いこそが，自らの保育を振り返る手がかりとなっている。つまり，意図的・計画的・網羅的に反省する努力もさることながら，それ以上に思わず知らず浮かびあがってくる保育への想いこそが重要だと考えられているのである。それは保育に向かう姿勢が，単に技術的熟練や理論的興味，自らの心を離れた義務的努力である以上に，全人的なものであることを示すものであろう。ショーンの言う「省察」においても，実践のなかで出会う驚きや困難の体験など，既存の枠組みを超える体験が重視されている（Schön, 1983, pp. 21-69）。

したがって，保育者アイデンティティの探求を考えるとき，短期的な結果を求めたり，既存の枠組みにとらわれることなく，むしろ自ら迷いつつも取り組む過程の意義を認め，一見問題解決に直結しないように見える多様な体験にも，意味を見出すことが必要だと言えるだろう。

(3) 対象とかかわって自ら学ぶこと

　この物語では，もっとも重要な洞察が，夏子がある親子と真摯にかかわった体験から見出された。ある母親が子どもを想う姿勢に，心動かされる体験を通じて生まれたのである。近年では保護者支援が重要な課題となっているが，実際の場面を考えてみると，共に子どもの成長にかかわる者として，「支援」ばかりでなく保護者から学ぶことも数多くあるように思われる。

　芳枝という子どもに心を寄せ，その母に敬意をもって心通じ合ったことが，夏子にとっては大きなきっかけとなった。先輩，同僚，指導者といった関係による支えも大切なものだが，目の前にいる子どもと保護者，そこで自分がどうかかわったか——その体験から身をもって学ぶことが，保育者にとって根本にあるのではないだろうか。保育者が抱える課題は，周囲の同僚等の支援ばかりでなく，日々出会う子ども・保護者から学ぶことによって乗り越えられていく。特に子どもたちが一人ひとり精一杯に成長を続けていく保育の場において，保育者の成長も，子どもたちと共にあるものと思われる。

　倉橋が「保姆その人」において保育者の人間性をもっとも重視したことはよく知られているが，それはこのような言葉で結ばれている。「保姆その人という問題は，どこまで行っても，保姆自身の問題である。あなたの問題を当然あなたに担わせる。これが〔…中略…〕第一の出発点である」(倉橋，1917，p.261)。その人の道はその人自身が切り拓くものなのであって，周囲の人々がさまざまに力になり，想いもするにしても，アイデンティティを探求する過程の核心は，外から与えたり代わったりすることのできないものなのである。

　保育者アイデンティティの危機はしばしば，保育者への支援という観点から論議されてきている。本質的にはその人自身が切り拓いていくべき問題について，どのような支援が可能だろうか。この点でも，倉橋の思想が示唆的である。

この物語で、恩師は形のうえでは直接に何かを教えていない。仮に何か教えたり指示したのでは、夏子が保育者として自らをつくり上げたことにはなっていかない。指導者は、教える内容そのものよりも、保育の世界において先を歩む者、信頼できる者として、その人の心のなかに存在することが必要になる。日々出会う先輩や同僚は大きな存在だが、恩師は普段出会わなくても心のなかにいる存在である。渦中にあるとき、夏子はまだ手紙を書いてはいないが、しかし恩師を想うことが、自らの葛藤に取り組み続ける支えとなった。

そう考えると、保育者の支援については、その方法や内容もさることながら、支援者自身が、どんなふうに保育の道を歩み続けているか、自らのアイデンティティこそが第一に問われることになる。倉橋は、「教育はお互いである」という相互性について、繰り返し語ってきた（倉橋、1919a；1933b）。「支援者」も、目の前にいる対象である保育者から学び、共に歩むとき、初めて真に支える者となることができるであろう。それによって「対象とかかわって自ら学ぶ」姿勢を伝えることができるのである。保育という営みは、子ども、保護者、保育者であれ、それを支える者であれ、かかわる人すべてに、共に自らを問い、そして成長する機会を与えてくれるものだと言うことができる。

（4） 保育者の省察

ここまで、物語から読み取られる倉橋の思想について述べてきたが、倉橋が詳しく論じていなかった課題をも見出すことができるであろう。特に倉橋が保育者の主体的・主観的コミットメントを重んじた点については、それが恣意的なものに陥る危険性を考える必要がある。

こうした恣意性を超えるものとして、保育者の「省察」があげられる。それは倉橋の思想のなかに原点として含まれながら、詳細には論じられてこなかった。夏子は重要な洞察を得たが、その先は「何にも分からない」、しかし「新たに考える」ことになる。自らの前提を常に「新たに考える」——「根本考察」（倉橋、1916c）は、保育者が常に立ち返るべき原点だと言える。

その原点から出発して、自らの保育実践をどう省察していくか——物語はこの新たな出発で終わっているから、その具体的な実現はわれわれ一人ひとりに

第 1 章　倉橋惣三の保育者論

託されている。自らの主体的なコミットメントによって保育に向かいつつ，それを省察するという課題である。こうしたコミットメントは，いかにして恣意性を超えることができるだろうか。

　子どもと出会うとき，こちらが第三者的に観察しているときとは違って，真摯にかかわり合ってはじめて見せてくれる世界がある。このような出会いはいわゆる「客観」を超えるものである。しかし，保育者が主体的・主観的に関与しているからといって，ただそれだけの理由で，自らの姿勢を修正不可能にするような恣意的で無軌道なかかわりに陥るわけではない。

　まず，保育実践のなかでは，子どもの現実から切り離されたまったくの恣意というものが存在するわけではないことを指摘しておきたい。そのことは，「子どもたちは要求しているのだ」という夏子の言葉からも見て取ることができる。保育者の理解も，かかわりも，一方的に押しつけられるのではなく，子どもの思いに支えられ，子どもからの要求によって引き出されるものなのである。保育におけるかかわりとは相互作用的なものであって，子どもたちも保育者に自らの主体性・主観性をもってかかわり，保育者のかかわりに何らかの答えを投げかけてくれている。それにどう耳を傾け，受け止めるかが，保育者に問われることになる。

　津守は自らの保育実践に基づいて，保育者は自らの存在を賭けて行為を選択し，その結果を引き受けていくと述べた（津守，2002，p.40）。彼はコミットメントと共に，恣意性を超えて子どもからの応答を受け止め，省察していく姿を具体的に描き出している。倉橋自身は「子どもらが帰った後」（倉橋，1933a）のように，省察する保育者のあり方を示してきたものの，それを保育実践として具体的に語ったわけではなかった。津守による保育研究はそれを受け継ぎ具体化したものと言えるが，自らコミットする保育研究は，津守を措いてほとんど類を見ないのが現状である。保育者のあり方を問ううえで，コミットメントと省察に支えられた保育研究と，そのために必要な方法論をどう築いていくかが，今後の重要な課題となるであろう。

第2章
子どもの心へのアプローチ
——倉橋惣三における「保育の心理学」

1　保育のなかで子どもの心に触れること

　子どもの心と，その心に触れる保育者のあり方について，倉橋惣三は経験に根ざした深い洞察を著作のなかに残している。彼の言葉は時代を超えて，多くの保育者を支えてきた。

　保育者が子どもを理解するには，心理学の知識が必要だと言われている。しかし，実際に子どもと出会う保育者たちにとっては，倉橋の言葉が一般的な心理学以上に，子どもの心に触れるための「保育の知」としての役割を果たしてきたと言えるだろう。

　ここでは，子どもの心に触れる倉橋惣三のアプローチを，彼の言葉を通して明らかにしたい。そのキーワードは，「人間的なかかわりの視野」「保育者自身のかかわりを通した理解」「保育者自身のあり方を問う姿勢」である。

　保育においては理論と実践との乖離が今なお指摘されているが，子どもと出会うなかで心に触れる倉橋のアプローチは，これからの実践に根ざした保育学・心理学の方法論を考えるうえで，重要な手がかりを与えていると考えられる。また倉橋以後，彼の方法論的意識は主に津守眞によって受け継がれ，発展していった。保育実践と結びついたこのような研究の可能性について，最後に論じる。

2　人間的なかかわりの視野

　倉橋には，「子どもの心持ち」という論考がある。『育ての心』に収められた

第Ⅰ部　倉橋惣三の保育思想

この論考は，表題が示す通り，彼の著作に通底する子どもの心へのアプローチを示すものである。ここでは子どもの心に触れる彼の人間的な姿勢が，彼らしい説得力をもって端的に語られている。

> 　心理学は児童の心理を分析して教えて呉れる。それが，教育の正しき方法を知る為に，極めて必要な知識であることは言を俟たない。すなわち，児童に関する精しい理解である。しかし，それだけで，児童のすべてが知れたのではない。それを理解するほかに，味わい触れてやるという，大切な要件が残されている。あたかも，一つのシンフォニーが，何の音と何の音とから成り立って，それが，どういう順序になっているかということを分解しただけでほんとうにシンフォニーを聴いたとはいえないと同じである。音響学が音楽のすべてでないように，分解し，説明する児童心理学が，児童のすべてではない。〔…中略…〕教育者は，児童を理解すると共に，その心持を味わってやらなければならない。生きた感じを持つ音楽として，そのひびきを聴いてやらなければならない。
> 　太郎が友だちと喧嘩しているとせよ。それが，如何なる心理的原因と要素とによるものかを理解しただけでは足りない。それが判れば多分正しい取りさばきだけは出来るであろう。しかし，太郎が，どんなに怒っているか，どれほどくやしがっているか，その心もちを察することなしに，ほんとうの教育が出来ようか。花子が人形を可愛がっているとせよ。その心理は，極く簡単な児童心理学でも説明の出来ることである。しかし，それだけで，花子の，その生ける生活が判ったとはいえない。どんな心持ちで，その人形を抱きしめているのか，どんな心持ちで，その人形の手の折れたのを悲しんでいるのか，そこの察しがつかないで，花子の人形に対する生活そのものには触れられない。
> 　太郎の喧嘩を，心理的に正しくさばくだけは裁判官である。花子の人形あそびを精しく説明するだけは研究者である。それだけでは，太郎にも花子にも少しも触れない。子どもの心持ちに切実に触れ得ないものは，児童のために教育者であり得ない（倉橋，1936a，pp. 174-175；傍点は原文ママ。一部ルビを追加）。

保育者が子どもの心を理解するとはどういうことかが，ここには示されている。日々さまざまな思いを抱える子どもたちの傍らにいて，保育者のなすべき仕事は何なのか——実践を離れた研究者の方法とも，技術によって子どもを「管理」するあり方とも違う，保育者の専門性の本質にも触れている文章であ

る。
　先の倉橋の言葉には，保育者が子どもの心に触れるときには，一般的な心理学研究とは異なるアプローチが必要になることが示されている。ものを扱う自然科学的なモデルよりも，以下のように，自然に深められていく人間的な交わりが彼のアプローチの基礎である。

（1）　かかわりのなかで理解する
　保育のなかでは，子どもの心理を単に説明するのではなく，かかわり，共感し，受け止めることが必要になる。これに対して一般的な心理学では，研究者の主観や関与が相手の姿を歪めないように，相手とのかかわりを最小限にすることが求められる。その方向性は正反対と言ってよいだろう。

（2）　全体性の視野をもつ
　「シンフォニー」の喩えは，響きの総体に耳を傾けることを意味している。保育者には，子どもの心について，個々の要素や特性だけを見るのではなく，その子が一人の人間として生きている世界を視野に入れることが求められる。保育実践とは距離を置いた研究者が自己の関心から出発して，限定された視野と枠組みを定めるのとは異なり，保育者は子どもの視点から出発し，その子の生活と保育の全体を視野に入れようと試みる。

（3）　一人ひとりの個性を捉える
　倉橋には「子供の研究は個人的でありたきこと」という論考もあり，一人ひとりの子どもの個性をかけがえのないものとして，自らの心をもって認めるべきことが説かれている（倉橋，1919b）。先の「子どもの心持ち」の引用にも，一般的な傾向や，「こういうタイプの子どもはこう接すれば……」といったパターン的把握を超えて，一人ひとり顔と名前，人格をもった，かけがえのないその子自身を理解しようとする姿勢が示されている。

（4） 自分自身の心で受け止める

　子どもたちの心が生み出す響きに耳を傾けるのは，保育者が自分自身の心を動かすことによってなされる。どんな芸術も，味わうのは自分の心であって，いくら説明されても心が動いていないのにわかったふりをすることはできない。それと同じように，子どもの心への共感も，保育者の主観を排除しては成り立ち得ない性質のものである。

3　保育者自身のかかわりを通した理解

　前章「倉橋惣三の保育者論」で取り上げたように，倉橋の『幼稚園雑草』には，ある保育者の成長を描いた短編小説が収められている。この小説では，保育者の体験が内面から描き出され，保育が知識や技術の適用を超えた，人間が生きる営みであることが語られている。小説さえ生み出せるところに彼らしい自由と多才さが感じられるが，先にもシンフォニーの比喩があったように，保育思想にも論文や議論によっては尽くせない，体験や想像力によってこそ伝わるものがあるだろう。この物語からは，彼の思想の「響き」を感じとることができる。

　この小説のなかに，保育者の主観性の問題が描き出されている場面がある。保育者としてのアイデンティティの問題に悩む主人公の夏子が，保育の講習会で心理学者の講演を聞いたときのことである。講師は子どもを「客観的」に見るべきことを説くが，夏子は子どもと出会う保育者が我を離れて子どもを見るということが何を意味するのか，それが実践のなかで果たして可能なのか，疑問を抱かざるを得ない。

　保育において理論と実践の乖離が課題となっていることは先にも述べた。この場面でも，「真白なカラー」の研究者が講ずる「客観性」や「科学的」な子どもの見方が，実際の保育者のあり方とはかけ離れたものであることが示されている。この物語が発表されて百年あまりが経つが，状況はあまり変わっていないことに驚かされる。

　日々，一瞬一瞬に子どもとかかわり，子どもの思いを共感によって分かち合

う保育者にとって、自らの関与を排除する心理学実験者のあり方を無批判に現場に適用することはできない。むしろかかわりを深めることによって、自らの心で子どもの思いを受け止める、実践に根ざした知性こそが必要だと考えられる。

一般的な心理学においても「関与観察」がある程度取り入れられることはある。しかし、真剣に生き、訴えかける子どもたちに、自分自身の身をもって応えていく保育者のかかわりは、観察を主眼とする限定的なかかわりを本質的に超えたものである。心からかかわり、親しむことによってこそ、子どもと心通じ合い、信頼関係を築くことができるのであり、そうしてはじめて理解することのできる子どもの世界がある。

倉橋は「こどもの研究」（倉橋，1919c）においても、子どもを観察する際には、一人ひとり思いを込めて、その存在を尊重することが出発点となることを説いている。観察者の姿勢や心のありようによって、子どもが見せてくれる姿は変わってくることがわかるだろう。子どもを見るとは、一方的な行為ではなく、関係のなかで展開する相互的な事態である。

4 保育者自身のあり方を問う姿勢

これまでも触れてきたように、主観性を通しての理解には、恣意に陥ったり、相手の姿を不当に歪めかねないという課題がある。多くの研究者は、自らの主観を研究の範囲外に置くことによってこの問題を回避してきた。しかし、自らのかかわりを避けるのではなく、むしろ深めていくべき保育者は、自分自身のかかわりや観点を問いなおす「省察」によってこの課題に取り組まねばならないだろう。こうした省察の姿勢は、「子どもらが帰った後」（倉橋，1933a）にも、保育者に欠くことのできないものとして描かれている。根本的には「保姆その人」が問われるのである（倉橋，1917）。倉橋の思想が自然な人間性を重んじるから、「情緒主義」であるからといって、何か専門性を欠いたものであるかのように捉えるのは皮相な見方であって、その著作を実際に読めばわかるように、それはこうした厳粛かつ真摯な姿勢に支えられている。

第Ⅰ部　倉橋惣三の保育思想

　心へのアプローチという観点からは、「教師の心理」に興味深い論点がある（本書では教育と保育、教師と保育者を、倉橋の思想に沿って、本質において同じものと捉えている）。倉橋は、かかわりの営みである保育を理解するためには、保育者の主観的体験を取り入れた研究が必要だと考えていた。

　　従来の教育研究に於いて、教師の研究ということは、はなはだしく欠けているといってよい。その中でも、今ここにいう処の方面の研究は、前に説いた所謂(いわゆる)客観的研究よりも一層欠けている。未だ何らの試みさえもないと言ってよいかも知れない。教育の活動要素は、教師と、児童と、教育法とである。しかして、児童の心理的研究あり、教育法の心理的研究あって、教師の心理的研究の忘れられているのは、すこぶる完全を欠くことと言わざるを得ない（倉橋，1919d，p.303；一部ルビを追加）。

　　例えば教育は、発達せるものが、未だ発達せざるものを、立案的に云々という様なことは、教育の事実に就いて、何一つ語っているものでない。教育は形ではない。生きた人間のしていることである。生きた人間の生活は、その微妙なる心理的説明によらなければ分からない。教育は、発達せるものと、発達せざるものとが、ただその位置を相持して並び立っているのではない。教え手と受け取り手と、微細な互いの影響を、二重にも三重にも往復し、取りかわしている極めて人間的な即ち心理的な事実である。教師の心理は、その結果たり、また所因としてはたらくものである（倉橋，1919d，p.304）。

　　教育の事実の詳しい研究のために、教師の心理研究は、是非発達せしめなければならぬ一方面である。〔…中略…〕生徒の心理研究、教育法の心理研究と相並んで、今後の教育研究の主要なる一問題たらしむる必要があると思う（倉橋，1919d，p.306）。

　ここに示されているように、倉橋は保育を関係性の営みとして捉え、子どもの側の要因ばかりでなく、保育者自身のかかわりや心のありようをも重要な要因として研究すべきだと考えた。保育の関係性を捉える際にも、単に信頼関係があるとかないといった粗い次元ではなくて、保育者と子どもとの間の「微細な互いの影響を、二重にも三重にも往復し、取りかわしている」という、相互

第 2 章　子どもの心へのアプローチ

作用的なかかわりを詳細に見ていく必要が指摘されている。このような研究とは，何よりも関係性に焦点を当てた保育の事例研究ということになるだろう。こうした研究は現在でも，次節に触れる津守眞を除いて，ほとんどなされていない状況にある。

「自己防御」という論考では，こうした保育者側の要因が論じられている。「教育者として児童の中にいるに，――児童の前に立つとはいわない――何が最も本質的に邪魔なものかといえば，自己防御ということである」（倉橋，1926b，p. 317）。保育者が「教師としての威厳」にとらわれ，それを維持しようとするがために，心を開いて子どもとかかわることから身を引いてしまうという問題である。

　　全我をぶちまけて，わが懐へ飛び込んで来ようとする児童に対して，鉄条網でないにしても，一枚の薄布でも邪魔なことはいうまでもない。我等の小さい自己防御に逢って，如何に阻まれ，おやっと思って後ずさりしている児童が少なくないことであろう。〔…中略…〕肝心の先生が扉を立てていられては，先生という名に於いて扉を立てていられては，折角，教育に来た甲斐が，児童にとって，どこにあろう。〔…中略…〕
　　多くの教師が，あの朗かな，真を以て真に迫る児童の心の間に，自己を防ぐという様なことも，いつの間にか忘れさせられて仕舞うであろう。――しかし，児童の或る者は弱き先生よりなお弱い。先生の自己防御を突き破り得ないで独り淋しくしているものもあろう。それ以上に，自己を防ぐ先生の前に，児童もまた自己を防ぐことを教えられることもあろう。憂うべきこととしなければならない（倉橋，1926b，pp. 321-322）。

自らの身をもって子どもとかかわる研究の難しさは，単に方法上の難しさというだけでなく，こんなところにもあるのではないだろうか。権威へのとらわれや自己防御を棄てて，ありのままに子どもと自分自身に向き合うという難しさである。それはごく単純なことに思われるかもしれない。しかし，こんなことこそがどうしてもできない大人があり，どうしてもできないときがある。子どもたちには，困難なときがあっても，やがては心を開いて世界に出会っていく力がある。権威にすがる大人の自己防御は，そうした子どもたちの伸びゆく

51

力からは，もっとも遠い姿勢である。しかし倉橋が指摘するように，もし私たちが心を開いて出会うなら，子どもたちのほうからそれを乗り越える力をいつでも与えてくれるだろう。

　先の引用で倉橋は，人間的なかかわりを求めても得られないがゆえに，後ずさりしてしまう子どもたちのことに触れている。これに加えて言うならば，ただ諦めて引きこもってしまう子どもたちだけでなく，かえって保育者の心を開こうとして，なお懸命になる子もいる。それでも保育者が心の扉を閉ざしたままなら，その子の懸命な働きかけが，その保育者には単なる「トラブル」や「こだわり」と見られてしまうかもしれない。

　近年よく言われる「気になる子」のなかには，本来は保育者との信頼関係を築こうとする真摯な願いから発した行為であったにもかかわらず，その意味に気づかない保育者との「微細な互いの影響」が積み重なるなかで，関係がこじれてしまった場合も少なくないように思われる。子どもと真摯にかかわることのできなくなった保育者は，同僚や先輩，あるいは心理学の専門家などに「子どもの問題」を訴えるかもしれない。保育者側の要因が振り返られないまま，これら大人たちの間の「微細な互いの影響」がさらに加わって，ますますその子が「気になる子」として固定化されてしまうこともある（西，2009）。

　したがって倉橋が示唆したように，保育者のかかわりを含めて関係を詳細に読み解く研究は，現代の保育にこそ必要であり，また多くの可能性を開くことと思われる。

5　保育実践と結びついた研究の可能性

　前節に示したように，倉橋は相互的な関係性を読み解く保育の事例研究を示唆していたと考えられるが，彼自身がそれを具体化したわけではなかった。

　このようなアプローチを具体化してきたのは，津守眞の保育研究である。津守は自ら子どもと深くかかわる体験をもとに，省察を通して自分自身のあり方を問いなおしつつ，共に成長する過程を描き出してきた（津守，1997）。そのかかわりと洞察の深さや，生涯をかけた研究の軌跡に，私たちは多くを学ぶこと

ができるだろう。

　保育は，人間の原点にかかわる営みである。保育学も人間の広い世界を探究する点で，学際的に開かれた性質をもっている。したがって心理学のどんな知識も，保育を豊かにする手がかりとなり得るだろう。

　ただ，保育者の専門性の核心には，かかわりのなかで子どもの心に触れるということがある。先にも述べたように，一人ひとりの子どもとかかわり，微細な相互影響の過程のなかに身を置きながら，自らの心をもって子どもを受け止めることは，保育者の基本的な行為の一つである。

　このような過程を理解する心理学としては，臨床心理学，そのなかでも特に心理療法学がもっとも近いと考えられる。他の心理学の分野とは異なり，心理療法においては，自ら相手とかかわってその心を理解するという営みこそが，研究の対象となる。心理療法学は「転移・逆転移」[*1]の概念が示すように，自らかかわる関係性のなかで「自己防御」を超えていく知をめざしてきた（西，2014）。逆転移とは，フロイト（Freud, S.）がユング（Jung, C. G.）[*2]との対話のなかで生み出した概念である（Freud, 1910）。転移・逆転移を具体的な事例から読み解いていくことは，フロイト以後の精神分析学にとってもっとも重要なテーマとなっている（Smith, 1999）。

　津守眞もこうした心理療法家たちの思想を取り入れて，保育の事例研究を進めている。ただそれは，心理療法の理論を単純に適用するような形ではない。津守はフロイトについて，こう述べている。心理療法と保育は異なる実践では

---

*1　転移（transference）・逆転移（countertransference）　患者が治療者に対して無意識のうちに投げかける人物像や感情を，フロイトは転移と呼び，この現象が患者の心を理解するうえで重要な通路になると考えた。転移の対概念となるのが逆転移であり，治療者の側が患者に対して無意識のうちに投げかける人物像や感情を指す。もっとも広義においては，無意識的側面を含んだクライエントとセラピストとの関係の全体が，転移・逆転移と呼ばれている。逆転移は治療を妨げることもあるが，現代の精神分析においては，治療関係への洞察を生む手がかりとして捉えなおされている。

*2　ユング，C. G.（1875-1961）　スイスの心理学者，精神科医。フロイトと協働して精神分析の研究を進めるが，後に見解を異にし，イメージの生命性，無意識の創造性，治療者のコミットメントを重視する独自の「分析心理学」を発展させた。

あるが,「彼が医師の権威をすて, 患者との誠実な人間関係に入ることをその臨床の前提としたことは保育に共通である。〔…中略…〕保育者自身が自分なりに考えてゆくことを彼の著作は励ましてくれる。フロイトの理論そのものよりも, 彼が臨床に向う態度に私はひかれる」(津守, 1989, p.185)。概念や形式の次元ではなく, 人と真摯にかかわる体験という原点において, 二つの学問は相通ずるであろう。

　保育実践に対して, 心理学はどのように貢献できるだろうか。津守がそうしてきたように, 心理学を保育に適用するといった次元を超えて, 保育学と心理学の対話をまずは自らの内界において深めていくことが重要だろう。そして, 研究者であれ実践者であれ, 保育の場で子どもの心を理解しようとする人々のコミュニティのなかでも対話を深めていくことが, この領域を豊かにしていく。子どもたちと出会ってその心に触れる体験が, そのための共通の出発点となるだろう。

第Ⅱ部
保育者の省察

Introduction

保育者の専門性を考えるために

ある日の保育の一場面から

　娘が2歳児のころ，保育園に迎えに行ったときのことである。
　クラスの部屋に近づくと，楽しげな笑い声とコミカルなピアノの音が聞こえてきた。先生がピアノでいろいろな音を出すのに合わせて，子どもたちがそれぞれにおもしろいずっこけ方をしては楽しんでいる。次はもっとおもしろい転がり方で，もっとおもしろい顔で……と，どこまでもやりたがっているところに私が顔を出すと，「あ！　とーちゃん！」と飛びついてきた。
　みんなの笑顔に見送られて，私たちは帰りの支度をする。ちょうど仲良く育ってきた友達のJくん親子も帰る頃合いだった。さっそく子どもたち二人はどちらが先に靴が履けるか競争しようなどと張り切っているが，決して相手を追い抜き去っていくことはなく，かえって時間をかけて抜きつ抜かれつ，結局はいつものように一緒にじゃれ合いながら帰っていくのが何よりも楽しいのである。
　保育園での一日，子どもたちには楽しいことも，自分なりのチャレンジも，友情も，困難なことも，さまざまな体験があったことだろう。迎えに行った私は，その一つひとつがどうだったか，その場でわかるわけではないが，楽しさに包まれたクラスから満面の笑顔で飛びついてくる子どもに出会い，今日も保育園の一日が本当によい一日だったのだと感じさせられる。私にとっても，改めて先生に感謝し，信頼を深めるひとときとなった。
　ある夕暮れに，何一つ気取ることのない日常に触れただけのことである。それでもそこには，心から笑い，心から人と親しむ体験がある。互いの個性を認めながら，もっと自分からやりたいと思う，子どもたちの能動性がある。

Introduction

　土壌のないところに花は咲かない。どんな人間関係もそうであるように，保育の信頼関係も，突然植え付けられるのではなく，互いに心通じ合う瞬間や，日々の積み重ねを通して培われる。満ち足りた思いで園から帰るとき，それがこれまでの保育の日々に支えられていることを思う。

　ここにたまたまあげたのは，心に残っている無数の光景のうちの一つである。保育園に通う歳月のなかで，多くの先生や友達との間に，こんな体験が積み重ねられてきた。あのころから数年が経ち，先生は他に移られたが，今でも運動会のときなど，当時かかわっていた子どもたちの応援に訪ねて来られ，久しぶりに出会う私たちを見つけては両手を広げ，娘を抱きとめてくれる。娘も先生をよく覚えていて，飛びついて嬉しそうにしている。

保育の専門性について考える

　保育の専門性とは何だろうか。また，「保育の質」とはどのように測られるものだろうか。

　もし保育学の議論云々よりも，一人の人間として考えるならば，園での一日がどの子にとっても幸せなもの，充実したものになることが，私にとっての願いである。私だけでなく，そう思う大人も多いのではないだろうか。保育者の専門性についてはさまざまな考え方があるが，その原点には，子どもたちを思ってかかわる優しさ，子どもたちの存在を受け止める器があるだろう。

　保育の質とは，何よりも子ども自身によって測られるものである。そのことを，私たちは一日を終えたその子の表情によって，また保育の日々を積み重ねたその子の成長を通して知る。「見える化」されたドキュメントもさまざまなことを伝えるが，それ以上に，直接出会うなかで，私たちは多くのことを感じとっている。

保育者の専門性と人間性

　保育者の専門性は，その人が培ってきた自然な人間性と地続きであるところ

Introduction

に，その特徴がある。子どもたちと信頼関係を築くことをはじめ，保育を成り立たせる基盤となる部分は，その人がもっている人間性が生かされるものであって，それと切り離すことができない。

保育の専門性を確立しようとするとき，こうした人間性とは別種のものをもってこなければならないという考え方があるようだ。もちろん，さまざまな技術や知識も必要だが，それが保育者の人間性と切り離されてしまうと，土壌なくして人工の肥料を撒き，造花を接ぎ木したりして，本来の生命力を損なうことにもなりかねないと思う。

自ら子どもたちとかかわってきた教育学者，ランゲフェルド（Langeveld, M.J.）は，子どもたちを理解する過程は，その子との友情が深まる過程と一つだと語った（ランゲフェルド，1974）。保育者は，形のうえで友達づきあいをするわけではないが，その子の生涯にとって真のよき友人となることができれば，どんなにかよいことだろう。もし，友情のような人間的感情を，専門職にふさわしくないものとして捨て去ってしまうなら，保育のなかの何か大切なもの，根本にあるものが失われてしまう気がする。自らの人間性を抑え込むのではなく，それ自体を生かしながら，職業的信頼にふさわしいものへと昇華していくところに，保育者の専門性の特徴がある。

権威へのとらわれを超えて

近年の保育学においては，保育者の専門性や，「質の高い保育」といったことが議論されている。しかし，学会での議論が進むことではじめて，保育者の専門性が高められるのではない。ましてや，研究者が勝手に専門性の条件を定めて，それに保育者が従うのではない。

専門性や質を高めなければ，その成果を「見える化」しなければ……とこだわるあまり，日常の保育の尊さを見失ってはならない。「どう世間に認められるか」に流されると，新規な技術や目先の成果，形式的な評価に重きが置かれ，子どもたちとのありのままの生活がかえっておろそかになる。むしろ，保育者

が現になしている仕事の重みや繊細さ，奥の深さについて学び，発見していくことが，保育学にとっての課題の一つである。

　確実な権威に頼りたいという弱さも，専門性について考えるうえでの妨げとなる。保育は生きた人間とかかわる営みであるから，保育者の思うままに進んだりはしない。津守眞は，子どもに自ら主体的に応えていく保育の営みが，本来的に不確実性を孕んでいることを指摘している。それは不安にもつながるから，保育者は権威やマニュアルに依存しがちであり，流行に流されやすくなる。権威に頼るのではなく，子どもとかかわるためには，不確実性をもちこたえる自我の力を要する（津守，1964；1991, p.96；1998, p.161）。

　保育者の専門性の原点にあるものが何か，ここで考えようとしてきたことは，80年前の倉橋惣三の言葉に尽くされている。

>　自ら育つものを育たせようとする心。それが育ての心である。世にこんな楽しい心があろうか。それは明るい世界である。温かい世界である。育つものと育てるものとが，互いの結びつきに於て相楽しんでいる心である。
>　育ての心。そこには何の強要もない。無理もない。育つものの偉(おお)きな力を信頼し，敬重して，その発達の途に遵うて発達を遂げしめようとする。役目でもなく，義務でもなく，誰の心にも動く真情である。〔…中略…〕
>　育ての心は相手を育てるばかりではない。それによって自分も育てられてゆくのである。我が子を育てて自ら育つ親，子等の心を育てて自らの心も育つ教育者。育ての心は子どものためばかりではない。親と教育者とを育てる心である（倉橋，1936a, pp.12-13）。

　時代は変わっても，また社会からどのように見られても，このことをやり通すこと，子どもへの思いを深めることこそが，保育の専門性の出発点になる。

　職業としての保育において，研究すべきことは数えきれない。けれどもその専門性の母胎となるものは，子どもとかかわるすべての人が共有している。人として子どもと出会い，共に育つという原点において，保育学の探究は職業的保育者・研究者だけでなく，すべての人に開かれている。

第3章
保育者の省察とその過程

——津守眞の保育思想

1 保育における「省察」

　津守眞[*1]は，自ら子どもとかかわる実践に基づく保育研究を一貫して進めてきた。彼は，日本の幼児教育・保育の世界を築いてきた倉橋惣三の思想を受け継ぎながら，研究者としてのみならず保育者として生きるなかで，独自の保育思想をつくり上げてきた。それは佐藤学が指摘するように，教育・福祉の根源を一貫して問い続けるものであった（佐藤，2001）。単なる思弁的な探求を超えて，実践のなかで，子どもたちとの出会いのなかで試されてきたものであることが津守の思想の独自性であり，他に類を見ない意義だと言えるだろう。

　津守の思想の中心となる概念の一つに，「省察」がある。保育者としての経験を振り返る形で書かれた主著『保育者の地平』においても，「この書物の全体が，いまの段階での私自身の保育実践の省察である」（津守，1997，p.294）とさえ述べられているように，この概念は津守の思想全体に通底するものである。

　津守の思想や，彼の省察の概念は，保育の世界に幅広い影響を与えてきた。

[*1]　津守眞（1926-）　心理学者，保育学者。終戦直後から愛育研究所にて，のちには愛育養護学校の校長・保育者として，障碍をもつ子どもたちと家庭の支援に携わってきた。また倉橋惣三から『幼児の教育』誌の編集を受け継ぎ，長年にわたって保育の世界における指導的役割を果たしてきた。子どもの生活に根ざした『乳幼児精神発達診断法』（1960-1965）は発達にかかわる現場に広く影響を与えたが，1970年代には客観主義的な心理学研究を超えて，自ら子どもとかかわるなかで子どもの内的世界を理解する研究へと「転回」を遂げる。お茶の水女子大学名誉教授，日本保育学会会長（2000-2003），OMEP（世界幼児教育・保育機構）名誉会員。

しかし彼の思想を正面から取り上げた研究は，先述の佐藤らによるいくつかの論評など（佐藤ほか，2001）を除いて，いまだ数少ない。特に彼の省察の概念については，近年，保育の「質」への関心が高まるにつれて言及されることが増えているものの，その思想としての検討はほとんどなされていない状況にある。

たとえば，保育の振り返りに関する研究が増えつつある。それらの多くは津守の省察概念や，また彼とは異なる文脈から実践者の省察を取り上げたショーン（Schön, D. A.）に触れているものの，彼らの概念そのものを吟味することなく，現職の保育者がどう保育を振り返るかについての「実証的検討」を主として行っている。こうした研究はそれ自体としての意義をもち得るが，しかし先行研究として触れられている津守らの思想と実質的な関連をもっているわけではない。したがって本章では，津守が独自に展開してきた保育思想としての「省察」について検討することとしたい。

また，省察が保育者の内的過程に支えられていることも重要な点である。保育者への質問紙調査などによって直接に捉えられるのは，自ら意識できる側面や，外的な行動に表れる側面になりやすい。これに対して津守の思想は，外的に捉えられる行動を超えて，保育にとって内的な世界がもつ意義を明らかにした。「子どもとかかわるときに，外から見ていたのとはまったく違う世界，子どもと自分との内的な世界が展開する」（津守，2002，p. 38）ことへの発見が，彼の保育学をいわゆる「科学的心理学」から「人間学的保育学」へと「転回」させた（津守，1974b）。したがって彼の省察概念を理解するうえでは，形式を超えた中身を問題にしなければならないが，そうした内的過程を含む津守の思想は，これまで十分に論じられてこなかった。本章では，津守の省察概念について，特に内的過程としての側面を取り上げ，その意義を明らかにしていきたい。

一方で，津守の省察概念については，それが主観的な解釈に基づくものだとの批判がある（鳥光ら，1999）。省察は保育者自身の内面にかかわる過程であるから，もちろん主観性の問題を回避することはできないし，回避するべきでもない。本章では，この点について津守の思想がすでに手がかりを与えていることを示したうえで，なお今後の課題を明らかにしたい。このような課題に応え

ることは，単に津守の思想についての研究としてのみならず，広く保育者・保育研究のあり方を考えるうえでも意義あるものと考えられる。

2　子どもたちとの出会いに立ち返って

　津守の省察概念は，先行研究から単に理念的に導き出されたわけではない。彼の思想には，倉橋惣三をはじめとする保育・教育・心理学などの思想が影響を与えているが，しかし理論が先にあって，それを津守が実践に応用したわけではない。津守との交流もあった教育学者，ランゲフェルド（Langeveld, M. J.）[*2]と津守の思想的関連を概観した荒井は，「津守自身が抱え続け，格闘してきた課題意識」がまず先にあって，そこにランゲフェルドらユトレヒト学派との交流が生まれたことを指摘している（荒井，2011）。津守は外的な行動を超えて子どもを理解しようと願い，自ら保育の体験を積み重ねるなかで，ランゲフェルドらに呼応するものを見出したのである。こうした理論的側面や他の思想との関連については，すでに津守自身が詳述している（津守，1987b, pp. 203-205；2002）。

　津守の思想は，彼自身が子どもたちと出会った保育実践から出発している。それは「抽象的に取り出したものではなく，保育の現象から導き出したものである。保育者がかかわって体験した現象を言葉にするのであって，その逆ではない」（津守，2002, p. 38）。したがって彼の思想については，先行研究の系譜を辿る以上に，子どもと出会う彼の体験を理解していくことが必要になるだろう。津守は「いま，児童を自分の外にある対象として客観的に研究するのみでなく，子どもと交わる保育による研究が，児童研究の重要な分野として位置づくものである」（津守，1980, p. 3）と述べ，自ら子どもたちとかかわった体験に基づく保育研究を進めてきたが，彼の事例の中身そのものに触れる議論は，ほとんどなされてこなかった。津守の思想を扱った数少ない研究においても，ほとんど

　[*2]　ランゲフェルド，M. J.（1905-1989）　オランダの教育学者。教育について現象学的・人間学的な探究を進める一方で，さまざまな問題を抱える子どもたちの相談にも自ら携わった。教育におけるかかわりの実際を考える「臨床教育学」の開拓者と位置づけられる。

の著者が彼の保育の具体的な中身には触れていない。

　これに対して本章では，理念だけを取り上げるのではなく，津守の思想を支えている体験の実質を見ていくことによって理解を深めたい。彼があげている保育事例を検討することによって，省察の過程をより具体的に知ることができるだろう。

　保育の実践研究を吟味するためには，読者は保育の体験や実践知をある程度参照する必要がある。それは，ある専門分野の論文を理解するうえでは，その分野をある程度知っており，先行研究について一定の理解をもっておく必要があるのと同じことである。保育実践という分野においては，われわれは先行文献のみならず，実践という書物を紐解かねばならない。本章では理論的検討だけでなく，事例検討を併せて行うことで，津守の思想とその実質への理解を深めていきたい。

3　津守眞における省察の概念

　保育者の省察とは，自ら子どもと出会う体験について思索を深めることと言えるだろう。それは保育者にとって，明日の保育を豊かにするものである。この省察を津守が実践のなかでどのように深めていったかについて，以下に検討する。

　まず，津守自身が省察について論じた箇所をあげる。すでに述べたように彼が省察について触れた箇所は多岐にわたるが，以下に津守がいくつかの基本概念を定義した論述から，省察に関する部分を取り上げる。

> 　　時間をへだててふり返ること，すなわち，反省は，英語では reflection であり，flex は，身体を折り曲げて後を見るという意味である。実践は，一回限りの，不可逆なできごとであるが，反省によって，人はそのことを道徳規準に照らして評価するのではなく，まして，後悔し残念に思うのではなく，体験として，ほとんど無意識の中にとらえられている体感の認識に何度も立ち返り，そのことの意味を問うのである。〔…中略…〕その精神作業は，反省に考察を加えること，すなわち，省察である。

省察は，保育者の自由な精神作業である。自分に感じられたイメージにしたがって，それに形を与えていくとき，最初の知覚とは違った新たな側面を発見する。あるいは，自身の子どものころの記憶に類似の行為を発見すると，親しみの共感をもって子どもの内的世界に近づくこともある。他人の類似の体験を見出すと，より広い世界へと開放される。保育者の個性に応じて，その精神作業は多様であるが，それは保育者の楽しみのひとつである（津守，1980，pp. 9-10）。

　ここに示された「省察」は，一般的な「振り返り」や「反省」を超えている。既存の基準による「評価」や，ともすれば過去をマイナス志向で捉えることにつながりやすい「反省」を超えて，津守の省察は主体的で自由な精神作業を意味している。それは知的な作業ばかりでなく，イメージや共感によって創造的に展開する過程を含んでいる。

　ここでは「時間をへだてて」振り返るという語源があげられているが，省察は必ずしも事後的なものだけとは限らない。保育者にとって実際の省察は，保育の後ばかりでなく保育の最中にも行われている。

　次の記述は，津守が保育者としての経験を重ねた後に書かれたものである。

　　保育の実践と省察とは切り離すことができない。
　　子どもとかかわり身体を動かしている最中にも，保育者は子どもの行動を読み，それに応答している。〔…中略…〕保育の最中でも省察しながらつきあうときがある。それが保育を楽しくさせる（津守，1997，p. 293）。

　子どもたちも保育のなかで，単純に言語化できない形であっても，自分なりに，真剣に考えている。それにつきあう保育者も，その意味を考えながらかかわっている。保育者は，目の前の子どもと出会っているそのときにも，また子どもと別れた後にも，その子のことを想っているのである。

　次にあげる論述には，保育者にとっての内的過程がより詳しく示されている。

　　子どもの世界の理解には，研究者として子どもの外部に立っているのでは不十分になる。子どもの生活に参与して，子どもに直接応答すること，またこの際，子どもとの関係において自分をさまざまに変化させることによって，一層子どもの世界を理解するようになるだろう。自分を変化させるというのは，実生活においては，

ことばづかいや行動の仕方というような技術面だけのことではない。自分自身の小さな行為も，自分の人生の一部であって，その根は深い。小さな行為を変えるのにも，考え方の根底から考え直さなければならないこともある，そこに，自らの行為の省察という人間学的課題が生まれる（津守, 1987b, p. 201）。

　ここに示されているように，時間を置いて振り返ることが省察の本質なのではなく，それは保育者が自分自身を振り返り，変化していくことを意味している。津守の省察はマイナス志向の「反省」とは異なると述べたが，だからといってそれが自己への批判性をもたないわけではない。むしろその逆に，彼の批判性はより根本的なものであって，単なる技術面での反省を超えて，自らの人格を振り返ることにもつながっている。
　しばしば保育者の養成や研修に関連して省察が論じられる際，「今日行った手遊びがよかったかどうか」といったことを反省する姿勢が重要だというような例があげられる。そうした通常の意味での振り返りも必要ではあるが，しかしこうした例があまりに強調されると，過去志向の「反省」によって自由な心の動きが妨げられるばかりでなく，人格的次元を排除した技術的側面への視野の限定を招きかねない。津守の省察は，先の引用に示されているように，それ以上に自由で創造的な精神作業であり，また保育者の人格的次元にも及ぶ根本的な考察を意味している。

4　省察の過程とその実際——事例から考える

　次に，津守の省察がどのように具体化されるかについて，彼の事例をもとに検討する。
　ここにあげるのは，津守が愛育養護学校の校長・保育者を務めた時期の事例である。この事例は津守が自らの研究の軌跡を振り返る際にしばしばあげるものであり，彼の思想を理解するうえでも特に意義あるものだと考えられる。この事例に現れる少年とのかかわりは，津守が大学を辞して愛育養護学校での生活を始めた最初の日から，卒業後の再会へと続いており，保育者としての津守

自身にとっても大きな意味をもっていた（津守，1992；2002）。

またこの事例は，子どもとの間で展開する過程が詳細に描かれている点で，本章で明らかにしていく省察の過程の内実を見るのに適している。以下に「理解できない子どもの行為をもちこたえる」と題された章にあげられている事例を要約する。

> 　H夫は津守とともに職員室を訪れたがり，一緒に親しく弁当を食べていたが，どういうわけかその弁当を最後にひっくり返し，踏みにじることが続いた。津守はさまざまに試行錯誤し考え続ける日々の中で，普段からH夫に「最後を破損する」行為が多いことに気づいた。H夫の生活の中には，自分の行為が最後に外部からだめにされる体験が多く，これまでの理解しがたい行動は，その受動的な破損を能動に変えようとする試みではないかと思われた。
> 　そのことに気づいてから，津守はH夫と共にいることで，最後まで楽しんで活動を終えられるよう心がけた。そう願ってかかわるうち，不思議と弁当を踏みにじる行動はなくなっていった。
> 　ある日H夫は，砂の入った空き缶を冷蔵庫のところに持って行き，その扉を開けた。このときも津守は，H夫の思いを最後まで遂げられるようにしたいと思った。「H夫を信じていれば，彼は私が困るような扱い方はしないことを信用しようと思った。むしろ，私がH夫に対する信頼を揺がせ，先走って制止したならば…そのことが場面を混乱させるだろうと思ったのである」。
> 　H夫は砂の入った空き缶を注意深く冷蔵庫に入れ，扉を閉めてから，また取り出し，津守を見てにっこり笑った。その満足感を共有した後，H夫が調味料をかけ，廊下でともにかきまぜる砂は，一緒に作って遊ぶごはんになった。
> 　　　　　　　　　　　　　　　　　　　　　（津守，1987b，pp.144-150より）

ここには，保育を振り返るなかで，また子どもとかかわっている瞬間においても自らの理解を新たにするという，省察を通しての保育の展開が示されている。

この事例について，津守は後に次のように述べている。「理解は，自分の見方を根底から変化させることである。それには勇気がいる。このことに気付いてから，私はほかのことはおいてもこの子が最後までやりきれるように一生懸

の間に，行動は劇的に変化した。自分の悩みが大人によって
〜ったとき，行動が変化したのである」(津守，2002, p.41)。
〜の前提を根底から振り返り，事態への理解のあり方を変えると
〜信頼関係は新たに深められる。こうした展開は，外的に表れる
〜程ばかりでなく，内的な過程によって可能になっている。

5　省察の過程

　事例に基づき，津守における省察の過程がもつ特徴を，(1)保育の体験と
〜出発点，(2)行為を表現として見ること，(3)コミットメント（保育者の主体
全人的関与），(4)インキュベーション（孵化）の過程，(5)子どもとの相互的
〜系として取り上げる。

（1）　保育の体験という出発点

　津守は省察という行為が，「ほとんど無意識の中にとらえられている体感の認識に何度も立ち返り，そのことの意味を問う」(津守，1980, p.9) ものであると述べている。先の事例にも見られるように，弁当をひっくり返す子どもにかかわるとき，遊びのなかで子どもが最後を破損する行為に出会うとき，子どもが冷蔵庫に砂を入れようとするとき，いずれも保育者は子どもとかかわるなかで，その子を理解しようと試みている。体感が言語化できる以上の本質を捉えているというのは，そのときどきに真摯にかかわっているからこそであろう。保育に向き合う体験が出発点にあるからこそ，その体験に立ち戻る省察が意味あるものとなる。

　先にも津守の引用によって示したように，保育者は，子どもと出会っているそのときにも，また子どもと別れた後にも，その子のことを想っている。すなわち，省察とは保育の後ばかりではなく，保育の最中にもなされている行為であり，そこに重要な出発点がある。

　近年の議論においては，主として保育が終わった後の振り返りが省察として取り上げられ，記録の分析やカンファレンスのあり方が論じられることが多い。

保育の最中にはその余裕がないことが理由としてあげられることもある。もちろんランゲフェルドが指摘するように、まだ十分理解ができていない状況でも、さしあたって子どもに何かをしてやらなければならない場合は数多くある。それでも、その当面のかかわりは、理解をめざすための積極的な一歩なのである（ランゲフェルド，1974，p.110）。即時の理解が及ばなくとも、理解しようとしてかかわるか、それとも目先の対応だけで切り抜けるか、保育者のかかわる姿勢が問われることになるだろう。

　実際の保育においては、子どもと対話しながら共に考えていく場合も多い。ショーン（Schön, 1983）は多様な領域における専門性を取り上げるなかで、実践家たちが共通して「行為のなかの省察（reflection-in-action）」を行っていることを示している。省察とは、時間を隔てて後から振り返るだけでなく、実践の最中にも行われるものである。先にあげた津守の事例においても、津守が省察を深めていく過程と、子どもが津守に投げかける遊びのイメージが変化していく過程は、相互的な対話というべき形で進んでいった。

　この事例のなかで、津守が冷蔵庫の前でこれまでを振り返りながら考えたことに示されるように、保育の最中にも、保育者は子どもの行為への理解や、その子と自分自身とのかかわりの歴史を、意識的・無意識的に参照しながら行為し、考えている。「H夫を信じていれば、彼は私が困るような扱い方はしないことを信用しようと思った。むしろ、私がH夫に対する信頼を揺がせ、先走って制止したならば…そのことが場面を混乱させるだろうと思ったのである」という言葉は、後から振り返って言語化した部分があるにしても、言葉にはならない段階の思いとしては、H夫を見守る決断をした際に、保育者自身の心のなかにあったはずである。

　省察とは、保育のなかにおいても、また保育の後においても、意識的・無意識的に深められていく過程だと考えられる。振り返りの方法以前に、まずは実践のなかでどう考え、かかわったかが問われるのであり、それこそが省察の出発点となる。

（2） 行為を表現として見ること

　子どもの行為を外的に捉えられる行動と見るだけではなくて，それを子どもの世界の表現と捉えるのは，津守の保育学に一貫する姿勢である。

　津守が先の事例について「自分の悩みが大人によって理解されたと思ったとき，行動が変化した」（津守, 2002, p.41）と述べたように，子どもが表現しがたい思いを抱えているときや，大人が聴く耳をもたない場合には，自他共に理解しがたい形での行動が現れることがある。これに対して「制止するか，しないか」といった次元で即座の対応のみにとらわれてしまうと，保育者は自らの既存の枠組みを固定化し，またそれによって子どもの姿をも固定化することになる。そうではなく「自分の見方を根底から変化させ」，行為を保育者がまだつかみきれていない子どもの世界の表現として理解するとき，子どもと保育者の関係も変容していく。

　単なる問題行動と見て対処するのではなく，それが何を伝え，どこに向かおうとしているのかを保育者が考えていくとき，H夫の行為は変化した。大人を困らせるかもしれなかった砂は，信頼のもとに見守られるなかで，遊びのなかで共有されるごはんになった。ただの砂を冷蔵庫に入れるのは一見奇妙に思えるかもしれないが，津守と共につくりたいごはんのイメージを担ったものであれば，それが彼の冷蔵庫に入れられるのは，ある意味でふさわしくもある。H夫に最初からそのようなイメージが明確にあったかどうかはわからない。子どものなかに生まれたイメージの萌芽は，誰にも受け止められないままではなく，模索する時間を共にする保育者に支えられるとき，創造的かつ意味あるものとして展開する。

　子どもの行為を表現として見ることは，ときに保育者自身の体験に照らして呼応するものを見出すことによって可能になる。このような意味で自らを振り返り，省察するとき，それは子どもと大人に共通する「人間の原型」を発見することにもつながっている（津守, 1974c）。この事例で言うならば，H夫の行為を理解できないこだわりと見なして意味の次元を看過するのではなく，津守がそこに受動を能動に変える自我の力（津守, 1988a）を見出したことは，H夫との関係を変えていくきっかけとなった。

子どもたちと真摯にかかわるとき，保育者は単に個々の場面への対処を超えて，人間の成長についてさまざまに考えさせられ，学ぶだろう。津守の省察は，個人的な体験の振り返りを超えて，それを通じて子どもと自分自身との間に，そして広く人間に共通するものを見出すという，普遍性への志向を強くもっている。津守の保育研究が，単に一事例の説明に留まらず，多くの保育者の共感を呼んできたのは，彼が事例を通して保育に通底する普遍性の次元を描き出してきたことの表れだと言えるだろう。

（3） コミットメント（保育者の主体的・全人的関与）

津守の省察では，内的世界への理解が深められることによって，子どもとの関係や保育者自身の変容も生じている。従来の研究においては客観性を重んじるために，研究者の主観は注意深く排除されてきた。特に保育学の隣接領域である心理学においては，心理療法学という例外を除けば，対象の姿を歪めないように，相手とのかかわりは最小限とされてきた。その影響は保育学にも及んでいる。

しかし，保育とはかかわりによって成り立つ営みである。自らかかわりのなかに身を置く保育者が，子どもを理解し，保育を理解するうえでは，第三者による客観的理解の方法論をそのまま用いることはできない（本書第Ⅰ部参照）。

むしろ保育者の省察的理解は，自ら子どもとかかわること，「子どもの生活に参与して，子どもに直接応答すること」によって可能になる（津守，1987b，p.201）。事例のなかで，保育者はH夫の行為を「いけないこと」として制止することもあり得ただろう。それは子どもを信頼しないやり方である。これに対して，津守はH夫を信じることに賭けることによって，彼を理解し，信頼関係を深めていった。距離を置いた第三者が人を理解するのと，保育者が子どもを理解するアプローチは異なっている。「思いきってその子につき合うと，子どもは思いがけない世界をみせてくれる。そこから子どもと交われるようになることを，私は何度も体験している」（津守，1981-1983，p.19）。心の距離を置きさえすれば，子どもの心を正確に「客観的」に捉えられるわけではない。それとは対照的に，心を開いて出会い，共に信頼し合える関係を築くなら，子ども

が打ち明けてくれるものは違ってくる。保育者の理解とは，かかわりを深めていくなかでなされるものである。そこには，「保育は職業としてあるだけでなく，人間の存在をかけた行為である」（津守，1997, p.295）と津守が述べた，保育者のコミットメントがある。

　ここでいうコミットメントとは，保育者の主体的・全人的関与の姿勢を意味している（本書第1章参照）。先にあげた事例には，津守の保育者としての主体的な決断があり，それが子どもを理解し，子どもとの関係を変えていくうえで大きな意義をもっていた。

　また津守の省察において，子どもとかかわるなかでの理解は，単に知的・技術的な作業に留まらず，保育者自身の変容にも及ぶ全人的な体験である。先にあげた事例のように困難を乗り越えて新たな信頼関係を築くことができたとき，保育者は人間の信頼関係の原点について，新たに学ぶだろう。

　省察は単なる知的作業に留まらないと述べたが，だからといってそれが知的側面を排除しているわけではもちろんない。むしろそれは外的に現れるもののみを扱う知を超えた，固有の知性を要求するものである。「戦後半世紀，保育・教育は自然科学の方法による知を導入しようとした。それは対象を外部から客観的に観察し，計測し，操作し，法則を見出すという方法である。その経過の中で，幼児保育にはもう一つの種類の知があることに人々は気が付いた。それは自分を含めて全体を見通す洞察による知である」（津守，2002, p.37）。省察，そして保育そのものも，こうした関係性や全人的な体験を捉えようとする「保育の知」に基づいている。

　津守の省察においては，コミットメントの深さも印象的である。前節の事例にも示されているように，彼にとって省察は，「自分の見方を根底から変化させる」（津守，2002, p.41）過程と共に進む。すべての理解が一律にそうだというわけではないが，津守の省察は多くの場合，彼自身の変容をも含んでいる。それは保育者が自らの前提を新たに問いなおしていく，倉橋（1916c）のいう「根本考察」の姿勢にも連なるものであろう。

　子どもを理解することが，自らの変容と共に進むという保育者の姿勢は，ランゲフェルドのそれとも呼応している。

第3章 保育者の省察とその過程

　　個々の子供を理解するということは，その一人びとりと人格的な交わりを結ぶことなくしては不可能である。〔…中略…〕かくして，われわれ自身の人格の「統合」も，その都度改められ是正されて，より豊かに成長してゆかずにはいない。ところが残念なことに，いわゆる「心理療法家(セラピスト)」にしても，普通の教育者にしても，こうした全人格的な取り組みから逃避して，ややもすればオーソドックスと称される硬直した「理論(セオリ)」なるもので鎧っている嫌いがある。しかし，子供を一人びとり独自の人格として理解しようと願う教育者にとって，先ず以って必須の要件は，真摯な自己批判と積極果敢な自己更新でなければなるまい（ランゲフェルド，1974，pp. 121-122；傍点は原文ママ）。

　ここには，子どもを理解すること，子どもとかかわること，そして自らの変容が，同じ一つの過程として進むものであることが示されている。子どもを自分とは切り離された存在として理解し，対処するのではなく，子どもを理解することが同時に自分自身への問いや成長の機会となる彼の厳粛な姿勢は，津守にも共通するところである。しばしば津守と共に引用されるショーンの「省察」概念も，状況と対話するなかで自らの枠組みを問いなおしていくという契機を含んでいるが（Schön, 1983），津守の省察では，そうした問いなおしが，問題設定の枠組みばかりでなく保育者の人格的な次元に及ぶ，より根本的なものとなっている。このような自己更新の真摯な姿勢が，津守の省察を単なる知的考察や恣意的な想像を超えたものにしている。

　保育者にとって，技術的改善や知的反省を超えて，自らの人格的な次元を含めた根本的な問いなおしを行うことは，容易なこととは限らない。ランゲフェルド（1974）が指摘したように，そうした全人格的な取り組みから逃避するための鎧として，「オーソドックス」に見える「理論」を用いることも起きてくる。あるいは倉橋惣三が言うように，教師としての権威が「自己防御」として用いられることもあるだろう（倉橋，1926b）。省察に関する近年の議論においても，もし技術的側面・知的側面ばかりが強調されるなら，それがかえって本来的な省察を妨げるものになってしまうことも考えられる。津守の省察におけるコミットメントとその深さに学ぶことは，今なお重要だと言えるだろう。

（4） インキュベーション（孵化）の過程

　既存の枠組みを超えたものが生み出されるという点では，省察を通しての新たな理解や，保育的な関係の展開も，一種の創造的な過程と見ることができる。

　創造の過程には，外からは非生産的に見えながらも無意識の心的過程が進行する，インキュベーション（孵化）の時期が重要であることが指摘されている（Wallas, 1926；本書第1章参照）。理解がこうした内的過程を伴う創造的なものであることは，現象学的な立場から省察について論じた浜口も指摘している（浜口，1999）。こうした過程について，津守は次のように述べている。

> 　子ども達が去ったあと，あるいは眠ったあと，おとなは，さしせまった現実の要求から解放され，遊んだあとを片付けながら，子どもとふれた体験のあれこれを思い浮かべる。三輪車やじょうろがひっくりかえり，思わぬところにつみきが散らばり，子どもがかいた小さな紙片が見つかる。こんなところでこんなことをしていたのかと，保育の最中には気づかなかった子どもの心のあとを見出す。一日の数え切れないできごとの中から，身体の中にとどまっている記憶が自らに浮かび上がる。それは，保育のあと，無心になって掃除をする静かなひとときのことである（津守，1987b, p. 183）。

　子どもたちが去ったあとのことについては倉橋（1933a）も語っているが，津守にも倉橋にも，保育に対する想いの深さを見ることができる。保育を振り返る体験は，忘れかけた記憶を義務的に再生するのとは違っている。ふとしたときにも思い起こされ，子どもの「心のあと」のようにイメージによっても触発され，あるいは去りぎわの表情がいつまでも気にかかるように，どうしても心に残るものとして振り返られるのである。

　省察は，保育者が現時点で意識し得る既知の枠組みを越えようとするものである。したがって意識的な努力ももちろん重要ではあるが，それだけでなく，意識を超えて訪れるものに心を開くことが必要になる。省察とは，決まった方法やステップに沿って振り返るというよりも，何よりも保育への，子どもたちへの想いが深められていることによってなされるものである。それは自らを問いなおす厳粛な作業でありつつ，同時に共感や楽しみと共に進められる自由な

精神作業でもある。

　省察の過程は，創造的な過程一般がそうであるように，直線的に進むわけではない。省察を通しての保育者の変容や，子どもとの関係の変化は，まだわからない可能性が生まれるまでの時間を「もちこたえる」なかでなされる。理解できないもの，未知なるもの，あるいは端的に大人が困りそうなことは，制止したり，早くどちらかに決めてしまったりしたいという衝動も，保育者のなかに起きてくるだろう。その衝動に従って子どもを制止すれば，先の津守の事例では，「最後を破損される」体験が，今度は保育者の手によって積み重ねられてしまったかもしれない。しかしこの事例では，保育者がむしろそのような不確実性を含んだ時間をもちこたえることによって，互いの成長につながる展開がもたらされた。

　津守は保育の過程のなかでも，こうした混沌とも言える模索の時間を大切にしたが（津守，1964；1968a），これも創造的なインキュベーションの意義につながるものである。最初から何が展開するのかわかっていたり，すべてが予定通りに運んだりするなら，子どもの遊びであれ，保育者の理解であれ，そこには創造も発見もないことになる。それを超えて，自らのあり方を問いなおし，子どもと信頼関係を深めていくうえでは，一見不安定なインキュベーションの過程をもちこたえることも必要になることを，この事例は示している。

　創造過程のインキュベーションは，芸術の世界では個人の内面において展開する。これに対して保育における省察的理解のインキュベーションは，保育者と子どもの相互的な関係のなかで展開するのである。

（5）　子どもとの相互的関係

　これまで省察における保育者の側の内的過程を見てきたが，それが子どもとの関係の変容を伴うことに示されるように，省察の過程は子ども抜きに進められるものではない。むしろそれは，子どもとの相互的な関係のなかで展開するものである。

　保育者ばかりでなく，子どもも状況に応答して生きていることを，再び津守の事例から見てとることができる。H夫は津守との親しい関係のなかで実現し

たいイメージを，明確な形ではないにしても何かしらもっていた。いますぐに理解されなかったとしても，何かしらよりよい形で心を汲んでくれるだろうと繰り返し訴える希望があった。このようなH夫から津守へのコミットメントがあったからこそ，津守の省察が触発され，二人の信頼関係が深まっていったのである。大人の固定観念が妨げとなってそのイメージがすくい取れないとき，共に食べるはずだった弁当はひっくり返されてしまう。しかし，H夫が抱く未知のイメージが成就するよう津守がかかわり始めたとき，H夫も津守の内面的な変化を感じとり，こうした状況の変化に応答する形で，より通じ合えるイメージを新たに津守に投げかけるようになった。保育者が子どもからの応答を受け止める省察的対話を行うとき，子どもも保育者の変化に反応しながら，省察的対話への能動的な参与者となるのである。

　これまでの省察研究においては，反省，記録の考察，話し合いの進め方といった保育者側の要因が主に論じられてきた。しかし，保育のなかでは子どもたちもさまざまに思いをめぐらせており，保育者の思いもよく感じとっていて，随分気を遣ってくれていることも多いものである。省察は，目の前にいる子どもたちの力を得て進む相互的な過程として新たに捉えなおされるべきであろう。

6　自らかかわるなかで理解するということ

（1）「主観的解釈」への批判を超えて

　これまで津守の省察概念について，その内的な過程に着目した検討を行ってきた。これに対して，それが保育者の主観を含むために，恣意的な解釈に陥るのではないかという批判がある。先にも触れた鳥光ら（1999）の批判はその典型と考えられるので，以下にこれを手がかりとして考察する。

　彼らは津守の保育研究を次の3点から批判している。①実践にかかわらない第三者的研究者やその視点が排除される。②分析対象が子どもとの一対一関係や子どもの内面世界に「縮減化」される。③解釈に津守の「前理解」が作用している。「私達にとって津守のその解釈記述は，かなり物語化されている印象を受けるのはなぜだろうか。〔…中略…〕前理解によって捉えられるものだけが

浮上し，一つの発展性，一貫性のある物語的志向を有することが多くなるのかもしれない」（鳥光ら，1999，p.7）。

この3点のうち，①と②は津守の研究全体に当てはまるわけではない。津守は自らの研究のあり方を問うているのであって，他者の研究を否定しているわけではない。また，子どもとの関係や内面世界は，保育において決して「縮減化」された些末なテーマとは言えないだろう。そうしたテーマを探究するうえでは，自ら保育にかかわる体験から出発する必要があることを津守は示したのである。

遊びのなかで，生活のなかで，一人ひとりの子どもと信頼関係を築くことなしに集団を動かそうとするなら，子どもたちの生活にはさまざまな無理がもたらされる。一人ひとりの子どもとかかわることは保育の基礎であり，それが出発点となってコミュニティが生かされることについて，津守は次のように述べている。

> 子供を私が理解するだけではなくて，その子が私を理解する。そうすると，その子と自分との間には，その信頼感を基礎にしたコミュニティが出来上ります。それぞれの先生が，それぞれの子供について，そういう相互理解のコミュニティを作っており，それが重なり合って，学校全体のコミュニティになります（津守，1985，p.1228）。

津守は実際に，「一対一関係」に限らず，集団のかかわりのなかで展開する遊びの理解や（津守，1980；1987b，pp.93-109），子ども・保育者・保護者を結ぶコミュニティ全体としての省察にも取り組んできた（津守，1988b；1993a）。特に主著『保育者の地平』（津守，1997）にはそれまでの十数年にわたって発表された論考が収められているが，そこでは子どもたち同士のかかわりや，障碍をもつ子どもの親たちとの協力など，学校というコミュニティにおける関係の深化と，一人ひとりの子どもの理解とが，共に進む過程が描かれている。彼の著作と具体的な事例を読んでみれば，そこには「一対一関係」への深い理解と同時に，子どもたち同士の関係や社会への参加，保護者への支援や保育者同士の連携など，コミュニティ全体を育てる保育のあり方が，さまざまに論じられて

いることがわかるだろう。そもそも終戦以来，障碍をもつ子どもたちとその家族が支えられ理解されるように，津守が研究面でも実践面でも貢献してきたことは周知の通りである。彼の貢献は，国としての制度が整う以前から，日本というコミュニティを変えていく力となってきた。

③は，主観性の問題を「私たちの印象」というまったく主観的な感覚に頼って論じている点や，「前理解」「物語化」が何を指しているのか示されていない点など，議論として成立しているとは言いがたい。しかし，自らかかわる保育事例を，どのようにして主観的先入観を超えて理解することができるかという問いに触れているものと考えてみると，それは省察を考えるための論点として意味をもち得るだろう。この批判については，次のような問題点がある。

第一に，「第三者」だからといって，先入観と無縁の客観的視点をもてるとは限らない。先行研究をレビューする際にも，いわゆる「実証的」なデータを解釈する際にも，先入観は働き得る。主観性の問題は，実践の当事者であるか否かにかかわらず生じるのである。

第二に，主観性と恣意性はイコールではない。保育者の直観的な理解は，子どもの現実から乖離した恣意に陥ることもあり得るだろう。しかし，子どもへの共感や信頼関係のように，主観的関与を通してこそ保育が可能になるのも事実である。したがって，保育学は主観を排除するべきではなく，むしろ主観的関与を含みつつ恣意性を超えた「保育の知」（津守，2002）を探究していくことこそが求められる。

実際のところ，津守の省察は，自ら保育のなかに身を置きながら自分自身の枠組みを問いなおすものであって，この課題に答えることをめざすものであった。もちろんそれが適切になされているか，恣意的なものに陥っていないかといった検証は必要であろう。それは，単に主観的関与を含むからといった表層的な批判によってではなく，個々の事例の詳細にわたる理解に基づいてなされるべきものである。

本章であげた津守の事例で言えば，そこに示された省察は，彼自身の現状の枠組みでは「理解できない」子どもの行為を，新たな理解によって捉えなおすものだった。この点で彼の省察は，自らの「前理解」に無自覚などというもの

ではなく，むしろそれとは逆に，自らの枠組みを捉えなおし，超えていくものであったと言える。

　そのような変化は，保育の展開においても重要な意義をもっていた。保育者の理解の妥当性について，津守はエリクソンの解釈論（Erikson, 1964）を引きながら，科学的研究における正答とは違い，「子どもが希望をもって明日を生き続けるかどうか」によって決まると述べている（津守，2002, p.44）。この観点からは，津守の内的な変化に応じて子どもが変化し，信頼関係が深められたことは，彼の新たな省察が保育における妥当性をもったと考える重要な材料となるだろう。彼の洞察は，保育という現実による試練を受けて生まれたものである。

　第三に「物語化」の問題がある。これはおそらく，保育者が事例を描くとき，事実を恣意的に取捨選択し，先入観に基づく「一貫性のある物語」をつくり上げてしまう危険性を指摘したものではないかと推測される。この危険性を乗り越えるうえでは，次に論じる「事例を見る眼」をもつことが必要だと考えられる。

（2）　事例を見る眼の必要性

　保育における事例記述や素材選択については，改めて方法論的な検討が進められるべきであろう（本書第Ⅲ部参照）。本章ではまず，保育の現実には書き手の恣意によって容易には歪められない側面があることを指摘しておきたい。必要な事実が排除されたり，恣意的な解釈がなされたりしている事例記述は，どこかで破綻してしまう。つじつまが合わない部分や，解釈と食い違う部分が出てきてしまうのである。保育の事例は，実際に人と人とが出会うなかで起こった事実に基づいているのであり，その現実の重みは，恣意的な物語をつくり上げることを困難にする。

　多くの事例を通して，その経験から得られた洞察を発表し続けてきた点は，津守の研究が第三者からの検証に開かれていることの表れである。彼のように長年にわたる保育実践に基づく理論を築き，具体的な事例を示すことによってそれを検証に開いてきた研究者は，他にいないと言っていいだろう。

この問題に関して，津守の事例の多くが驚きや発見を含むことも，意義あるものと考えられる。ショーンは，実践者が自らの枠組みを超える省察を行ううえで，「驚き」が重要な手がかりになることを指摘している（Schön, 1983, p.56）。保育者が自らの先入観に基づいて「一貫性のある物語」をつくり上げようとするなら，驚きの要素はむしろ排除されてしまうだろう。事例に驚きや発見の要素が含まれていることは，それが自らの先入観を超える省察を含んだ事例であることを示す，一つの条件だと考えられる。

保育者の主観が恣意を超えるためのもう一つの手がかりとして，子どもからのフィードバックをあげておきたい。保育者の理解やかかわりは常に，その後に展開する保育と子どもからのフィードバックに試され，その検証を受けているのである。この点では，保育者でない第三者の理解は，子どもによって直接に試されることがないだけに，かえって保育の現実から乖離した恣意的なものになる危険性があると言えるだろう。

保育者の省察は，子どもと共に進められる相互的な過程であることを指摘したが，主観性の問題を超えていくうえでも，保育のもう一方のつくり手である子どもたちを，われわれはこれまで以上に信頼しなければならないだろう。ただそのためには，子どもの話によく耳を傾けることが必要になる。子どもをよく見ていなかったり，大人が子どもに圧力をかけたり，集団心理によって動かすなら，子どもからの微細なサインは見逃されてしまう。主観性と恣意性の問題は，事例を繊細に見る眼と方法論をもつことによって乗り越えられるべきだと考えられる。そうした事例を見る眼を育むうえでは，子どもたちと出会う体験に根ざした実践知が必要とされるであろう。

（3） 解釈の方法論とその可能性について

最後に，事例を見る眼について考えるために，津守の解釈と心理療法学・精神分析学の方法論との関連を取り上げたい。津守の保育学も，精神分析も，自ら相手とかかわるなかで心を理解する点では共通性をもっている。津守自身もエリクソンの解釈論など，精神分析からの影響を取り入れてきた。両者を対比させることによって，保育学における事例解釈のあり方について考えることが

できる。
　津守はH夫の事例を繰り返し取り上げている。その際の基本的な理解は変わっていないが，後になって書かれた記述においては，H夫の行為を，その子個人の心の表現と見るだけでなく，保育者に向けたコミュニケーションとして受け止める視点がより強調されているように思われる。

　　　最初のうち，私はそれをやめさせようとし，すぐに掃除した。しかしどうしても子どもはそれをやめなかった。〔…中略…〕次第に私は，すぐに片付けるとその子は自分が否定されたと感じることに気が付いた。そうしなければいられない子どもなりの理由があったのだ。それを強制してやらせようとすると，よけいに固執したり，遂には大人との信頼関係が失われたりもする。
　　　どうやっても効果がないとわかると，大人は本気に子どもと向き合う。
　　　この子どもの場合，年齢の近いきょうだいがいて，この子のはじめたことが，いつも最後までやれないで終わることが多いことに，私は気が付いた。ボクのやっていることはこの弁当のように途中でダメにされるんだと，この行動を通してこの子は語っていた（津守，2004，p.43）。

　「ボクのやっていることはこの弁当のように途中でダメにされるんだ」という記述には，H夫の行為をその子の個人的な思いの表現と見るだけでなく，保育者に向けた二者関係のなかでのコミュニケーションとして捉える視点が表れている。H夫は，そのようなメッセージを必ずしも意識して伝えようとしたわけではなかっただろう。しかし，容易に意識化・言語化できない気持ちがあるからこそ，それが本人にも保育者にもさしあたっては理解しがたい行動となって現れる。それを津守が子どもの訴えとして，すなわち言葉にならないコミュニケーションとして聞き届けたときに，子どもの思いも行動も変わっていった。
　かかわりのなかで無意識のコミュニケーションを理解することについては，心理療法学，なかでも精神分析による探究が進められてきた。津守のここでの理解は，精神分析における「逆転移」の解釈，特に投影同一化の考え方と共通点をもっている。広い意味での逆転移とは，セラピストがクライエントに対して抱く心の動きのすべてを指す。逆転移解釈においては，こうした心の動きを

「主観的」に過ぎないものとして切り捨てるのでもなく，同時にその感情に流されるのでもなく，それをセラピーのなかで起こっている事態を振り返り，理解する手がかりとすることがめざされる（本書第2章参照）。

投影同一化（projective identification）は，クライン（Klein, M.）が「防衛機制」の一つとして提示した概念だが（Klein, 1946），関係性を重視する現代の精神分析においては，無意識のコミュニケーションを理解するための一つのキーワードとなっている。それは，ある人が自分の心のなかにあるものを相手に投げかけ，相手がそれを体験するようにする働きかけを意味する（Langs, 1978, p. 414）。しばしばそれは，受け止めがたい体験や苦痛を，相手に身をもって受け止めてもらう願いをもってなされる。

津守の事例においてH夫は，親しく過ごす昼食の最後で弁当をひっくり返した。それは保育者の側にも，「最後までやれないで終わる」（津守，2004, p. 43）のと同様の体験を引き起こしたのではないだろうか。投影同一化の概念を用いるなら，H夫が抱えきれないでいる葛藤が投げかけられるなかで，保育者は彼と同型の葛藤を体験したと考えることができる[*3]。

踏みにじられた弁当を目の前にして，保育者は困惑したり，残念に思ったりしただろう。このようなとき，しばしば私たちは，子どもを「指導」する。指導することによって子どもの成長を願うというよりは，自分自身が受けた不快な感覚を排除し解消したい衝動のほうが勝っていることもあるかもしれない。しかし，そのように力をもって葛藤を解消しようとしても，行動の背景にある思いが聞き届けられないままであれば，子どもは「自分が否定されたと感じ」，同じような行動が繰り返されるだろう。保育者が指導すればするほど，その子が「気になる子」になっていくという悪循環は，こんなふうにして生じることも少なくない。

ここで津守は，この感覚を押し殺したり，安易に解消するのではなく，むしろその感覚を「もちこたえ」，言葉にならない子どもからのメッセージを聴き

　＊3　このように「同型の対決」が生じる現象については，ユング心理学の立場から河合（1977）も報告しているところであり，理論的立場の違いを超えて，深くコミットする関係においてはしばしば体験されるものと考えられる。

取る手がかりとした。それは単なる知的分析ではなくて，実体験に支えられた共感を可能にしたと考えられる。

　津守の解釈的理解は，保育者の内面において「ほとんど無意識の中にとらえられている体感」（津守，1980，p.9）を手がかりに，子どもとの関係のなかで無意識のメッセージを理解していく点で，精神分析の逆転移解釈と共通点をもっている。こうした関係理解のあり方は，保育学にとっても新たな視点としての意義をもつと思われる。先にも触れたように，近年では保育者と子ども・保護者との関係の錯綜や，その悪循環が課題となっていることは多いから，関係性を読み解く事例理解の視点が共有され，理解が深められていくことが必要だと考えられる。

　しかし，津守は精神分析の概念を保育現場に単純に適用したわけではない。彼はフロイトやエリクソンなど，さまざまな精神分析家の思想からの影響も受けているが，その事例理解は一回ごとに新しく，子どもとの間でつくり出されている。

　　同じ行動でも，ひとりひとり事情は違うから，ひとりひとり丁寧に交わって発見せねばならない。保育や教育は公式どおりにはゆかない（津守，2004，p.43）。

　実際に精神分析においても，逆転移や投影同一化の概念が安易に用いられることで，セラピストがかえって自らを振り返ることを妨げる危険性が指摘されている（Eagle, 2000；西，2014）。津守が言うように，概念や理論を実践に当てはめるのではなく，一人ひとりの子どもたちとの出会いに立ち返ることが必要だろう。

　しかしそれは理論の意義を否定するものではなく，実践をよりよく生かすことのできる理論の必要性を指し示しているように思われる。投影同一化の概念をすべてに適用するのは誤りだが，一方でそうした理論的枠組みをもたなければ，言葉にならない心のやりとりは，多くの人にとって気づかれないままになるかもしれない。精神分析の概念は本来，機械的な公式のように用いられるべきものではない。それは，人間同士のかかわりを深く理解していくために積み重ねられてきた議論の歴史を伝えるものであり，一人ひとりが実践のなかから

第Ⅱ部　保育者の省察

考え，発見していくことを触発するものと捉えられるべきであろう。津守自身もそのようにして，フロイトの理論に向き合ってきた（津守，1989，p.185；本書第2章参照）。

　津守の省察的理解と精神分析を対比してきたが，それは精神分析の概念を保育に単純に応用するためではないことは，すでに述べてきた通りである。保育学においても，子どもの心と保育者との関係を理解するための，自前の議論が積み重ねられていくべきなのではないだろうか。固定した枠組みとしての理論ではなく，自らかかわるなかで子どもの心を理解するアプローチとはどうあるべきかを語り合うことが，その出発点となるだろう。本書ではそれを事例解釈の方法論（第Ⅲ部）として，また具体的な事例（第Ⅳ部）を通して示すこととしたい。

　津守自身も述べているように，保育者による解釈の問題は十分に議論されてきていない状況にある（津守，1989，p.84）。津守の保育学に関するこれまでの議論においても，事例の具体的な内容を扱ったものはほとんどなかった。彼の事例の中身を丁寧に読み解いていくことや，「事例を見る眼」に基づく研究の方法論を築いていくことは，保育学にとって今後の課題である。そうした研究を進めていくことが，彼の精神を真に理解し，批判的に継承すること，そして子どもたちとの出会いをより深く理解していくことを可能にするであろう。

第4章
保育者として生きるということ
―― 津守房江の保育思想と解釈の方法論

1 保育研究における生活者の視点

（1） 生活の営みとしての保育

　保育は人間が生きていく基礎を培う営みであり，それは日々の生活を通して行われる。専門職によって意図的に設定された活動だけが保育なのではない。日本における保育学の草創期から倉橋惣三（1953）が示してきたように，幼稚園・保育所等の専門機関においても，保育は生活に根ざしたものとの認識が根底にある。さらに家庭での保育を考えてみれば，そのことは自明と言うべきだろう。保育は人間の生活全体にかかわっている。保育研究においても，個々の活動や課題に焦点を当てるだけでなく，それらを人が生きる生活のなかで捉えていく視点が必要だと考えられる。

　津守眞はかつて，児童学の研究をこう位置づけた。「私は，子どもの充実した生を支える毎日の生活をつくりながら，そこでとらえられる事柄や，そこで当面する問題を課題とするような研究が，児童研究の中で位置づけをもってよいと考えてきた〔…中略…〕。家政学のように，人間の生活を取り扱う分野では，生活者が生活者のままで，研究者となることも多く，このような課題は避けることができないように思う」（津守，1978, p.11）。津守はこのような考えから「自ら子どもと交わる保育」（津守，1980, p.3）の研究を一貫して進めてきた。保育における研究と実践との乖離がいまなお課題となっていることからは，津守らのように，研究者自身の主体を入れ込んだ研究のあり方を考えることが重要だと言えるだろう。

（2） 津守房江の保育思想

　自ら子どもと出会う保育を扱った先行研究としては，何よりも津守眞によるものがあげられる（本書第3章参照）。一方，津守眞が自らの保育思想を築いてきた過程は，生涯の伴侶である津守房江によっても支えられてきた。津守房江は，家庭と養護学校（現・特別支援学校）における共同の保育者であり，共に保育への理解を深めてきた。津守眞の著作にはしばしば津守房江が保育者として，また共同の探究者として登場し，大きな役割を果たしている。また，二人による共著（津守・津守，2008）だけでなく，津守房江自身による著作が出版されている。それは必ずしもいわゆる研究の形を取ったわけではなかったが，ちょうど倉橋惣三の思想が論文というよりは詩のように保育者の心を打つものとして広まったように，実際に子どもと出会う保育者たち，保護者たちを支えてきた。

　津守房江の著作には，津守眞以上に生活者としての経験に根ざした独自の保育思想が示されている。またその背景には後に示すように，子どもの世界と保育を探究するための方法論が内在している。しかし，これまで彼女の保育思想を取り上げたものは，書評など（入江，1985）を除いてほとんどなかった。

（3） 事例解釈とその方法論

　津守房江の著作に共通する特徴として，心を動かす保育の場面が必ず含まれていることがあげられる。ありふれた日常の出来事のようでいて，見過ごすことのできない成長の場面が，簡潔なエピソードによって描き出され，それが保育について，ひいては広く人間について理解を深める出発点となっている。

　保育思想が実際の保育と乖離したものではなく，実践に生きるものであるためには，彼女が示したような事例による裏打ちが生命線となるだろう。思想が机上の空論とならないためには，それが具体的に何を意味するかが保育の実際を通して語られねばならないし，また思想の真価は保育の現実によって試されねばならない。津守房江の著作は，保育思想，事例，その解釈が有機的に結びついた数少ない先行研究として，多くの示唆を与えるものである。

　なお，ここでいう解釈の方法論とは，「このような方法に従えば事例から解釈を導き出すことができる」というような決まった手続きを意味しているわけ

ではない．解釈のあり方そのものを根本的に考え，問うていくことを，方法論的議論と捉えている．

（4） 検討の方法

本章では，津守房江の著作に見られる保育思想と，そこに内在する事例解釈の方法論を以下のようにして明らかにする．

第一に，津守房江の保育思想を理解するために，その背景について，主に彼女がかかわった保育の場を中心に概略を示す．

第二に，著作のなかから彼女が保育を捉える視点を抽出することにより，彼女の保育思想を概観する．ここではそれを，「内的世界の意義」「相互性」「生命性」「人間性の次元」「生活のリアリティ」の五点から取り上げる．これらの視点は，数々の保育事例に表れた彼女の思想の独自性とその意義を明らかにするために抽出したものである．津守房江の保育思想は，概念が先にあって導き出されたのではなく，生活のなかから紡ぎ出されている．したがってこれら五つの視点は，別々に切り離された部品のようなものではなく，日々の生活のなかに，有機的につながる部分をもって表れるものである．

検討の材料としてエピソードを取り上げる際は，筆者の要約によって示した．エピソードの生命は細部に宿るものであるから，本来的には要約を拒む性質をもっている．より本来的な理解のためには原典を参照されたい．

第三に，津守房江の著作に内在する事例解釈の方法論を明らかにする．津守房江自身の議論に加えて，解釈の過程が詳細に示された事例を取り上げ，解釈を成立させる条件として，「既存の枠組みを超える要素」「つながりの多重性」「コンテクストの理解」「保育者の省察」「普遍性の次元」の五点があることを明らかにする．

2　背景——津守房江がかかわった保育の場

津守房江（1930-2016）は，大学で児童学を専攻した後，津守眞と築いた家庭で四人の子どもたちを育てた．1979年から1993年，愛育養護学校・家庭指導グ

第Ⅱ部　保育者の省察

ループにおいて，津守眞と共に障碍をもつ子どもの保育に携わる（津守房江，2007，p. 19）[*]。並行して1978年から23年間，婦人之友社「乳幼児グループ」の母親たちから送られた育児記録に，誌上コメントを返してきた（津守房江，2001）。家庭，養護学校，保護者との記録を通した対話が，彼女が保育についての思索を深める場となってきた。

　保育に関する著述は1970年代に始まり，特に乳幼児グループでの連載「行動の意味」(1992年，「はぐくむ生活」に改題) を中心に，四冊の単著書がまとめられた（津守房江，1984；1988；1990；2001）。そこでは家庭，養護学校，保護者との対話という三つの保育の場でのエピソードが，共通するテーマのもとに取り上げられ，考察されている。

　家庭でのエピソードは，子どもたちが幼かった1960年代前半のものが主である。子どもたちが小学校にあがるころ，おそらく1960年代末に，彼女は改めて記録を振り返り，省察する時間をもてるようになった（津守房江，1990，pp. 143-144）。1970年代以降，その記録を振り返る形での著述が始まる（津守房江，1971；1977）。このころ，津守眞も従来の客観主義的な発達研究を超えて，自らかかわる保育研究へと「転回」を遂げている（津守，1974b）。子どもたちの記録や描画について話し合うなかでこの転回の過程を共にした彼女も同様に，外的に捉えられる「行動」を超えて，その意味を理解することをめざした（津守・津守・無藤，2001，p. 73）。

　当時こうした子どもの「行動の意味」を捉える研究は他に類を見ないものだったが，津守眞が主に幼児期以降の子どもたちの保育を取り上げたのに対して，津守房江は乳児期の子どもたちの心の世界をも扱ってきた。まだ言葉が話せるか話せないかという乳児期の子どもたちとの人格的なかかわりをもとに，その内面を取り上げた考察は，保育研究において，今なお新しいものと言えるだろう。

---

[*] 本書の全体としては津守眞の引用が多いため，津守眞からの引用を「津守」，津守房江からの引用を「津守房江」によって示す。

第4章 保育者として生きるということ

3　津守房江の保育思想——保育を捉える視点

（1）　内的世界の意義

　子どもと出会い，保育するうえでは，外的・客観的に観察可能な行動だけでなく，その背景にある内的世界を理解することが重要になる。このことは，先にも触れたように，転回期以後の津守眞と共通する認識である。

　このことを言葉以前の乳児期から，そして実際のかかわりのなかで示したことは，津守房江の貢献である。以下，彼女の著作から，こうした視点を示す記述を取り上げる。以下，囲みによって示されたエピソードは，原典を筆者が要約したものであり，囲み内の「私」は津守房江を指す。

> 　はじめての子どもは出生時に頭蓋内出血を起こし，一か月間絶対安静だった。やっと無事に家に帰ったが，おっぱいを飲ませ，おむつを替えても泣き止まない。困惑している私に，母が「どうしたの」と聞いた。「ただ泣いている」と答えると，母は目を丸くして，「ただ泣いているですって？　ただ泣くなんてあるものですか。さびしいとか，たいくつだとか…」と言って子どもを抱き上げた。赤ちゃんにも心の世界があるということを母は言ったのだろう。目の前の小さな存在にも心の世界があって，呼びかけているのだということは，大きな発見であった。無事に育つかどうかに気を奪われていた私は，その発見によって，不安や緊張がほどけていくように感じられた。　　　　　　（津守房江，1988，pp. 112-113；2001，pp. 2-3より）

　生命にもかかわる事態を経験するとき，親は体のことを何よりも心配し，「ただ泣いている」という行動面を捉えるだけで精一杯にもなるだろう。しかしそうした状況でも，子どもの心は生きて動いている。目に見える行動の背景に心があること，理解できない行動が人間的な意味をもった「呼びかけ」であることを見出すとき，困難な状況にあっても人は支えられ，新しい保育の生活が開かれる。

　「三歳からは幼稚園に行きますが，〇・一・二歳のところはあまり研究が進まない。むしろ普通に大きくなればいいとか，手がかかるとか，おっぱいを飲

ませたり、生活上のことが出てくるのですが、そこに魂の問題が既に出ているのだと私は思っておりました」(津守房江, 2016, p.10)。新生児がもつ個々の能力や、あるいは乳児期の生活面といった問題については多くの研究がなされてきた。しかしここで指摘されているのは、その背景にある人間的な意味の次元を捉えた研究がほとんどないということであろう。言葉を話せるかどうか、身の回りのことが自分でできるかどうかといったことにかかわらず、どんな幼い子にも人間としての尊厳を見る視点が、ここには示されている。

　子どもの内的世界を理解しようと努め、敬意をもって接するかどうかによって、保育のあり方は変わってくる。次にあげるのは「制限することと転換すること」と題されたエピソードである。

　障碍をもつＳ君はお店屋さんごっこに熱中していて、職員室の教材棚からクレヨンやマジックをたくさん出してはきれいに並べている。この日Ｓ君は、ある先生の机の上にデパートの包みが置いてあるのを見つけた。結婚式のための大事なものだから遊びには使えないとのことだが、Ｓ君は断固として持っていこうとする。私は何とかこの場面が、力づくではなく展開するように考えた。ふと手近にあった箱を見せて、「この箱を包装紙で包んで、紐を掛けてみようか」と誘うと、Ｓ君はそのことに熱中して遊び始めた。

　ここではやむを得ず制限することになったが、Ｓ君の望みを遊びの中へ転換することができた。それは中心となるイメージを他の形で成就することである。転換することとごまかすこととの違いは、自分の求めているものが何かを明瞭にすることと、分からないまま他へ移ることとの違いである。大人は、子どもが求める中心となるイメージは何かを感じとる想像力やゆとりを要する。

（津守房江, 1984, pp.130-132より）

　Ｓ君の遊びを行動面からのみ捉えるなら、その行動は制止すべきものとしか見えなくなる。如才なく制止する技術を磨いたり、「その包みが使いたいんだね、でも……」と表面的な共感で説得したり、子どもが好む他のもので気を散らしてみたとしても、それではその子が何を追い求めていたのかはわからないまま対処することになる。

　このエピソードでは、保育者が子どもの内的なイメージを汲み取ろうとする

ことによって，子どもの遊びの世界を切り捨てることなく事態を展開させることができた。子どもが遊びのなかで抱くイメージは，最初から確固たる設計図があって明確に言語化可能だとは限らない。むしろ素材に触れる体験や感触を通じて生まれ，思いがけない偶然をも取り入れて，創造的に展開していくものである（津守，1974c, pp.207-211）。子どもにとっての「中心となるイメージ」は，何か決まった方法に従えば的確に取り出せるというわけではない。ちょうど子どもが素材に触れながら自らのイメージを発見していくのと同じように，子どもと保育者が触れ合うなかで，思いがけない偶然をも生かしながら見出していくものなのだろう。

内的世界の意義を認めるとき，目に見える外的行動だけを捉えて行う保育とは，その過程が異なってくることを見てきた。こうした保育にとっては，内的世界を理解するための解釈の方法論も重要になってくる。このことについては，後に解釈の問題として改めて取り上げる。

（2）　相互性

保育において子どもとの関係性が重要であることは広く認識されている。津守房江においては，この関係は相互的なものである。彼女の最初の著書の冒頭には，こんな言葉がある。

> 子どもにふさわしいものを，差し出すことができたとき，私の心ははずむ。子どもの差し出すものを，受けとめることができたとき，私の心は満たされる。そっと差し出し，しっかり受けとめることができるように，と思う（津守房江，1984, p.14）。

ここには，子どもとの関係が一方的なものではなく，互いに差し出し，受け止める相互的なものであることが示されている。子どもを大切にすることが，自らの喜びでもあるという，心からの敬意が示されている。

相互的な関係には，子どもだけでなく保育者自身の存在がかかわっている。そのことは，この最初の著書のタイトルにも見てとることができる。「私は子どもの行動の意味を考えながら，いつでも子どもと一緒に生きてきた自分自身

の在り方を含めて考えてきたので，この本の題は「育てるものの目」とすることにした」(津守房江，1984, p.214)。

　保育とは，子どもと保育者との関係によって成立する営みである。したがって，日々展開する保育の過程は，「子ども理解」のみによっては捉えることができない。子どもと保育者の両者を理解することが必要になるだろう。先に子どもの内的世界の意義を示したが，そのことを相互性の視点から考えるなら，保育者自身の内的世界も重要な理解の対象となる。保育者自身のあり方についての省察を一貫して示してきた点で，津守房江の著作は他に類を見ないものである。

　ここで言う相互性の視点は，単に子どもと保育者それぞれについて理解を深めるというだけでなく，かかわりや相互作用を理解することをも意味している。保育のなかで，子どもと保育者の相互作用は，しばしば目には見えない，言葉にしがたい形でも生じる。

　愛育養護学校に来ていた実習生が，別の学校に実習に行ったときの体験から感じた疑問について話していた。実習生は子どもにせがまれるまま，おんぶをしていたが，その学校の先生から「情緒障害の子がおんぶをねだるのは，保育者との交流を求めているのではなく，ただ労力として利用しているのだから気をつけるように」と言われた。それまでは何の苦もなくおんぶしていたのに，それを聞いた後では，自然におんぶすることができなくなってしまったという。

　家庭指導グループで6歳の女の子が私におんぶしてきた。肩を痛めていたので迷いもあったが，背負いやすい体勢を探しているうち，他の保育者が落ち葉を渡してくれたことから背中の上で遊びが広がったりして，私もその子と顔を見合わせるゆとりが出てきた。それをきっかけに，この子は立ち上がって水遊びを楽しみはじめた。

　子どもがそうしたいという気持ちに心動かされて，私も無理なく共に過ごそうとしているうち，困ったという思いは消えていった。重荷を否定していては，重さは一層重くなり，子どもの中にもこだわりが残る。一般論よりも，子どもと出会って，今の瞬間に一番合うと判断したのなら，その判断の方が大切だと思う。

(津守房江，1990, pp.63-68より)

第4章　保育者として生きるということ

　津守眞も，愛育養護学校のスタッフとおんぶについて話し合ったことを書き留めている。「いつおろそうかと，チャンスをねらっていると，子どもは尚更しがみつく。子どもにとっては，いつ見放されるかと不安なのだろう。抱いているのが当たり前と思っていると，いつのまにか，子どもは自分から床におりて，ひとりで何かをし始める」(津守, 1994, p.23)。この言葉は，津守房江のエピソードとも呼応している。

　外から見た行動は同じでも，かかわる保育者の心のありようによって，出来事の意味は変わってくる。そのことによって，子どもとの関係も，保育の展開も，実際に変わってくる。あからさまな言葉や行動にされなくても，保育者の心を子どもは無意識のうちに感じとっており，そのことが二人の関係を変えていく。「この種の子どもとはこうかかわるべき」といった一般論による捉え方ではなく，目には見えない，無意識を含めた子どもとの相互的な心のやりとりを繊細に捉える感受性が，ここには示されている。

　相互性の視点からの保育理解には，子どもだけでなく保育者の内面への理解も必要になることについて述べてきた。念のために付け加えるならば，このことは保育と乖離した大人の自己探求を意味するわけではない。ここでの省察が，子どもを受け止める者としての自らのあり方を問うているのであって，保育のなかへと返されていくものであることは，エピソードからも明らかであろう。

　保育者の内面に目を向けるとき，保育のなかの葛藤をどうもちこたえるかは，重要なテーマの一つである。日々の保育のなかで，子どもの思いや要求を受け止めつつ，現実の生活状況に即して，自分自身の思いも生かしながら応えていく過程では，さまざまな葛藤が体験される。

> 　S君は，錆びついた古いカルピスの瓶を見つけ，開けたいといって泣いた。私はその思いに心を動かされたが，いまの保育の状況を考えると開けることはできなかった。泣くS君と一緒に過ごして2, 30分が過ぎた。古いカルピスにこんなに涙を流せるなんてと思うと，本気で緊張していた中にも，ふとおかしさといとしさがこみ上げてきた。見つめる私に，S君も涙を溢れさせながら，一緒にくすくすと笑いあった。「子どもの欲求を，どうしても受け入れることができないとき，大人は緊張し，心が硬くなる。子どもの前に立ちはだかる壁のようになっている自分に気づ

> く。しかし，私は壁ではない。どうしてもできないという，事実の壁の前で，それ
> をどうやって受け入れようか混乱している子の支え手である。こんな当り前のこと
> に立ち戻るのにも努力がいる」。（津守房江，1984，pp. 133-135より；傍点は原文ママ）

　「……のような子どもの場合は……する」といった一般論に従うなら，保育者自身は葛藤を体験しなくてすむ。しかしそれでは，子どもの思いは保育者の心から排除され，大人も子どもも柔軟性を失い，かたくなな関係に陥るかもしれない。実際の保育のなかでは，あらかじめ決められたマニュアルのようなものが通用する場面はほとんどないから，このエピソードのように一つひとつの出来事に心を動かしながら，泣いたり，笑ったりを一緒にすることから出発するほかない。後から振り返れば，共に葛藤することこそが事態の展開を可能にすることがわかるが，差し迫った状況では，葛藤を回避して心に壁をつくってしまうことがある。子どもの内的世界がよりよく実現するように，保育者自身が心を動かしながらかかわるには，葛藤をもちこたえる力が必要になる。

　「日々の生活は圧倒的な力で，否応なしに私たちにこの現実を持ちこたえるように心をゆさぶり，見方を変え，知恵をみがくようにとうながしています。私は子ども達のいるごちゃごちゃとした生活の場が，次第に私の中に持ちこたえる力をつけてくれたのだと実感しています」（津守房江，2001，p. 136）。ここには，子どもを受け止める保育者の自我の力が保育を支えること，その力は保育の体験を通して培われるものであることが示されている。

（3）　生命性

　子どもの内的世界も，子どもとの相互的なかかわりも，生命的なものである。津守房江は保育学にとって基礎的な視点として生命性をあげており，この視点から人間の成長を次のように捉えている。

> 　生命性を重視するということは，生きようとする自然な力を大切にすることである。子どもは個々の能力の集合体としての存在ではなく，外から見えるものも見えにくいものをも含んだ存在であり，その全体をとらえなくては生命性は損なわれて

しまう。
　生命的であるということは，時間的推移とともに直線的には変化しないということである。成長の波やうねりと表現したいような変化が含まれる。従って，かつて出来なかったことが出来るようになったという変化，もしくは，かつてこんなに困った行動が，問題とならなくなったという変化を拾い上げることではない（津守房江，1996, p.30）。

　このような生命性の視点は，保育や子どもをコントロールしようとする機械論的な視点とは対極にある。先のS君の事例にも示されているように，喜びを感じることも，心通じ合うことも，生命的な現象であって，保育者が意のままにコントロールするようなものではない。生命性の視点からは，保育者は子ども自身が育ちゆく力をよりよく生かそうとかかわる存在だと言えるだろう。
　「子どもの内的世界は動く世界である」とする点にも，生命性の視点が示されている。

　このように動き，形を変える生命的な世界には，ことばは，時として枠の役目をもってしまう。ことばでいい表わすことは内的世界のすべてではないということが忘れられて，いつのまにか事実よりそれを表わしたことばのほうが大切にされるようになる。ことばによるのではなく，動き変わる世界を知ろうとするなら，自分もまた子どもとともに動くこと，心を動かすことが必要であろう（津守房江，1977, p.38）。

　子どもの心を固定したものとしてではなく，常に動きつつあるものと見ることによってこそ，成長する存在としての子どもを捉えることができる。それには，言葉を超えた計り知れない世界が子どものなかにあることを認め，子どもとの一つひとつの出会いに立ち返って理解していくことが求められる。

（4）　人間性の次元

　保育は，生活のなかの具体的なことがらによって成り立っている。津守房江のエピソードにおいては，それらが単なる生活習慣や手順の問題としてだけでなく，人間性の次元において捉えられている。

第Ⅱ部　保育者の省察

> 　A子が1歳の夏，家族で施設を訪問し，滞在することがあった。A子は新しく発売されたジュースを大層気に入った。私が体のことを考えて減らそうとすると，ますます「ジューシュ，ジューシュ」と執着するようになった。秋になるころその執着は収まっていったが，振り返ってみると幼いA子にとって生活の場の変化は大変なことだったと思う。何かにしがみつきたい思いでジュースに夢中になったのだろう。A子がジュースを求めると，私は困りながら制限し，制限しながらA子を慰めようとする。A子がしがみつこうとしたのは，ジュースではなくて，母親だったのではないか。子どもが欲しがっているのは，「物」だけではない。母と子がともに困惑し，痛みを分け合うとき，物への固執を乗り越せるのだと思う。
> 　　　　　　　　　　　　　　　　　　　　（津守房江，1984，pp.127-129より）

　ここではジュースを求める子どもの切実な思いが，単に生活習慣やしつけの問題，その子の「こだわり」と見なされるのではなく，母親のかかわりを求めてのものだったと捉えなおされている。生活の一つひとつのことを子どもと一緒に考えていくことは，単にそのことができたかどうかだけでなく，子どもが生きていく基盤となる「存在感，能動性，相互性，自我」（津守，2002，p.39）を育むことにつながっている。こうした人間性の次元が常に捉えられており，またそれが思弁に留まらず実際の生活に根ざしたものであるところに，津守房江の思想の独自性がある。

　排泄や歩くこと，片づけなど，乳児期の生活のさまざまなことも，同様に人間性の次元から捉えられている。

> ・排泄のあと，子どもが必ず見てもらいたがるのは，母親にとってもこれが喜びなのだと信じているからであろう。パンツをはかせようとする母親から逃げ出して追いかけっこをするのも，母親が追いかけるに値するほどの自分だと確信しているのである。無心にそう信じて，母親に見せ，追いかけられて，笑いころげる。何と幸せなことかと思う。　　　　　　　　　　　　（津守房江，1984，pp.124-126より）
> ・子どもが歩き始めてまだ不安定ながら足を踏み出したころ，私が手を差し出すと，指一本につかまって歩いた。このときの指は体重を支えたというよりは，子どもの心の支えになっていたのだと思う。　　　　　（津守房江，1984，pp.121-123より）
> ・私には片付けてから次のことをするように注意するよりも，その一つ一つの遊び

> の中で，本当に自分を発揮しているか，自分の思いを満たしているかの方が，気にかかった。遊ぶ意欲はあっても満たされない時，子どもはものを次々に出す行動を取りやすいように思う。片付けることは，過ぎ去った時のものを整理するだけでなく，この空間を愛して，またここで生活しよう，またここで遊ぼうと思えるとき，無理なくできる。
> 　　　　　　　　　　　　　　　　　　　　　（津守房江，1988, pp. 193-195より）

　「保育を人間性の次元から見る」と言うと，当たり前のことに思われるかもしれない。「私は人間的な保育はしていません」などと言う人はいないだろう。しかし，排泄や片づけなど日々の生活事を，躾や狭い意味での「教育」，単なる保育技術の問題としてではなく，津守房江のような次元で語れる人がどれだけいるだろうか。

　保育とは，生活習慣をはじめ，社会が要求するさまざまな能力を部品のように植え付け，子どもを効率よくコントロールするためのものだなどと公言する人は，そう多くない。しかしそれは，公言されにくいにしても，われわれの多くがとらわれている保育観なのである。機械論的な保育観は，あからさまに表明されるのではなく，子どもの心よりも生活習慣や社会的規範を偏重することや，背景にある人間性の次元への認識の欠如や浅薄さによって表れる。そうした考えは目立った議論の対象にもされないままに，子どもたちに実際の影響を与えている。そう考えると，津守房江が示したような人間的な保育観を実践のなかで深めていくことが，今こそ必要だと思われる。

（5）　生活のリアリティ

　先にも触れたように，津守房江の思想は，単なる思弁ではなく，生活のリアリティに支えられたものである。

> 　雨が降り続く中，幼いきょうだいがぶつかりあってぎくしゃくと過ごした日，室内に干した洗濯物の下で，旧約聖書のことを思った。四十日降り続く雨の中，箱船で漂ったノアは神様の恵みによって助けられたが，ノアとその奥さんはどんなに大変だったろう。私の想像は，洗濯物や生きものの排泄物の世話をする奥さんにまで広がった。いつでも子どもに応えながら生きていく日常の中で，子どもと一緒に神

様の恵みの海を漂うように，今という時をどう楽しむかを考えるようになった。

(津守房江，1988，pp. 132-134より)

　ノアの物語について，宗教的な理念ばかりでなく，その生活を支えた人のことに思いを馳せられるのは，四人の子どもを育てる家族の生活を支えてきた著者だからこそだろう。ほかに津守房江には，「煮炊きする湯気の中で」という論考もあり，そこでは心沈んでいる子どもが，台所で母の手伝いをするなかで癒やされ，生き生きとした自分らしさを取り戻すエピソードが描かれている（津守房江，1986）。保育とは，こうした人間らしい生活に支えられてあるものであろう。家庭外の専門機関における保育を考える際にも，従来の学問のように生活のリアリティを排除するのではなく，むしろそれを保育を支える母胎として再認識する必要があるだろう。

　これに関連して言えば，保育の実践に支えられたものであることも，彼女の思想の特徴である。彼女の思想はどの著作においても，単なる理念ではなく，具体的なエピソードに支えられたうえで示されている。津守眞の保育実践においても，しばしば困難な局面が，保育者としての津守房江（「F先生」）の協力を得て，新たに展開した例が示されている（津守，1997，pp. 17-35；1999）。保育は実践であるから，保育思想も実践知に支えられ，また実践によって試されるべきものであろう。津守房江の思想は，長年にわたる保育経験のリアリティに裏づけられている。

4　解釈の方法論とその前提

　これまで示してきた保育思想と，日々の実践とをつなぐのが，具体的なエピソードであり，その解釈である。ここでは津守房江の保育思想に内在する解釈の方法論を，明らかにしていく。

　まず，解釈は保育者の主体的行為であることが一つの前提となる。保育者にとっての解釈は，第三者による客観的分析とは異なる性質をもっている。津守房江はこれからの保育研究を進めるうえで，「子どもの現象を，自分自身の目

で見て,自分自身で考えるということ」(津守・津守・無藤,2001, pp. 80-81)が重要だと述べている。保育者は日々,子どもたちの思いを汲み取り,共感しながら応えていく。その一瞬一瞬の共感的理解のあり方を,誰か第三者に照会しながら保育することなど考えられないし,それでは子どもからの信頼を得ることもできないだろう。子どもと出会うなかで,保育者自身が理解し解釈することは,基本的な行為である。保育者にとって,自ら子どもと出会って自分自身で考えるということは,決して外すことができない。

保育者自身による解釈の問題とその実際は,従来の保育研究においては,津守らを除いてほとんど扱われてこなかった。客観主義的な枠組みにおいては,研究者自身が保育に携わる可能性は最初から排除されているから,自ら子どもと出会うなかで行う解釈の内実に迫ることができない。むしろ解釈とは主観性を含む以上,恣意的なものだと断じられることが多かった。しかし保育者の主観がすべて単なる恣意に過ぎないのであれば,子どもへの共感も,また保育という営み自体も成り立たないことになる。必要なのは,解釈という行為を否定することではなく,解釈が恣意性を超える方法を探究することである。

津守房江は最初の著書の冒頭に,こうした探究の基本的姿勢を示している。彼女によれば,保育のエピソードを解釈し,子どもの内的世界を理解するうえで,二つの困難さがある。一つは,外側からは見えない部分,子ども自身にとっても意識されない部分を理解しようとすることである。もう一つは,固定した知識とは異なり,子どもの内的世界は自由に動き変わる点である。このような課題への手がかりとして彼女は,私たち自身も子どもと同じく内的世界をもっていること,また子どもたちも自分の喜びや悲しみへの共感を求めていることをあげている。

> 常識や知識の枠をとりはらって,自由な想像をめぐらせながら,子ども達の行動とその内側にある心の世界を考えていきたいと思う。私のとらえることのできたものが全てではないし,正確であるともいえない。そのことをわきまえるとき,私は子どもを否定的,拒否的にとらえないように,ということを心がけたいと思う。もし,否定的にとらえたことが間違いであったとき,その見方でその子を見ることになったら,子どもは深く傷つくだろうと思う。愛のあるいくらかの思い違いは,子

どもの心が自由に動き変るやわらかさで，それを取り入れて，豊かになってくれるのではないかと願っている（津守房江，1984，pp. 2-4）。

　ここには，解釈を子どもとの関係のなかで深められる過程として捉える視点が示されている。従来の客観主義的な研究においては看過されていた視点である。保育のなかの解釈は，関係を断った第三者が外的行動だけを根拠として行うものではなくて，体験を通しての共感をも用いて行われる。また，保育のなかの解釈は，知的な関心から絶対的な正解を求めてなされるものではなくて，子どもが求めるところに応じて行われるものである。子ども自身が意識しきれないもの，伝えたくても伝えられないものを理解する場合こそ，解釈の役割は重要になるだろう。解釈を導き出すこと自体は，最終的な目的ではない。それは子ども自身によっても能動的に受け止められ，子どもと保育者との関係のなかに生かされていく。解釈は保育のためになされるものであり，子どもとの関係が展開する相互的な過程のなかで生まれ，確かめられていくものなのである。

5　解釈の実際

　こうした前提を踏まえて，津守房江における解釈が実際にどのように進められるかを，具体的に見ていきたい。「水の中と外」と題されたエピソードには，他のエピソードと比べて解釈の過程が詳細に示されているので，少し長いものではあるが，要約によって引用する。

> 　小学校6年生の娘が，自分の絵を見せてくれた。学校で「空想」という題が出て，この子は水の中を想像して描いた。水槽の中に魚が泳ぎ，魚と同じピンク色の服を着た女の子が藻の間にいる。水底の石が丁寧に塗られていて感心すると，「いつもよーく見ているからね」とのこと。魚を捕ろうとする手が，外から差し入れられている。その水の世界を見ている人の後ろ姿が，頭だけ描かれている。外から入ってきた手は，「先生が"大きな手があるといいですね"と言ったから描いたの」という。
> 　この頃の生活を考えてみると，女の子は作者の分身のようなものだったろう。友達は受験に忙しく，遊ぶ機会もない。学校も毎日テストで，宿題ではテストの反省まで書かされている。そんなとき，自分から水泳教室に行くと言い出した。水底の

第4章　保育者として生きるということ

メダルをみんなで拾うのが面白かったと言い，泳ぎを楽しむ自分のことを「お魚みたいでしょ」と笑う。ある日の夕飯は，「プールの日は，お魚じゃない方がいい」。大好きなのにと不思議がると，「共食いみたい…」と言いかけて，「わかるでしょ」と言った。

　日常生活が厳しい中で，水の中ではお魚のように遊べるが，外の世界のこともこなさなければならない。子どもは外側にある日常の乾いた世界と，水の中の夢や空想を含んだ内的世界の，両方を持っている。外からの手は，大人の手が子どもの夢や空想を握りつぶし，早く役に立つ知識の世界へ連れ出そうとしているように思われた。

　夏も近い一日，家庭指導グループの庭に，ビニールプールが組み立てられた。私はそのふちに立って，子どもの遊びを楽しく眺めていた。そのとき，突然私の首がつかまれ，強い力で引き込まれた。元気な女の子が私を水の中に誘ったのだった。不意をつかれて驚いたものの，こうなったら一緒に本気でやるしかない。水のかけあいを始めると，女の子は活気づいてくる。見ているだけのときよりも，この子が女らしく，美しく感じられた。

　あの絵に戻って考えると，後ろ向きの頭は「外から見ているだけの人」を描いたように思われてくる。濡れることをいとわずに，子どもの世界に引き込まれて過ごすひとときは，大人にとっても豊かな時になることを教えられた。私は外で見ている人ではなく，一緒に生きる人へと，自分のあり方が変えられてきたように思う。

　わが家のお風呂場での会話が思い浮かんできた。父親に「もし生まれ変わったら，何になりたい？」と尋ねられて，その子は「決まってるよ。オオサンショウウオ」と答えた。そのときは不思議に思ったが，今は何と適切なことと思えてくる。水の中の世界を自由で生命的なものと捉えるなら，外の世界には乾いた規則もある。外の世界は，意志を働かせてそれを捉えなおす精神的な世界でもある。子どもは両棲類によって，この両方の世界に生きたいということを言い表しているように思えた。

(津守房江，1988，pp. 72-77より)

以下，この事例において解釈を成立させている五つの条件を抽出する。

（1）既存の枠組みを超える要素

　解釈の出発点には，何か表面的な理解では片づけることのできない保育の場

面がある。このエピソードのなかの絵は，この子にとっても著者にとっても心惹かれるものだったが，その意味は，その場で言葉にし尽くせるようなものではなかった。エピソードのなかに驚きや不思議さが含まれていることは，それが既存の枠組みに還元できないものであることを示している（本書第3章参照）。こうした既存の枠組みを超える要素が排除されず，エピソードと解釈のなかに有機的に位置づけられていることは，それが保育者の恣意的な解釈やコントロールを超えたものであることを示す一つの材料となる。

（2） つながりの多重性

　子どもの絵を理解するときに，そこに描かれた要素だけを見て理解しようとする立場もある。たとえば，このエピソードのなかで教師は，水槽のなかの魚に目を留めて，それをつかみ取る「手があるといいですね」と言った。それは，絵のなかの一つの要素だけを取り上げたものであり，また魚といえば収穫の対象という，固定した意味だけを捉えた解釈に基づいている。

　これに対して，絵のなかの一要素だけでなくより広い視野から考えるとき，解釈の可能性は広がる。絵のなかには魚だけでなく，魚と同じ色をした女の子が描かれている。エピソードの初出時にはこの絵の模写も掲載されているが，その絵からもこの女の子が水と魚の世界に溶け込んでいるのを見てとることができる（津守房江，1981，p.14）。したがって一要素だけを取り上げたり，その絵を望ましい方向に変えようとしたりするのではなく，絵の全体を自然と味わって見るだけで，この女の子と魚とが仲間であることは伝わってくる。著者とこの子との対話のなかでは，石やメダルなど水底にあるものにこの子が価値を見出していること，水泳教室で水を得た魚のように楽しんでいること，夕飯に食べるのも気が引けるほど，魚の気持ちになっていることがわかってくる。これらのことを踏まえると，魚をつかみ取る手を描くようにという指導は，この子の内的世界とはかけ離れたことだったと思われる。

　この点に限らず津守房江の解釈は，エピソードの一要素についてたまたま浮かんだ意味づけなどではなくて，さまざまな要素との多重のつながりによって支えられている。根拠となる事実とのつながりが多重のものであることは，解

釈が恣意性を超える一つの証となるであろう。
　逆に，子どもの内界に思いを馳せずに表層を捉えて行われるかかわりは，一見「客観的」な立場からのものに見えたとしても，和やかな水の世界に侵入する乾いた手のように，その子にとって恣意的な介入となる危険性があることがこの事例には示されている。

（3）　コンテクストの理解

　著者の解釈は，そのときその場だけのものではなくて，コンテクストの理解に基づいている。コンテクストの視点をもつとき，子どもの絵は単なる模写や再現としてではなく，今その子が生きているテーマや，アイデンティティの問題にかかわるものとして捉えることができる。
　魚のイメージについては先にも触れたが，単に魚が好きだとか感情移入しているというだけではなくて，受験やテスト偏重に軋む学校生活に対して，水泳教室で魚のように泳ぐことで自分自身の生命性を取り戻そうとしている状況があった。
　子どもが生きるコンテクストは，言葉で尋ねさえすればわかるというようなものではない。エピソードを振り返るなかで風呂場での会話がふと思い浮かんでくるように，日ごろからその子と触れ合い，その子のことを気にかけているなかで，理解が深められていく。また，子ども自身が自己のテーマを探求し続けているコンテクストがあるからこそ，表現や出来事がばらばらのものではなく，一つの流れと多重のつながりをもって表れてくるのだと考えられる。

（4）　保育者自身の省察

　解釈においても相互性の視点は重要である。保育における解釈は，子どもの要因だけでなく，保育者自身のあり方をも問うことにもつながっている。外的世界と内的世界の両方を生きるというテーマは，プールでの体験にも示されるように，この子どもだけでなく，自分自身のテーマでもあることに著者は気づかされている。日々真剣に生きる子どもたちと出会うとき，かかわっている保育者自身も触発されずにはいないだろう。

すでに述べたように，保育者の解釈はさまざまな要素とのつながりによって支えられ，深められる。これに加えて，保育者自身の体験を通じて省察することも，身をもって子どもの世界を理解することにつながっている。共感ということが，自らの心を動かすことなくして不可能であるのと同様に，子どもが生きるテーマへの共感的理解は，保育者自身が生きるテーマとの共通性を見出すことによって深められる。

(5) 普遍性の次元

事例のなかでは，一枚の絵をきっかけに，外的世界と内的世界の葛藤が浮かび上がってきた。それは単に特定の子どもだけの問題ではなく，人間の誰もが抱えているテーマにつながっている。表層的な理解を超えて，その背景にある人間性の次元に目を向けることによって，一つの事例も普遍的な意義をもち得ると考えられる。自ら人とかかわる事例研究は，一事例を詳細に描くことを通して普遍性をもつことがめざされる（河合，1976）。保育のなかの出来事を，その子だけに閉じられたものとしてではなく，保育者自身が生きるうえでも意味あるものとして受け止めることによって，広く人間に共通するものを見出そうとする志向をここに見ることができる。

6　解釈の主体としての保育者

前節で取り上げた事例からは，子どもの日々の生活，置かれている環境，言葉だけでは捉えがたいイメージ，生きているテーマ，それに重なる保育者自身の体験が，意味を見出す解釈の働きによって，一つの全体として統合されているのを見ることができる。津守房江の保育思想と，保育を見る眼，子どもと出会う姿勢に通底するものを，「生活者としての統合」と表現することができるだろう。

保育実践においては，ある一日，一場面だけをとっても，無数の出来事が生じており，そこには子どもたちと多くの人々のさまざまな思いがかかわっている。そうした実践のなかから生まれたエピソードは，単純な理論で割り切った

り言葉にし尽くすことができない。それでも保育者は，それらに立ち会いながら，子どもたちと共に生活をつくり上げていく。理論で割り切れないからといって保育が不可能だというわけではないし，またそうだからといって，保育者は何の理解もなしにその場限りの対応をしているというわけでもない。

保育者の生活には，常に予定外のもの，自分自身の意図や計画を超えるものが飛び込んでくる。そのとき，あの場面はこう言い，この場面ではこう言うというように，ばらばらな対応をしているようでは，保育者のアイデンティティは拡散していることになる。一方で，計画に固執し新たな事態を無視すれば，子どもの心は置き去りになる。

意のままにならない種々の出来事を排除するのではなく，生活の全体を受け止めながら，その人らしいやり方で意味を見出すとき，保育者は自らのアイデンティティをもって保育に向き合うことができたと言えるだろう。このような生活者としての統合の力が，津守房江の保育思想を支えている。

保育のなかに意味を見出すことを，津守眞は保育者の専門性と捉えてきた。

> 保育は，相手が自らのアイデンティティをつくり上げるのを助ける仕事である。保育者とは，それを引き受けることに自らの人生の意味を見出す者のことである。日々の保育の生活は，どこにそのような重要な意味があるのかも分からないような，小さなことの連続である。しかし，よく見ると，そこには，日々，異なった状況がある。その状況をどのように読みとり行為するかは，保育者に与えられた高度の専門的課題である（津守, 1997, pp. 103-104）。

この言葉は，保育者が先に述べた統合の視野をもつうえで，解釈が重要な役割を果たしていることを示している。解釈は，保育のなかの無数の出来事，それも「どこにそのような重要な意味があるのかも分からないような，小さなことの連続」を，意味あるものとして統合的に捉えることを可能にする。それは何か既存の理論に従って保育の現実を歪めるようなやり方によるのではない。そうではなくて，子どもと生きる生活をよりよいものにするような統合のあり方が，保育者に求められているのである。統合の視野のなかには，従来の研究では排除されがちだった生活のリアリティ，そして保育者自身が含まれる。

保育者という人間がかかわることなしに、保育は成り立たない。保育者は自らの目で保育を捉え、自らの身をもって子どもに応えていく。その保育者の応え方、かかわり方によって、状況も子どもの気持ちも変わっていく。第三者の論評とは違って、自ら保育のつくり手として人間的に関与しながら、その意味を主体的に理解していくのである。

　解釈の主体としての保育者は、保育に大きな影響を与えているわけだから、これまでのように研究対象から除外されるのではなく、むしろ保育学のなかに重要なテーマとして位置づけられるべきであろう。津守房江は一貫して「育てるものの目」、すなわち保育者が保育をどう見るかというテーマを描き出してきた。もちろん保育者自身の主観性を含み込んだ研究には相応の課題があるが、これらの課題、特に解釈の方法論についても、前節に見たように、すでに彼女自身が多くの示唆を与えている。

　保育学の研究領域はきわめて広く、さまざまな学問が学際的に交流する総合科学として構想されることもある。児童学・家政学などにも同じことが言えるが、学際的研究を一人で極め尽くすことなどできないから、個別の領域への分業・細分化が進みがちである。しかしどの保育者も、その計り知れない領域に、日々身をもってかかわっているのである。細分化された領域ばかりでなく、その全体を生きている一人ひとりの人間を、保育学は視野に入れてよいはずであろう。そう考えると、保育のなかのさまざまな事態に私自身はどう向き合ったかという、保育者自身のあり方・かかわり方が、保育学の重要な研究領域となる。

　津守房江の保育思想は、生活者としての人間のあり方を含み込んだ知のあり方を示している。それはこれからの保育学を考えるうえで、改めて重要な手がかりとなるであろう。

第Ⅲ部
保育における事例研究の方法論

Introduction

自らかかわって理解するということ

　保育者は，子どもたちとのかかわりのなかに身を置きながら，相手を理解する。保育者は子どもたちの成長に深くかかわる存在であり，保育者のあり方によって，子どもたちが見せてくれる姿も変わってくる。子どもも保育者も，一人ひとり異なる個性をもった人間が出会うなかで，保育は日々新たにつくり出されている。
　自らかかわって理解するということは，保育者にとって基本的な行為である。また，かかわることによってこそわかることがある。このことについて，身近な例から考えてみたい。

＊　＊　＊

　ある保育園を初めて訪れたときのことである。
　0歳児クラスから5歳児まで順番に，園長先生に部屋を案内していただいた。その部屋ごとに，子どもたちの姿も，遊びの広がりも，私とかかわってくれる様子も随分と違っている。子どもたちが大きくなる過程を一日で見せてもらっているような気がする。
　1歳児クラスの扉を開けると，人見知りの時期の子どもたちは突然の訪問者に驚いて，みんな向こうで私のほうをじっと見て，立ち尽くしている。子どもたちをおどかしてはいけないな……と思いながら，私は隅のほうでそこにあった人形などを手に取り，おとなしく遊んでいた。すると一人の女の子が，とてとてとて……と駆けて来て，私にうさぎの人形を手渡してくれた。かわいいね，と受け取ると，女の子が小さな声で何か話しかけてくれる。よく聞いてみると，「……ちゃん，……ちゃん」と，向こうの子どもたちを一人ひとり紹介してく

Introduction

れているのだった。

　その子と話しているうちに，いつの間にか子どもたちが集まってきている。おもちゃのジュースを私に次々と注いでくれる子もいて，みんなで食卓を囲んで一緒にごはんを食べることになった。それからは子どもたちと私の間に，いろいろな遊びが広がっていった。

　まだ生まれて2年も経たない子どもたちだが，見知らぬ私に自分のほうからかかわって，親しみのなかに迎え入れてくれた。言葉も芽生え始めたばかりだが，言葉を超えて，手渡すこと，一緒に食べること，そして広がるイメージの世界が，心をつないでいる。そこからは，私も見知らぬ人ではなくなる。これと同じようなことを，新しいクラスに入るたびに体験してきた。

　子どもたちはこんなふうに，自分からかかわって人を知る。人を親しく知るために必要なことは，「客観的」なデータを集めることとは限らない。名前，肩書き，年齢，性別，さまざまな能力の測定結果，お金のあるなし，どんな家庭の出身か，「育ち」の問題，障碍の有無など，それらをいくら知ったところで，その人が自分にとってどんな相手になるのかは，出会ってみなければわからない。それどころか，かえってそうした情報が先入観や差別的な偏見を招き，人間らしいかかわりを阻む壁となることさえある。子どもはそうした偏見から自由である。その人と親しくなれるか，どんなふうに一緒に遊べそうか，その人といることで自分自身が生かされるかどうかを，子どもたちはかかわりのなかでよく感じとっている。人はきわめて早い時期から，言葉を超えて，人としてのありのままの出会いのなかで相手を理解する力をもっているのだと思う。

＊　＊　＊

　保育者が子どもを理解する際にも，同じことが言える。保育のなかで私たちは，自らかかわるなかで子どもを理解していく。背景となる情報は，理解を助けるうえで必要な場合もあるが，それが本質なのではない。先にも触れたように，知らず知らずのうちにそれが差別や偏見を招くことさえあるだろう。「客

Introduction

観的」な情報をいくら集めてみても，私がその子とどうかかわるかは，私自身がその子と共に試行錯誤していくしかない。私たち一人ひとりがそのような過程を歩むとき，保育学はその助けとなるべきものであることが望まれる。その意味で保育者を支える役割を果たしてきたのが，倉橋惣三や津守眞らの保育学である。

彼らがそうしてきたように，子どもと出会うための保育学を築いていくうえでは，客観主義的な研究の枠組みを超えていく必要がある。かかわるなかで理解するという通路を，客観的でないからといって排除するのではなく，むしろかかわりの実践知をどう生かしていくかが探究されなければならないだろう。

相手と距離を置く「客観性」を超えて，関係性を組み入れた保育の知を築いていくときには，新たな課題が見出される。それは，相手とかかわっている「私」自身の問題である。かかわりのなかでの理解は，相手個人を孤立した存在として理解するのとは違っている。そこには必ず，かかわる私自身の要因がかかわっている。

子どもたちは鏡のようだといつも思う。保育者が厳しく当たれば，子どもたちも事あるごとに互いを注意し合うようになる。こちらがどの子も受け容れるつもりでいれば，子どもはあれやこれやと自分のことを教えてくれて，背中に乗っかってくる。先の例で言えば，私がクラスに入っても遊具などの保育環境ばかり立ったまま「観察」していれば，子どもたちは近づいてこなかったかもしれないし，その様子を見て大人たちは「人見知りの強い子どもたちですね」などと「理解」を終えていたかもしれない。その日の保育の展開は，子どもたちの要因によっても変わってくるが，同時に私たちがかかわる姿勢の反映でもある。

また，私たち自身も変わりゆく存在である。あのとき，女の子が人形を手に駆け寄ってくれたから，私も自然と心を開かされ，笑顔になった。子どもたちの力によって私たちもさまざまに心動かされ，新たな自分を引き出される。かかわるなかで，私も，子どもも，互いに影響を受けながら変化していく。

保育的関係とは，そういうものである。相手を静止させ，心の中身を見透かすようなものではない。互いに心動かされながらかかわるなかで，成長の過程を共にするとき，そのこと自体によって相互の理解と信頼が深められるのだと思う。ランゲフェルド（1974）も語っているように，相手を人間的に理解することと，その人と親しい信頼関係を築いていくことは，同じ一つの過程である。

 一回一回が異なる個性的な出会いを理解するうえでは，事例研究の方法が有効である。事例やエピソードはさまざまな目的で用いられ得る。母と子がかかわる様子を観察者の共感によって描き出し，発達を理解しようとする場合もある。子どもが友達同士，あるいは他の保育者とかかわっている様子から，その子の特性を理解しようとする場合もある。これらは書き手がその子と密にかかわるのではなく，側から見守る形で書かれたエピソードである。

 しかし，保育的関係を理解しようとする場合には，保育者自身がかかわるエピソードが，他にはない意義をもつ。言葉にならない思いを共有するのは，自らかかわることによって可能になる。津守眞が言うように，「子どもとともに動き，子どもとともに遊ぶとき，子どもの感じているイメージはよりよくとらえられる」（津守，1974b, p.24）。あらかじめ正解が決まっているわけではない。子どもとの対話のなかで答えを見出していく過程こそが，子どもの心に触れるうえでかけがえのない通路となる。

 他の人がかかわって理解した子ども像は，その人が応えるときのその子の姿であり，その人の姿勢を映し出す鏡でもある。私がかかわれば，その子は違う姿を見せるだろう。私は，私とその子の信頼がより深まり，その子が生かされる関係を築くために，エピソードを書き，理解したいと思う。私自身がかかわった体験が，そのための出発点となる。

第5章
保育における事例研究のために
―― 保育の関係性を理解する出発点

1 保育における関係性の意義

　保育は人と人とのかかわりによって成り立っている。保育の日々のなかには，人間生活の幅広い領域が含まれているが，それらはすべて，保育者と子どもたちとの信頼関係に支えられている。どれだけ優れた保育技術をもっていても，子どもとの間に信頼関係を築くことができなければ，保育は成り立たないだろう。したがって，子どもとの関係を深め，そのありようを理解していくことは，保育者にとって重要な意義をもっている。

　信頼関係とは，人工的な操作によって植えつけられるものではなく，共にかかわる時の流れのなかで育まれるものである。また，子どもたちも，保育者も，一人ひとり異なる個性をもっており，日々成長し，変わりゆく存在であるから，何か一律の方法を適用して子どもたちと関係を築くようなことはできない。したがって，保育の関係性を理解するうえでは，他にはない個性をもった出会いの体験を具体的に描き出す，事例研究やエピソード研究が必要になる。なかでも保育者にとっては，自ら子どもとかかわるなかで，その体験を理解することのできる「保育の知」が求められるだろう。

　保育を外から観察した事例研究や，関与度の少ない観察を行った研究ではなくて，自らかかわる保育の体験を扱った研究は，いまだ数少ない。その背景としては，隣接領域である心理学の影響もあり，研究の客観性を重んじるあまり，研究者自身が関係のなかに身を置く研究の成立が困難と見なされてきたことがあげられる。しかし，保育とは保育者自身がかかわりながら考えることによっ

て成り立つのだから,自ら主体的にかかわる体験を扱わないとすれば,保育という営みの核心が研究の対象から排除されることになってしまう。これに対して,自ら子どもたちと出会った事実を出発点とするならば,実践と研究は一つのものとなるだろう。そのためには,こうした研究の方法論を築いていくことが課題となる。

　ここでは,子どもと出会う体験に基づく事例研究の方法論を検討するために,まずはその前提となるものを明らかにしていく。事例研究のなかでも特に本書では,自ら子どもとかかわる関係性を中心的な関心領域としている。本章ではこの領域に関する先行研究のなかから,特に方法論を考えるうえで意義あるものを取り上げて概観することによって,本書の立場を位置づける。また検討を進めていくうえで必要な,いくつかの基本的な概念についての共通理解をもつこととしたい。

2　子どもと出会う事例研究に関する先行研究

(1)　自らかかわる関係性の理解

　保育者にとっては,自ら子どもとかかわりながら,その関係性を理解していく「保育の知」が必要だと述べた。従来の客観主義的な枠組みを超える知の必要性は,さまざまな学問と実践にわたる広い領域においては「臨床の知」(中村,1992) や,省察的実践 (Schön, 1983) の視点によって示されてきた。保育においては,津守 (1974b : 2002) がその意義を明らかにしている。

　　　戦後半世紀,保育・教育は自然科学の方法による知を導入しようとした。それは対象を外部から客観的に観察し,計測し,操作し,法則を見出すという方法である。その経過の中で,幼児保育にはもう一つの種類の知があることに人々は気が付いた。それは自分を含めて全体を見通す洞察による知である。〔…中略…〕
　　　幼児と直接にかかわる保育の体験は,行動主義心理学や実証科学の方法による発達研究,すなわち子どもの外に立って外部から観察する方法では記述しきれない。子どもとかかわるときに,外から見ていたのとはまったく違う世界,子どもと自分との内的な世界が展開する (津守,2002,pp.37-38)。

第5章　保育における事例研究のために

　河合隼雄も臨床心理学・臨床教育学の立場から，保育者自身が「保育の知」を生み出す必要性を指摘している。保育においては，「子どもに対するわれわれ自身が生きているものとして，われわれの態度そのものがその後の現象に影響を与え，われわれ自身が現象のなかに組み込まれてしまう」(河合，1992a，p. 78)。このような事実があるにもかかわらず，自然科学の「客観的」な方法を単純に借りてきたとしても，「対象を自分から切り離したような見方をすれば，そのこと自体が子どもの行動に影響する」ことになる (p. 81)。そうではなく，保育者が子どもと真摯にかかわりながら困難を乗り越えていくとき，「先生自身も，自分が教師として成長したことを感じられたのではなかろうか。創造過程は相互的に生じるものなのである」(p. 78)。津守においても河合においても，深くかかわってはじめてわかる子どもの世界があることが認識され，そのかかわりを通して新たな保育の展開を創造していくための知がめざされている。

　こうした保育者の主体的なコミットメントが重要であることは，すでに倉橋惣三が明らかにしてきたところである（本書第2章参照）。また，教育・保育における全人格的なかかわりの意義は臨床教育学者のランゲフェルド (1974) も強調するところであり，こうした人間学的な保育学・教育学の伝統を踏まえれば，むしろコミットメントのあるかかわりこそが重要な研究領域になると考えられる。ケアの倫理学を提唱するノディングズ (2007) も，ケアが技術的なステップを超えて，ケアする者の心を通してなされるものであることを指摘しているが，このことからも，ケアの営みである保育 (childcare) の本質を理解するうえで，保育者の人としての主体的関与を外すことができないことが示される。自らかかわる関係性を研究から排除するのではなく，むしろそれをより深く理解し，洗練していくことが必要なのである。

　研究のなかに保育的な関係性を取り入れた研究は，発達心理学の領域にも見られる。佐々木 (1989)，やまだ (1987) らは，第三者的な観察を超えて，自らの家庭における子どもとのかかわりを取り上げてきた。特に佐々木の「絵本心理学」では親子で絵本を読む体験が取り上げられており，後にはその子が成長してからの振り返りも合わせて，長い時間を経た対話的なかかわりが示されている。家庭児との情緒的側面を含むかかわりは，従来の客観主義的な枠組みを

大きく超えるものだが、それによってこそ生まれる洞察が示されている点で、先駆的な意義をもつものと言えるだろう。ただし、これらの研究は絵本の体験や言葉の発達を主に扱うものであり、子どもとの関係性そのものがテーマとなっているわけではないので、その点が本書での関心とは異なっている。

　研究が何を関心領域とし、何を明らかにしようとするものかによって、それに適した方法論は異なってくる。事例研究のような質的な研究においては、一律の絶対的な方法論が存在しないのは明らかであろう。むしろ事例研究は佐藤（2005）が指摘するように、一つの研究ごとに、またその関心と目的に応じて、新たな研究方法が創造される領域なのだと考えられる。特に従来の枠組みを超えて自らかかわる関係性を扱う方法論を考えるうえでは、その必要性は高い。

（2）　津守眞の保育研究とその背景

　保育研究において自らかかわる関係性そのものを取り上げたものとしては、何よりも津守眞による研究があげられる（本書第3章参照）。1970年代、彼は保育研究の「転回」と呼ばれる時期を経て、それまでの客観主義的な発達研究を超えて、自ら子どもとかかわる体験とその省察に基づく研究を進めてきた（津守，1974b）。それ以後、養護学校（現・特別支援学校），幼稚園，家庭等で実際に子どもたちとかかわりながら探究を進めてきた津守は、こうした研究の開拓者であり、第一人者である。省察とは自らのかかわりを振り返ることであるから、他のテーマ以上に、保育者自身が事例研究を行う必然性がある。また津守は、自ら子どもと出会う研究についての方法論についてもさまざまに検討を進めてきた（津守，1973；1974b；1981-1983；1985；1987b；2002）。

　津守の思想と方法論は、彼自身が「抽象的に取り出したものではなく、保育の現象から導き出したものである。保育者がかかわって体験した現象を言葉にするのであって、その逆ではない」（津守，2002, p. 38）と述べているように、単なる思弁の産物ではなくて、第一には現実の子どもたちとのかかわりについての省察から生まれるものである。そのうえで彼の方法論は、哲学・現象学や、心理療法学からの影響を取り入れて生み出されたものでもある。現象を見るということを考えるうえで、またかかわりのなかで人間について理解するうえで、

第 5 章　保育における事例研究のために

これらの学問は保育学の方法論にもさまざまな示唆を与え得るだろう。津守がこうした学際的・理論的な検討を行った後に述べた言葉は，保育学の位置づけを改めて明らかにするものと考えられる。

　　保育者は，子どもが自分自身を形成する者となるように，子どもと日々生活しながら思索をつづける。哲学者が自らを孤独のなかにおいて思索するのに対して，保育学者は相手とかかわる生活自体を意味あるものと考える（津守，1989，p.10）。

ここには，相手との関係性を基盤とする保育学の独自性が示されている。文献やデータをもとに人間を理解していく学問もあるが，保育者は相手との生きたかかわりのなかで人間についての思索を深めるのである。そうしたかかわりのなかで生まれた「保育の知」が広く共有され，保育を学ぶ者の間で語り合われるようになれば，保育学は保育者にとってこれまで以上に直接的な意義をもつだろう。

津守は保育の事例研究と現象学や精神分析の関連について，次のように述べている。

　　解釈と思索については〔…中略…〕「保育」を念頭においた書物はこれまでに少ない。精神分析の人々の考え方と思索には学ぶことが多いし，保育に通じることも多い。しかしその基礎となる実践は，短い時間単位で，言語を媒介とするセラピーが多い点で，長時間単位の生活そのものである保育とは異る。現象学の人々の思索にも学ぶものが多いが，実践があまりにも少ない（津守，1981-1983，p.84）。

ここで示唆されているように，哲学や現象学からの保育・教育研究は，ともすれば思弁的となって実践と離れたものになることが少なくない。これに対して精神分析や心理療法学は，異なる場における実践ではあるものの，相手とかかわりそのものが研究領域となっている。津守が言うように，「臨床と保育・教育の実践とは相違点があるけれども，子どもに触れた体験にもとづく思索という点で重り合う」（津守，2002，p.37）。この点で心理療法学は「子どもと出会う保育学」にもっとも近い学際的領域であり，また事例研究の長い歴史をもっている。事例研究について考えていくうえで，心理療法学との関係についても

117

う少し見ておきたい。

　心理療法学は，客観主義に基づく一般的な心理学の領域とは異なり，クライエントとかかわる実践者自身が研究を深めてきた歴史をもっている。特に遊戯療法（play therapy）では，遊びのなかの表現を通して子どもの心に触れ，共に成長することがめざされており，保育とも共通点がある。心理療法学のなかでも特に精神分析においては，自らかかわる事例を理解するための解釈の方法論についての議論が積み重ねられてきた。

　津守も保育研究を進めるうえで，しばしばフロイト，ユング，ロジャーズ，エリクソン，ベッテルハイムといった心理療法家の臨床理論を手がかりとしてきた。本書第2章でも触れたように，津守はフロイトについて次のように語っている。

　　　彼が医師の権威をすて，患者との誠実な人間関係に入ることをその臨床の前提としたことは保育に共通である。〔…中略…〕保育者自身が自分なりに考えてゆくことを彼の著作は励ましてくれる。フロイトの理論そのものよりも，彼が臨床に向う態度に私はひかれる（津守，1989，p. 185）。

　遊びを通して子どもたちとかかわる点では共通点があるにしても，時間を限定した心理療法の場と，生活のすべてがかかわっている保育の場とでは，具体的な実践のありようは当然異なっている。したがって，心理療法学の知見を保育にそのまま直輸入するようなことはできない。しかし津守が言うように，人間と真摯にかかわる態度においては多くの共通点を見出すことができる。精神分析については，患者の語りをもとにフロイトがつくり上げた心の構造論を思い浮かべる人も多いかもしれないが，そうした理論よりも，フロイトが患者とどう出会い，どう理解するかを考えた臨床理論のほうが，保育を考える手がかりとなり得る（たとえば，Freud, 1910；1913）。心理療法学の臨床理論，精神分析における技法論と呼ばれる領域では，単なる技術を超えて，クライエントとの出会い方そのものをどう考えるかが，具体的な事例に基づいて議論されてきている。同じように，人と関わる実践を研究する保育学の世界においても，こうしたことが広く，また身近に議論されていてよいだろう。

第5章　保育における事例研究のために

　このような観点は，河合隼雄が「新しい保育学」のあり方について述べていることとも関連する。河合は日本における心理療法学の第一人者であり，また教育の実際を考える臨床教育学の開拓者の一人でもある。彼は，客観主義的な自然科学と，保育を理解するための方法論は異なることを指摘している。「一番大切なことは，先生自身の態度や『判断』そのものが，その後の子どもの行動に影響を与えている，ということなのである」(河合，1992a，p.75)。すなわち関係を切断し，「客観的」な観察に基づいて対象を操作する自然科学のアプローチを単純に適用することはできず，自らを関係性のなかに入れ込んで，子どもたちが育ちゆく創造的過程にかかわりながら現象を理解していく，新たな研究が必要だというのである。その点で，心理療法学と保育学は同じ方法論的課題を共有している。どちらの学問についても河合は，実践を離れた既存の学問に支配されるのではなく，「それ自体のための学問を築く」(河合，1992a，p.84) ことが必要だという。保育学も心理療法学の概念を直接に用いる必要はないが，関係性や実践を入れ込んだ知のあり方について，互いに触発し，深め合うことができると考えられる。

　津守の方法論に戻ると，彼は子どもたちとのかかわりを自ら振り返る「省察」の過程を重視してきた。これとは異なる文脈ではあるが，ショーンは幅広い領域における実践者の省察について論じており (Schön, 1983)，近年では保育・教育の世界における専門性の議論に大きな影響を与えている。ショーンの概念については理論面から議論されることが多いが，彼の著作そのものにおいては事例研究が大きな位置を占めている。すでに触れてきたように，津守の省察は保育者と子どもの人格的な交わりの次元においてなされるのに対し，ショーンのそれはより幅広いものを含む点が異なっているが (本書第3章参照)，自ら関係のなかに身を置く実践者のあり方を論じたものとして，保育の事例研究にも示唆を与えるものと考えられる。

(3)　エピソード記述の方法論との関連

　こうした研究の流れに加えて，さらに近年，鯨岡峻が「エピソード記述」の方法を詳述したことは，これまでの客観主義的な保育理解の流れを変えていく

119

力となった（鯨岡，2005；鯨岡・鯨岡，2007）。鯨岡の方法は発達心理学から出発し，多様な領域でのエピソード研究を想定したものであったが，特に保育の世界に広がりつつあるところである。彼の方法論からは，保育の事例研究を進めていくうえで，具体的な示唆を得ることができるだろう。

　鯨岡は津守との間に敬意ある関係をもっており，その体験についての語りはそれ自体が一つのエピソード記述として，二人の思想の背景にあるものについて多くを伝える貴重なものとなっている（鯨岡，2001）。一方で鯨岡は，保育におけるエピソード記述の先行研究として津守に言及することはほとんどなく，まったく異なる背景をもつものとして自らの方法論を構築することをめざしているように思われる。その相互関連については，これから理論的検討が進められるべき課題かもしれない。これについては別途研究が必要と考えられるのでここでは詳述することができないが，ごく簡単に触れておくこととする。

　鯨岡のエピソード記述においては，彼が例としてよくあげるように，母子のかかわりを描き出すにあたって，観察者の主観を排除するのではなく，その間主観的把握を入れ込んだ記述を行う発達心理学的研究が，一つの原型となっている。また，彼のエピソード研究は「解釈」と接する部分もある一方で，むしろ「人の生き様を生き生きと描き出したいという現場の思い」（鯨岡，2005, p.3）といった表現に示されるように，書き手の間主観的体験を広く伝えるための「記述」であることが強調される傾向にある。

　これに対して津守の場合は，自ら「深くかかわることによって」子どもを理解すること，またそれによって「新しい自分となって子どもと向き合う」（津守，1993b, p.8）ことがめざされる。その際に保育者は，「理解できないことのなかに隠された意味があることを知って，肯定的に受けとめて交わりを継続する」（津守，1987b, p.10）。したがって，津守において保育者は関与し観察し理解する者である以上に，深いコミットメントによってかかわりを創造し，自ら変容し成長していく者でもある。また，そのときその場での間主観的把握によっては理解できないものを理解していくうえで，解釈という行為が重要になってくる。その解釈的理解は，他の実践者や研究者への伝達以前に，第一にはその子自身とのよりよいかかわりのために返されていく。

両者にとって，客観主義を超えて関係性を理解するという前提は共通だが，実際の研究においては上記のように異なる志向をもっているように思われる。

本書における「子どもと出会う保育学」を考えるうえでは，子どもと出会って保育の過程を共に創造すること，子どもと共に理解を深めていくことをめざしたい。保育者としての立場や考え方によって違ってくる部分でもあるが，子どもたちと出会う体験に立ち返って考えてみると，筆者自身にとってそのような保育学が必要だと感じられるのである。したがって本書では主として津守の方法論を参照していくこととする。

いずれにせよ，事例研究やエピソード研究は，保育の実践について，また子どもと人間について考えるうえで，他にはない通路を与えるものである。保育の理論が先にあって実践がそれに従属するということでは，保育学は実践に基づく学であるにもかかわらず，子どもたちが生きる現実とは遊離した学問となってしまいかねない。一人ひとり異なる思いをもった子どもたちの声に耳を傾けて，自分自身も個性をもった保育者が自らのかかわりを深めていくうえでは，「事例を見る眼」が決定的に重要である。保育者たちが子どもたちを受け止め，よりよくかかわろうとする体験が積み重ねられ，そこから得られた洞察が生かされるようになれば，そのとき保育学はこれまで以上に実践の裏打ちに支えられ，子どもたちにより深く貢献するものとなるだろう。

3　保育における事例研究のための概念整理

次章以後で事例研究の諸問題について考えるために，ここで若干の概念整理を行う。ここではこれらの概念そのものについて詳しく論じるのではなく，これからの議論を進めていくうえで読者との共通理解をもつために，本書で用いる際の意味合いを明らかにしておきたい。

（1）　事例，エピソード，素材

本書では，保育におけるかかわりを具体的に描いたものを，事例と総称する。事例研究にはさまざまな形があり得るし，長期間にわたるかかわりを要約して

取り上げる場合もある。こうした事例のなかで，一つの場面をより詳細に取り上げたものをエピソードと呼ぶこととする。

　保育の関係性について考えるためのエピソードは，保育者の視点から描き出される。状況を引き受けて主体的にかかわっていくのは保育者自身であるから，こうしたかかわりの過程を理解するうえでは，他者の視点で外から見た状況や情報を詳述すればよいわけではない。種々の情報が得られたとしても，それを保育者という主体がどう受け止めてかかわったかという，保育者自身の立場から書かれることが必要になる。

　エピソードのなかに含まれる一つひとつの要素を，素材と呼ぶ。エピソードには，子どものしたこと・言ったことや，保育者のしたこと・言ったことに加えて，保育者が感じたこと，その場の状況，雰囲気，そのとき偶然起こった事態など，さまざまな要素が含まれる。精神分析ではこれらの要素がしばしば「臨床素材（clinical material）」と呼ばれるが，保育においても同様の概念を用いることができるだろう。

（2）　理解と解釈

　保育のなかで何が起こっているのかを把握することや，子どもの気持ちを知ることなどを，広く理解と呼ぶ。理解と解釈は地続きであって絶対的な区別があるわけではないが，一般的には，解釈は理解のより深い形と捉えられる。

　「共通理解」という言葉はよく使われるが，共通解釈とはあまり言わない。解釈は人によって異なるものとの認識があるのだろう。そこには意識的にであれ無意識的にであれ，表層を超えて意味を見出そうとする主体の働きがある。その人なりに見たまま，聞いたままを超えて理解を深めようとする行為を指す際には，解釈という語を用いる。

　解釈が人によって異なるからといって，それが他の人にとって価値がないとは限らない。津守眞の事例解釈がそうであるように，その人にしかできない解釈であって，しかも多くの人々の共感を呼ぶものがある。さらに言えば，解釈は保育者の主体の働きによって生み出されるが，目の前の子どもという他者にとって意味あるものとなることがめざされる。

それまでは気づかなかった新たな理解をもたらす解釈は，意識的次元を超える要素を含んだ，創造的なものと考えられる。主体の意識的・無意識的な働きによって生み出される解釈には，主観的バイアスが働く可能性があるから，保育の過程のなかでその妥当性を確認していくことが必要になる。

（3）　保育，保育者，研究者

　保育とは，大人と子どもがかかわって共に成長する営みである。職業的な保育者によるものを指すだけでなく，家庭その他で行われるかかわりも，かかわって共に成長するという点では同じである。保育園・幼稚園・こども園等は保育を職業として専門的に行う場であるが，さまざまな場においてそれに通ずるかかわりは行われている。

　津守眞は，「保育者」を次のように捉えている。

> 　　だれでも，幼い子どもといっしょに遊んで，楽しむことができる。だれでも，子どもとの交わりによって，自分自身がゆたかにされ，人間について考えを深めることができる。幼稚園・保育園の先生や母親，父親やおじいさん，用務員のおじさんや実習の学生，専門家やゆきずりの人など，それぞれの立場によって，子どもとふれる時間の長短，特定の子どもとのかかわりの深浅などの相違はあっても，子どもと交わるそのときには，保育者であることにおいてかわりはない（津守，1980, p.3）。

　もちろん，保育の専門職だからこそできることや，そのための技術や知識などもある[*1]。しかし，ここに述べられているような人間としての交わりや，遊びのなかで親しみや信頼を深めるかかわりは，専門職だけに限らず，子どもたちが生きる場にはどこにも見られるものである。

　したがって保育者とは，狭義においては保育の専門職を指すが，広義においては，職業的な形をとるか否かにかかわらず，家庭等を含めて，子どもとかかわって成長の過程を共にする，あらゆる者を含むものとする。人間として子どもと出会うという保育の基本的な次元については，社会的な立場は違ったとし

　＊1　このような専門職による保育の実際については，本書とは別の形での事例研究を行ってきた（西・伊藤，2017；伊藤・宗髙・西，2015；伊藤・西・宗髙，2016ほか）。

ても，誰もが共に考えていくことができるだろう。

　自らかかわる保育の事例研究においては，保育者と研究者は同じ一人の人間である。基本的には保育者という言葉を用いるが，特に事例研究の書き手としての側面を強調する場合は研究者と呼ぶ場合もある。

（4）　臨床心理学，心理療法学，精神分析学

　学問をヒエラルキーで考える人は，こう思うかもしれない。まず心理学という学問の基礎があって，その応用として臨床心理学が研究され，その一部に心理療法学という領域があり，精神分析学はその一学派である——しかし，実際はそうではない。これまで述べてきたように，「基礎的」な心理学では，自らかかわる関係性は扱われてこなかった。これに対して心理療法学・精神分析学は，クライエントとの関係性そのものを出発点としている。歴史的に見ても，学問的な心理療法の世界はほぼフロイトに始まると言ってよいが，それは一般的な心理学とは別の来歴をもっている。後の時代になって一般的な心理学に基づくとされる心理療法も生まれたが，関係性の理解や，その心理療法がどうあるべきかといった思想的な側面は，そうした心理学から導き出されるわけではない。関係性や思想を扱う心理療法学や精神分析学は，一般的な心理学の応用としてではなく，独自の学問としての発展を遂げてきたものなのである。

　精神分析学というと，フロイトがつくり上げた心の構造に関する理論を思い浮かべる人も多いだろう。しかし，精神分析には大きく分けて二つの研究分野がある。心の内界に関する理論と，クライエントとの出会いについて考える治療論・技法論と呼ばれる分野である。バリント（Balint, M.）[*2]は後者が精神分析の本来の基盤であることを指摘し，これを「二者心理学（two-person psychology）」と呼んだ。彼は「転移・逆転移」，つまりクライエントとの関係性こそが精神分析の基礎であって，個人の心の内界に関する理論は，こうした二者関係に基づいて二次的に生み出されたものであることを改めて明らかにしている

---

　*2　バリント，M.（1896-1970）　ハンガリー出身の精神分析家。治療者への要求や依存を深める患者に対して，患者がその行為によって真に伝えようとしているメッセージを理解する必要性を示し，患者の存在を支える環境としての治療者のあり方を探究した。

(Balint, 1950；西，2001)。精神分析が患者個人の問題を超えて，治療の関係性を扱う理論であるべきだとする彼の考え方は，近年の関係論的（relational）な考え方にも影響を与えた（グリーンバーグ＆ミッチェル，2001）。これと同様に，津守眞が「臨床理論」と呼んで保育研究に取り入れたのは，フロイトの理論のなかでもこのような出会いの学としての側面であったと考えられる。

　本書で言及しているのも，精神分析のこうした側面である。よく知られている，古典的な欲動論のことではない。つまり，人との出会いにどんな姿勢で向き合い，自分自身を含めた関係性をどう理解するか，具体的な事例に基づいて議論を深めてきた学問として精神分析を取り上げることを，ここで明確化しておきたい。

（5）　事例研究の方法論

　事例やエピソードをどう書くかといった個々の方法や技術を超えて，その方法は本来どうあるべきかについて議論するのが，方法論という研究領域である。

　事例研究は，保育の実際と理論とを結ぶものである。保育の理念が実際の保育によって試されるためには，また保育実践がその場限りの対処法に終わらないためには，事例研究による具体的な議論が必要であり，そのための方法論を築いていくことは重要な課題だと言える。

　エピソードはさまざまな研究に用いられ得るものだが，保育的関係を理解するためのエピソードを書くときに考えるべきことは，たとえば発達研究のためのエピソードの場合とは違っている。保育のエピソードにとって何が大事かを考えてみると，筆者にとっては，自らかかわる体験を描き出すこと，それが何らかの意味で心を動かすものであること，そして子どもたちとの出会いによって試されたものであることなどが思い浮かぶ。これらのことについては，次章で取り上げたい。

　先にも触れたように，事例研究に唯一の方法があるわけではない。研究の対象や目的によって，それにふさわしい方法は違ってくる。また，記述の方法や解釈の過程などについても，具体的に考えるべきことは数多くあるだろう。しかし，こうした事例研究の方法論についての議論は，これまで十分に積み重ね

第Ⅲ部　保育における事例研究の方法論

られてきたわけではない。

　本書では事例研究を行ううえで考えるべきいくつかのテーマを取り上げるが,何か一律の研究方法を定めるということではなく,自らかかわる事例研究を行ううえで検討すべき課題について考察していくこととする。こうした方法論的な議論が積み重ねられるとき,それは一人ひとりが自分自身の研究を考えていくための手がかりとなるだろう。またそれは,自分がどのような眼をもって保育を理解しているか,振り返り問いなおしていくことにもつながっている。

　次章では,事例選択と,記述・解釈の問題について考察する。また,こうした方法論的考察に基づく事例研究の具体的な形を,本書第Ⅳ部に示す。

第6章
子どもと出会う事例研究の方法論
――保育事例の選択・記述・解釈をめぐって

1　事例の意義

　保育者による事例研究とは，自らが保育をどのように見て，理解し，かかわっているかを振り返り，問いなおすものである。ここでは，記述や解釈など，事例研究の方法論について考えていくが，それは個々の事態の理解や個別の研究方法だけでなく，保育理解のあり方そのものについて考えることでもある。

　本章では，事例研究の方法について，事例と素材の選択，事例の記述，解釈の問題を取り上げて考察する。

　自ら子どもと出会う保育の事例研究を行うとき，どんな事例を選ぶべきだろうか。また，一つのエピソードを描くとき，何を書くべきだろうか。保育事例や素材をどう選択するかという問題は，事例研究を始める際に誰もが考えることだろう。それは事例研究における事例の意義とは何か，また事例やエピソードがいったい何を伝えるべきものなのかといった問題にもつながっている。

（1）　保育としての意義

　保育の事例研究を行うとき，その事例は，保育として何らかの意義をもっていることが求められる。ここでは子どもとの関係性に関心があるから，保育的関係の展開や深まりが描かれることになる。

　たとえばあるエピソードを通して，子どものつらそうな気持ちが描き出されたとしよう。その気持ちをいくらかなりとも理解し，読み手に伝えることができれば，エピソードによる観察研究としては一定の意義をもつかもしれない。

しかし，そのエピソードの保育としての意義はどうだろうか。自らかかわる保育研究としては，気持ちが推測できたというだけでなく，そばにいる保育者自身，つまり私自身はその子にどうかかわったのか，何ができたのかが問われることになる。

とはいえ，単にその場でうまくいった事例だけに意義があるというわけではない。難しい局面を子どもたちと共に乗り越える体験は，保育的関係について多くのことを考えさせてくれる。同時に，保育は日々の生活に根ざしたものだから，日常のふとしたきっかけから子どもとの関係が深まるような，ささやかな一場面にも意義がある。また，たとえば困難に出会った事例においても，その困難への理解が深まることによって新たな保育につながる可能性が見出されるのなら，そこには一定の意義がある。したがって保育の意義はさまざまに考えられ得るのだが，単に子ども個人の心的状態を描き出すといったことを超えて，保育という実践を見ているのだという視点をもっておくことが必要だろう。

事例選択について，たとえば資料として整っているかどうか，特定の研究方法による処理に適したものかどうかといったことに研究者の関心は向けられるかもしれない。しかし研究材料としての適切さ以前に，書き手が子どもと出会って何をつかんだのか，またそれが子どもたちにとっても何らかの意義をもつものであったかどうかが，第一に問われると考えられる。

（2） 保育観の次元

保育の意義をどう捉えているかという視点そのものも，事例研究のなかでは具体的に問いなおされる。保育という実践においては，成功や失敗などを単純に割り切ることはできない。むしろ事例研究は，自らの保育観を抽象的な議論によってではなく，自らの具体的なかかわりを通して具体的に考える機会である。保育のなかの個々の出来事だけでなく，それを通して保育観の次元を書き手が描き出し，また受け手が読み取ることができれば，事例研究は単なる一事例の報告を超えた意義をもつと考えられる。

このことについて，省察的実践の概念で知られるショーン（Schön, D. A.）があげている例が示唆的である。ある教育プログラムが成果をあげ，多くの見学

者が訪れるようになった。さまざまな見学者がいたが，プログラムの具体面を事細かに尋ねて資料をコピーしていったグループは，見学の結果を自分たちの実践にはあまり生かせなかった。これに対して成功したグループは，形をコピーするのではなく，このプログラムの「精神（スピリット）」を汲むことによって，彼ら自身の状況に適した独自のプログラムをつくることができていた（Schön, 1988, pp. 24-25）。

　このエピソードは，事例からは個々の事実を超えたものを読み取るべきであることを示している。特殊な一事例に対応するための技術といった次元を超えて，保育者がもつ「精神（スピリット）」の次元を描き出すことによって，事例研究は一つの普遍性をもつだろう。そのような事例研究は，それぞれの保育者が「自分なりに考えていく」（津守，1989, p. 185）ための手がかりとしての意義をもつと考えられる。

　保育思想を理解する際には，その概念的な次元ばかりでなく，その本質を捉えなければならない。同じように保育事例も，個々の事実や対処法の次元だけでなく，保育観の次元において受け取られるべきものであろう。

（3）　省察を触発すること

　事例には，省察を触発するものとしての意義もある。津守眞は，自らの事例をしばしば振り返って論じている。特に本書第3章でも取り上げたH夫の事例は，津守が養護学校に移った最初の日に出会った子どものことでもあり，彼が保育者としての自分自身を新たにつくり上げていくうえでも重要な意義をもっていたと思われるが，その理解は時を重ねるなかで深められている（津守，1987b；1992；2002；2004）。

　このことからは，省察を触発する事例が存在するということを考えさせられる。心理療法学においては，フロイト（Freud, S.）やユング（Jung, C. G.）の事例が多くの研究者によって新たに再解釈されている例がある。それは古典として受け継がれた文学に，今日なお新しい読者が新しい意味を見出すことにも似ている。同様に事例研究のなかにも，研究者や保育者に，新たな省察を触発し続ける力をもったものが存在している。

心理療法家の河合隼雄は，事例は個々の事実を超えて，内的な心の「動き」を伝えるものだと述べている（河合，1992b，p. 277）。普遍性をもつ事例研究は特定の症状への対応といった次元を超えて，一人の生きた人間がもう一人の生きた人間とどう出会ったかを描き出すものであり，そこに生まれた心の「動き」が伝わることによって，読者が次に新しく人間と出会っていく際に意義をもつ。事例研究は，過去に起きた事実だけでなく，未来を語っているのである（河合，1993a，pp. 38-41）。

保育について言えば，保育者が深いコミットメントを体験した事例から保育についての洞察を導き出すとき，それは他の保育者・研究者にとっても広く意味をもつ可能性があると考えられる。保育者が事例を取り上げる原点には，保育への想いや感動がある。そうした心の「動き」を伝える事例は，読み手にも自分自身の保育を主体的に振り返り，考えていくことを促すだろう。そのためには，事例以前の保育そのものが，何らかの意味で心を動かすものであることが一つの前提となる。

保育思想にしても，事例研究にしても，それ自体で完結したものとは限らない。それらが伝える心の「動き」が読者にとって自らの保育を深めていくきっかけとなるなら，それは省察を触発するものとしての意義をもつと言えるだろう。保育研究は，保育観や内的な体験の次元を描き出すことによって，読者自身の保育のなかで生かされ，検証され，また新たに生かされるものと考えられる。

2　事例と素材の選択

事例を選択するうえでは，保育そのものの意義が問題になることを述べてきた。先にあるのは保育であって，研究ではない。このことからは，最初から場面や視点を決めておくよりは，子どもたちとかかわって学ぶところのあった事例を，発見的に取り上げていくのが自然である。特に保育のなかの関係性を問題にする場合，子どもと保育者との信頼関係は人工的につくられるというより，日々の何気ない遊びや思いがけないトラブルに向き合う体験を通じて深まって

いくものだから，研究者の側で先に計画や視点を固めてしまうわけにはいかない。自ら関係のなかに身を置く事例研究においては，従来の客観主義的研究とは異なる視点が必要になってくる。

　事例研究を行うとき，何を記述するべきだろうか。起こっていることのすべてを言葉にして書き連ねれば，その記述は終わることがない。したがって，書くべきものとそうでないものは，何らかの形で選択されることになる。この素材選択の問題について，検討しておきたい。背景として記述すべき情報もあり得るが，ここではまず保育的なかかわりの記述について考察する。

　長期にわたる事例を要約する場合は，経過のすべてを記述することはできないので，素材を選択する度合いが高くなる。恣意的な選択がなされれば，著者が理解した結論は伝えられても，なぜその理解が導き出されたのか，事例に即して理解することは困難になってしまう。

　一つのかかわりをありのままに記述するやり方では，こうした恣意的選択の危険性をいくらか少なくすることができる。鯨岡（2005）のエピソード記述は一つの場面を詳細に描くものであり，一瞬一瞬に変化していく保育の関係性を理解するための資料として適したものと言えるだろう。

　とはいえ，できごとをすべて列挙すればよいというわけでもない。実践事例を録音やビデオによって記録し尽くす手法が取られることもあるが，そうした研究は実践者にとって直接の意義をもつというよりは，何か別の研究目的のためになされるものであろう。よく言われることでもあるが，漫然と撮り続けたビデオを見ても，保育のなかで何が起こっているのかはわかりにくい。撮影者が，目の前で起きている事態に何らかの意味を感じながら撮っていなければ，その記録は他の人にも，また当の撮影者自身にとっても，あまり振り返る意義のないものになってしまう。事例記述においても，ありのままに詳細に描くことは必要だが，実践の体験を伝えるためには，何らかの選択が働かざるを得ないことになる。

　生きた実践を伝えるための記述とそのための選択とは，どのようなものだろうか。この点について，長い歴史のなかで体験を伝える役割を果たしてきた文学からの洞察に学ぶことができる。外山滋比古は，人間が体験を伝える際には

第Ⅲ部　保育における事例研究の方法論

無意識のうちに「自然の編集」が働くこと，またそれが必要であることを，次のように述べている。

> 表現ということは自然のままを無限に再現することではない。どれほど写実的に描いているようでも，かならず，選択されたものを表現している。つまり，捨てたものがある。表現がポジティヴの方向にのみ走るならば，捨てて描かぬものが少なくなるという点では自然に近づくであろうが，反面において人間の活動としての迫力を失ってゆく。
> 　映画を撮るとき，カメラのレンズを開けたままで，長く映していればいるほど対象に忠実なフィルムになるとは言い切れない。すぐれた映画をつくるには，カットを撮らなくてはならない。つまり切断されたひとまとまりの映像である（外山，1975, p. 242）。

事例研究において，どの場面を選ぶか，どの素材を選ぶかも，同様である。単に書き尽くすだけでは，事例から生きた人間的側面が失われてしまう。先に事例は省察を促す心の「動き」を伝えるものだと述べたが，記述や素材選択も，そのような観点からなされるべきだろう。その選択基準は，絶対的なものとして明示されるようなものではない。映画監督はその芸術性によって，保育者はその実践知によって，素材を選択するのである。フロイトが患者に耳を傾ける姿勢を，自らの無意識を受話器のように患者の心に差し向けることに喩えたことはよく知られている（Freud, 1912）。人とかかわる実践知とは，そのように無意識の心の動きをも含みこんだ全人的なものである。それはマニュアル化することができない。同様に津守眞も，素材選択について意識を超えた心の動きを重視している。

> 保育そのものは，生きて動いているので，かたわらにいる研究者の心も，生きた感動をもってその保育にふれるときに，そこで起こっていることの内実にふれることができる。そうでないときには，外側の行動が目に映っていても，そこで起こっていることの重要な部分には，ふれていないであろう。そこで，観察するときには，観察者の心がひきつけられるものに出会うまで，その場面に身をおいて，待つことが必要な場合がしばしばある（津守，1974b, pp. 5-6）。

第6章　子どもと出会う事例研究の方法論

　倉橋惣三には「ひきつけられて」という言葉もある（倉橋, 1934, p.38）。教育的な善し悪しや，社会的な望ましさといった観点が先に立ってしまえば，子どもから生まれるものを受け取ることができなくなる。子どもの心を受け止めるとは，思わず知らず子どもの行為に惹きつけられることから始まるということを，彼は語っている。保育のなかで意義ある場面は，しばしばこのような形で，すなわち大人が自分のなかにある既存の枠組みを超えて，相手である子どもに惹きつけられることによって捉えられる。

　何を選択するにしても，そこには書き手の「保育を見る眼」が反映される。事例研究においては，書き手自身の主体的な判断が，記述の時点から要求される。その判断は，主観的なものとして研究から排除されるのではなく，むしろ研究を高めるために，よりよく生かされ，洗練されていくべきものだと考えられる。

　このことは，事例研究を読む側にも言えることであろう。保育の事例研究を読み解くには，読み手が保育を見る眼をもっていなければならない。必ずしも保育の場でなくてもよいが，読み手自身が何かしら呼応する体験をもっていなければ，子どもとのかかわりの内実は，本当にはわからない。それが実践研究の事実であることは，改めて認識されてよいであろう。

　そう考えると，記述の問題は，保育者同士の語り合いをモデルにして考えることができるだろう。「保育を見る眼」は，それぞれの人によって異なる部分をもっている。したがって素材選択もある程度の多様性をもつが，しかし保育者は互いに事例を語り合い，理解し合うことができる。そのような実践知を，保育者たちはある程度共有しているはずである。したがって，誰か信頼できる同僚に語るときのように事例を書けば，それが生きた体験を伝えるのに適した書き方になっているだろう。

　保育者同士が語り合う際には，聞き手が語り手に詳細を尋ねることもよくある。「その子自身はどう言っていたの？」「なぜそんなに急いで行くことになったの？」「その子が泣き続けているとき，あなたはどうしたの？」……。事例を記述するときも，出来事を機械的に網羅するのではなく，保育の実践知をもつ者が理解するうえで必要と思われる素材をあげていくのが，一つの目安となる

第Ⅲ部　保育における事例研究の方法論

だろう。そのような対話の相手がいれば幸いであるが，まずは書き手が自分自身のなかでそうした対話を行うことが根本ではないかと思われる。

　書き手による選択の判断は，どのようにして恣意性を超えることができるだろうか。この点について，津守は次のように述べている。

> 　行動は表現であるという認識に立たないと，子どもの世界の本質から切り離された，客観的観察による断片的行動が，不当に重視されることになろう。断片的行動の相互関係をいかに精緻な方法で調べても，子どもの世界にいきあたることはむずかしいだろう。〔…中略…〕
> 　体験は，生活の中の行為を通した認識であるから，それは主体によって選択されている。しかし，保育者と子どもとの間の自然な応答があるときには，それは恣意的な選択ではなく，むしろ子どもの側から迫ってくる受動的選択である。子どもの世界は，保育者の主体の選択をへて，現象としてとらえられる（津守，1980，p.6）。

　これまで「著者による素材の選択」について述べてきたが，津守の考え方によれば，選ばれるべき素材は子どもとのかかわりのなかで浮かび上がってくるものである。あらかじめ研究者が観点を定めてしまうほうが，子どもからの要求を排除する恣意的な選択となるかもしれない。自らの心で，「ひきつけられて」選択するのは，必ずしも恣意的な判断とは限らない。むしろ自らの無意識を通して子どもが求めるものを受け止めるための手段となり得るのである。

　もし著者が恣意的に素材を並べ，恣意的な解釈を行うなら，現実の子どもたちとはそぐわない部分がどこかに出てくるはずである。それはその後の事例の成り行きによっても試されることになるであろう。そうした展開をどのように記述するか，それは保育者が関係性を見通す眼にかかってくる。このことは，実践における関係性の問題として次節でも検討したい。

　保育を見る眼，読む眼，書く方法ももちろんだが，その前に保育がどうだったか，それが意義ある体験となったかどうかが，まずは重要なのである。

3　事例記述の方法について

（1）　保育者の視点からの記述

　事例を記述する際には，保育者自身の視点から記述するのが一般的である。保育者自身が子どもたちとかかわった過程を，一つひとつの出来事が起こった継起(シークエンス)に沿って，必要な素材をありのままに提示することが出発点となるだろう。そのなかには，子どもの行為だけでなく，保育者自身の行為も含まれる。自らかかわる事例研究においては，子どもだけでなく，保育者自身も研究対象なのである。保育者が自らを振り返って考えることが，かえってその子自身をよりよく理解するための通路となるだろう。

　これに対して，いわば神の視点から事例が記述される場合もある。たとえばクラスの「気になる子」について，家庭，他の連携機関，担任や他の保育者，他の子たちの言い分や，あとから判明した事実などを時系列で並べ替えて，一つの事例史が語られることがある。こうした事例史は再構成の産物であるから，実際には記述者のさまざまな判断や推測を背景に含むことになる。また，たとえば他のクラスの先生が接した際にその子がどうだったかといった情報は，当然その先生との関係の影響を受けているから，決して「客観的」なものではない。にもかかわらず，神の視点からの記述は一見「客観的」な形をとるから，記述者が自他の主観の影響を看過する危険性もある。したがって，少なくとも保育者と子どもとの関係性を見ていくのには向いていない記述形式である。関係性とそれが展開する過程を理解するうえでは，目の前の子どもと自分がどうかかわったかを，率直に記すのが自然である。

（2）　事実と解釈の区別

　事例記述においては，事実と解釈を区別することが必要になる。保育の場で実際に起こったことと，それをもとに保育者が考えたこととを，読み手が区別できるということである。事実と解釈が混同されれば，子どもの姿や保育の過程をありのままに見ることができなくなってしまう。

事実と解釈を区別するということは，自分が知らず知らずのうちに行っている解釈を意識化することでもある。

たとえば「あの子は落ち着きのない子だ」と言われることがある。それはその子を見てきた保育者による意味づけであり，一種の解釈だと考えることができる。けれどもそれが個人的解釈の可能性としてではなく，事実であるかのように語られ，受け止められていることもあるのではないだろうか。事実と解釈の区別は，自らの感覚を絶対視するのではなく，それが一つの解釈であると自覚するところから始まる。

保育者が子どもを「落ち着きのない子」と見ているとき，子どもも自分がどう思われているかは，明確に言葉にできるような形ではなくとも，敏感に察知しているものである。事例研究では大人が子どもの気持ちをどう理解するかが議論されるが，実際の保育のなかでは，子どものほうこそ大人の気持ちをよくわかっていることが多い。保育者から問題視されていることが陰に陽に伝わってくれば，その子にとってクラスは落ち着かない場所になってしまう。それを見た保育者は，「このごろさらに落ち着きがなくなった」と思うかもしれない。「気になる」というのも保育者の主観を表す言葉だが，近年よく言われる「気になる子」のなかには，その子個人よりも，保育者とのこうした相互作用のもつれこそが問題となっていることが多いように思われる。保育者がどうその子とかかわるか，どんな眼でその子を見るかによって，子どもの姿は変わっていく。

したがって，子どもをよりよく理解しようとするなら，保育者が自らの先入観を取り払う努力をしなければならない。また，子どもという一人の人間がもっている世界がどれだけ広いものか，表層からは見ることのできないその人の内面にどれだけの可能性があるか，実感をもって知っていることが必要だろう。その実感は，子どもとかかわって信頼し合う体験によって深められる。

先入観を超えて保育を理解するということは，自らの現時点での理解が固定したものではなく，一つの解釈可能性なのだと捉えることから始まる。事実と解釈を区別可能にすることは，その第一歩である。書き方の細かな形式そのものよりも，解釈を意識化し，自らの理解を問いなおす姿勢で全体が書かれてい

ることに意味がある。そのような姿勢によって記述されていれば，読者は自然
とその区別を読み解くことができるだろう。

（3）出来事の継起（シークエンス）

　エピソードのなかの出来事は，素朴に，率直に，順を追って書かれるのがもっとも理解しやすい。継起（シークエンス）の途中を省略したり，抽象的な言葉でまとめてしまうと，恣意的な解釈が入り込んだり，話のつじつまが合わなくなってしまったりする。たとえば「何度言っても聞かないことが多いので」といった記述だと，保育者が何をどんな言い方で伝えたのかわからないから，子どもがなぜ聞かないのかもわからない。省略や抽象化の度合いが高くなると，保育の実際を理解することができなくなる。

　書き手の結論が先に出てしまっている場合には，それにそぐわない素材が省略されてしまうことがある。ある子を「落ち着きのない子」と見ている人は，その子が落ち着かなかった瞬間を数えあげて「こんなにも落ち着きがないんですよ」と訴えるかもしれない。しかしそれではかえって先入観を補強することとなって，自らの理解を問いなおしたことにはならない。事例をよりよく理解するためには，先入観を超えて，一つひとつの出来事の継起をありのままに，よく見ていく努力が必要になる。

　エピソードを書く際，子どもから生まれたイメージや言葉，遊びなどは，しばしば省略されがちである。保育者が「教育的」に望ましいと思う方向性や計画，また自分の保育がうまくいったことを伝えたいといった思いにとらわれていると，それがバイアスとなって，保育者の枠組みに沿わない素材が排除されてしまう。保育のなかでは，保育者が事前に抱いている計画や理解を超える出来事が必ず生まれてくる。そうした予想外の事態を含めた全体を受け止めていこうとすることによって，保育者の理解は自らの枠組みを超えるものとなり得るし，それは保育のなかで子どもたちを受け止めていくことにもつながるだろう。ふとした機会に生まれる子どもの表現は，事例記述の素材として注目すべきものだと考えられる。

（4） 保育者のかかわりと関係のコンテクスト

　保育の関係性を理解するうえでは，保育者自身のかかわりが重要な素材となる。関係とは，相手だけでなく，かかわる「私」自身を含んで成り立つものである。誰が，どんな思いで，どうかかわるかによって，関係も，保育の成り行きも変わってくる。したがって，保育における関係性を理解する際には，子どもだけでなく，この「私」を視野に入れる必要がある。

　心理療法学において関係性の意義を明らかにした先駆者であるバリント（Balint, M.）は，セラピストの行動と，セラピストが創造する環境こそが，もっとも重要な研究領域になると述べた（Balint, 1950）。この観点を受け継ぐ形で，心理療法の場で起きる出来事のすべては，クライエントとセラピストの双方の要因によるものだという認識が広まってきている（Langs, 1976）。クライエントが語る訴えや夢，それぞれの人が抱く感情なども，二人がかかわってきた関係のコンテクストのなかで生まれる「共同の創造（joint creation）」と捉えられるのである（Aron, 1990）。

　心理療法の場は保育の場よりも二者関係が際立つ性質をもっているから，保育の場のすべてが上記のようだというわけではない。しかし，子どもと保育者の信頼関係を見ていく際には，「共同の創造」の観点が意味をもつだろう。事例研究においても，子どもの問題ばかりを究明しようとするのではなく，その子とかかわっている保育者自身を問う必要があると考えられるのである。

　たとえば，子どもが保育者にとても嬉しそうな顔を向けてくる。私の保育がよかったのだなと思う人はいるかもしれないが，「これは園に来る前にお家でいいことがあったからだろう。私のせいではない」と，今の保育の文脈を排除して考える人は少ないだろう。しかし，どうしても泣き止まない子どもを見て，「これは園に来る前にお家でけんかしたからだろう。私のせいではない」と思う人はいるかもしれない。

　子どもの嬉しい気持ちや悲しい気持ちは，実際にはさまざまなことが折り重なって生まれている。しかし，特にネガティブな感情について，保育者は自らの影響を振り返ることを避けてしまいがちである。今，この場で体験されている感情であるにもかかわらず，ネガティブな感情に限っては，目の前でその子

とかかわっている保育者自身よりも，家庭や素質のほうに原因を求めようとしてしまうのである。子どもが抱える問題を解明したい，あるいは保育者自身を振り返ることは避けたいという思いが強くあると，それがバイアスとなって保育者側の記述が少なくなることがある。

　これに対して，保育者自身の関与を具体的に記述することは，自らのかかわりや，自らのあり方を省察することを可能にするための条件となるであろう。

　エピソードのなかの出来事がどんな文脈(コンテクスト)で生まれたのかも，事例理解にとって意義ある材料である。関係性が保育の基盤であるという観点からは，保育者との関係のコンテクストがもっとも重要だと考えられる。子どもが「何を言っても聞かない」とき，それは家庭環境のせいだとか，友達とかかわるスキルが未熟だからだとか，その子の個人的要因をあげる人もいるかもしれない。けれども，私の言ったことを聞かないのなら，何よりも私との関係のコンテクストを参照しなければならないだろう。ちょうどエピソードの前，朝の登園時に靴を脱ぐのに懸命になっているその子を急がせようとした私の言葉にとげがあったかもしれないし，振り返ってみればその子が何を言ってくれていても，私は「聞かない」で急がせようとしてきたかもしれない。そう考えると，その子の今の姿は，私のかかわり方を映し出す鏡だったのかもしれないのである。保育者との関係のコンテクストを参照するかどうかによって，事例理解は大きく変わってくる。関係性とは，その場でのかかわりだけでなく，コンテクストによって規定されるものでもあると言えるだろう。

（5）　さまざまな素材の性質を区別すること

　事例記述においては，子どもが言ったこと・したこと，それに対する保育者の解釈や主観的反応，他の保育者・保護者・外部の機関から得られた情報などが，識別可能になっていなければならない。他の人から聞かされた情報や自分の思い込みが，目の前のその子をありのままに理解する妨げや先入観になってしまうことはあり得る。そうした先入観を超えて事例を理解するうえでは，これらの素材の性質を区別することが有用である。またそれは研究以前に，子どもたちと出会ううえでも必要な姿勢だと言えるだろう。先に述べたように，自

分自身の解釈を意識化するということも，その一つである。

　このことは，保育者が目の前の子どもと自分自身との関係から出発するということによって可能になる。

　たとえば，クラスに「発達障害の疑い」のある子が二人いたとしよう。保育研究者や保育者が事例を語り合っているうち，それがいつの間にか「発達障害の子が二人いて……」という話になっていることがある。このとき語り合いの焦点は，保育の事例そのものや，子ども一人ひとりを離れて，先入観や，保育の外から与えられた他の学問の権威のほうに引きずられているのである。事前の情報や先入観でなく，保育者が自ら子どもと出会った一つひとつの事実・体験を基盤とすることが，事例そのものに迫ることを可能にする。

　また，子どもの姿は，その子と誰が出会うかによって変わってくる。ある先生がある子どもを「落ち着きのない子」だと言ったとする。それは一つの解釈である。それはどのようにして導き出されただろうか。その子が何かしら落ち着かない状況に陥ったことは実際あったのだろう。しかし先にあげた「共同の創造」の観点からは，その先生がどんな保育をしているのか，その子とどうかかわっているか，クラスはどんな雰囲気なのかがわからないと，その子個人の要因だけを言うことはできない。

　もちろん，保育者同士の連携から得られる情報も理解のための資料になる。しかし親しいコミュニティのなかでは，かえって暗黙の前提が疑われなくなり，建設的な批評が抑えられてしまうことがあるから（ウェンガーほか，2002），大人同士の情報交換は絶対視されるべきものではない。保育者同士が話し合い，共に考えながらも，結局のところ私という個性をもった人間がその子とどう出会うかについては，私自身がかかわりながら新しく考えていくほかない。

(6)　保育者の主観的体験

　保育のなかで保育者が抱く感情などの主観的体験も，保育を理解するうえでの手がかりとなる。子どもの思いに共感するという基本的な行為一つをとっても，保育者が自らの心を動かすことなくしては不可能である。こうした感情や体験も，主観的なものだからといって排除されるべきでなく，事例理解の素材

第6章　子どもと出会う事例研究の方法論

の一つとして扱われるべきものである。津守眞の保育研究においては，しばしば彼が見た夢が保育への理解を深めるきっかけとなっている（津守，1989；1997）。夢は保育者の意識を超えるものであり，津守は保育を考え続けるなかで，自らの枠組みを超える手がかりをそこに見出してきた。

　一方で，保育者が自らの感情を無批判に扱えば，事例理解は恣意的なものになりかねない。保育者の主観的体験を事例理解に取り入れる際には，それを一つの素材として扱うことが必要になる。事実と解釈を区別すべきことについては先に述べたが，保育者が抱く感情や感覚についても同様のことが言える。

　実践者の主観的体験をどう扱うかという問題について，省察的実践の概念で知られるショーンの事例をもとに考えてみたい。以下に彼があげている事例を要約によって示す。

> 　ある投資家が，ラテン・アメリカの大手銀行から新たな事業を提案された。銀行の業績は十分に見えたが，何かがおかしいような気がした。考えてみるとその感覚は，国際的な銀行業界での自分の実際の地位には不釣り合いなほどの過大な（out of all proportion）敬意を払われたことからきているようだった。銀行から戻って彼はこう言った。「あそことは新たな取引をしないようにしよう。既存の債務は履行してもらうが，新しい契約はしない」。数ヶ月後，銀行は破綻した。数値の上では，何の問題も見られなかったのに。　　　　　　　　　　（Schön, 1983, pp. 63-64より）

　ここでは，実践者が重要な判断を行う際には「客観的」なデータばかりでなくさまざまな要因が働くこと，また「行為のなかの省察（reflection-in-action）」は，自らの主観的体験も参照しながら行われていることが示されている。

　実践者が主観的体験を参照する際，たとえばこの例とは逆に，実に傲慢な話とはなるが，自分はもっと敬意を払われるべきだと感じて，言うなれば相手の態度に腹を立てて投資をやめたとしよう。それでは，事態を理解するのに主観的体験を役立てるのとは違って，単に私的で不快な感情によって衝動的に行動してしまったことになる。実際には，この投資家は銀行からひどくもち上げられたことへの違和感から，それを一つの手がかりにして，取引先で何らかの問題が生じている可能性が高いと判断したのである。主観的体験は，複雑な事態

を現場で把握するためのセンサーとして働き得る。それは自らの感情を無批判に行動に移すのではなく，その場での快・不快を超えて，一つの素材として扱うことによって可能になる。

　このことに関連して言えば，実践家はしばしば，専門家としてクライエントよりも上位に位置しなければならないと思い込みがちであり，それが事例理解を妨げるバイアスとなることを自覚しておくべきだと考えられる。上記の事例は，主観的体験をこうしたバイアスとするのではなく，事例理解に生かしたものだと言える。専門家はクライエントよりも上位だという考えは，ショーンの言う古典的専門家のモデルに属する。これに対して省察的実践者（reflective practitioner）は，クライエントとの対等で自由な対話のなかで，状況の意味を探究していくのである（Schön, 1983, p. 300）。保育の専門性も，後者のような省察的実践に基づくものだと考えられている。省察的実践者としての保育者は，「専門家」を装うのではなく，子どもとの相互的な関係のなかで，互いの感情体験を含めたどんなものも受け止めていくことがめざされるだろう。

（7）　記述の生きた具体性

　事例記述は，具体的なものであることが望まれる。抽象的な記述は素材に乏しく，また記述者の解釈と混じり合いがちである。

　取り上げる素材をあまりに絞り込んでしまうと，事例は肉のない骨組みのようになってしまう。映画のあらすじだけを聞いても，それを味わうことはできない。同じように，限定された素材からは，生きた保育の姿が伝わらなくなってしまう。さらには自らの事例理解に合う素材だけを取り上げるようなことになれば，記述の時点ですでに恣意的な解釈を招いていることになる。

　また，心の動きを生きた形で伝えるという点では，記述は単に事実を並べる以上に，文学的・詩的に洗練されていることも必要だと考えられる。事実，倉橋や津守の保育論が広く共感を得てきたのは，その表現が詩的な側面をももっており，保育の実体験に呼応する形で心を動かすものだったことも大きかったと言えるだろう。

　事例を詳述するのと，詩的な洗練とは，一見矛盾した要求のように思われる

が，それらを両立させるうえではすでに述べてきたように，保育者が語り合う際に見られるような，共有の実践知を参照していくことが考えられる。

　保育事例は，保育をよく知っている誰かに向けて語るように，ありのままに記述されれば，自然と相応の伝達性をもつと思われる。そのうえで，ここで述べてきたような素材の性質の明確化や，自分自身の関与の記述などを視野に入れることによって，より事例研究に適した記述を行うことができるだろう。

4　事例解釈とその妥当性

　保育を理解し解釈するという行為は特別なことではなく，子どもと出会うそのとき，その場で，誰もがしていることである。表層的な把握を超えて，ときには「理解できない」かに見える子どもの行為を理解していくとき，保育者と子どもの信頼関係は深められる。理解と解釈は，保育の過程を支える重要な行為である。

　自ら心を動かしながら子どもとかかわる保育者のあり方は，「客観的」な研究者とは異なっている。すでに述べてきたように，互いに心触れ合い，信頼し合うときに，子どもの人間的な世界はよりよく理解される。しかし，客観主義的な観点から危惧されるように，保育者のかかわりや主観が，子どもの姿や保育理解を歪める恣意的なバイアスとなることも十分あり得る。

　ここでも保育者は自らを振り返り，解釈の妥当性を確認していかねばならないだろう。一つひとつの素材に基づいて考えることや，子どもからのフィードバックを受け止めていくことが，そのための重要な手がかりとなる。

（1）　自らの解釈を問いなおす

　目の前の子どもたちとかかわるなかで保育を理解し解釈するということは，どんな保育者も，意識的・無意識的に行っている基本的な行為である。文献を読み解くのとは違って，保育者は自分自身が深くかかわりながら，一瞬一瞬に理解を試みる。子どもは日々伸びゆく存在であるから，ある時点で子どもを理解したつもりでいても，次の瞬間にはもう違う姿を見せてくれるかもしれない。

また，理解のありようによって保育者のかかわりも変わってくるから，それによって子どもの姿も変わってくる。保育における解釈は，生きて動くものという性質をもっている（本書第4章参照）。

したがって保育者は，自らの解釈を固定的，絶対的なものと捉えるのではなく，かかわりのなかで問いなおしていくことになる。

解釈を問いなおすということに関連して，河合隼雄は心理療法学の立場から，専門家が子どもにレッテルを貼る危険性を指摘している。

> 筆者自身はこのようなレッテル貼りに「最後まで抵抗する専門家」として，自分の専門性を位置づけたいと思っている。他のすべての人が，ある子どもを「非行少年」とか「落ちこぼれ」とか断定しても，自分一人だけでも「そうではないかも知れない」と思い，可能性に向って挑戦しようとするのである。〔…中略…〕しかし，これは極めて困難なことである。それはなぜだろうか。それは人間というものがいかに「レッテル貼り」が好きかという事実によっている。〔…中略…〕それに対して，「最後まで抵抗する」ためには，われわれは自分の専門性について，相当の覚悟をもっていなくてはならない。
>
> 問題はこれだけではない。われわれが少しの可能性に賭けて心理療法を試みようとするとき，われわれは自分自身のもっている知識や理論をさえ疑ったり，ときには棄ててかかることが必要なのである（河合，1982b, pp. 257-258）。

保育者や心理学者のような「専門家」は，子どもが抱える問題をたちどころに把握して有効な対処法を提案しなければならないと思う人もいるかもしれないが，そうではない。表層からはまだ見えない可能性を，その子とかかわる時間のなかで一つひとつ見つけていける人が，保育の専門家にはふさわしいように思われる。そのためには，自らの先入観や，自らの視点そのものを問いなおすことが必要になってくる。一人ひとりの子どもがもっている世界や，その可能性の計り知れなさを実感するとき，私たちは解釈を深めつつ，それを問いなおしていくことができるだろう。

（2） 素材に基づいて考える

事例理解における主観性は，これまで事例研究の方法論を考える際にもっと

も問題とされてきた部分である。かかわりを前提とする保育学において、主観性を排除せず、なお恣意的な理解を超えていくうえでは、素材に基づいて考えることが出発点となるだろう。

事例理解における主観性とは、いったい何だろうか。津守はこの問題について次のように述べている。

> 観察者の既存の知識のわくにはめてみようとすると、その資料は限定された一面的なものになってしまう。ごく身近な例でいうならば、おとなに理解しにくい行動があった場合、それを家庭のせいにしたり、問題児だとして既存の知識にはめるとき、たちまち、子どもの姿からはなれてしまう。このように、観察者側の見方を固定して、それにあてはめてみることを主観的というのである（津守、1979、p. 103）。

恣意的な主観性に関する津守の理解は明確である。事例に含まれた素材に目を向けずに、研究者の先入観や既存の知識をもち込むことこそが、悪しき意味での主観性なのである。事例記述が主観的素材を含むものかどうかが本質的な問題なのではない。事例が「客観性」を重んじた形で記述されていても、素材が十分に解釈に取り入れられず、素材と解釈とが説得力のある形で結びついていない場合がある。ある子どもをめぐってトラブルが起きたとき、その原因がすぐに家庭環境だとされる場合がある。どんな素材であっても家庭環境と結びつけられるなら、はじめからある偏見をただ強化しているだけで、事例のなかの素材はほとんど意味をもっていないことになる。素材と解釈の結びつきが十分に示されなければ、事例そのものとは関係のない事例研究となってしまう。これに対して、素材との多重の結びつきによって支えられた解釈は、より事例に即したものとなるだろう（本書第4章参照）。

自らの枠組みに合わせて素材を取り上げるのではなくて、保育のなかの一つひとつの素材に立ち返って考えることが、先入観や偏見を超えることにつながる。そのことは、保育の姿勢にも共通することである。

事例研究においては、素材と解釈との結びつきや、解釈に至る推論の過程を、できる限り読者が共有できる形で示すことや、事例のなかのさまざまな素材が解釈のなかに有機的に統合されることがめざされるであろう。

特に，解釈の素材として保育者が意識的にコントロールできない要素が含まれていることは，先入観を超えるうえで重要だと考えられる。子どもたちが表現するイメージや，思いがけない出来事，創造性，本当に楽しいと思えること，互いに心通じ合うことなどは，いずれも人工的につくり出すことができないものであり，しばしば保育者がもっている枠組みを超えて生まれるものである。洞察の体験も，新しい保育の展開も，現在の意識を超える形で訪れる。こうした要素を排除せず，解釈のなかに取り入れることができれば，それは保育者が先入観を超えて事例を捉えられたことを示すものとなる。

そのためには，細部を読む眼をもつことが必要である。日々のかかわりに目を留めずに，トラブルが起きてから出て行って望ましい解決の方向性を考えるのでは，保育のなかの目立つ部分だけを取り上げてコントロールすることになる。そうではなくて，子どもから生まれてくる何気ない表現に気づき，それを意味あるものとして受け止めるとき，思いがけない解決や洞察が訪れるだろう。

（3） 子どもからのフィードバック

解釈の妥当性について考えるとき，その重要な判断基準を示してくれるのは，目の前の子どもたちである。大人同士の議論のなかである解釈が支持されたとしても，それが当の子どもたちにとって意味あるものとならなければ，その解釈は保育実践にとって妥当とは言えないだろう。津守はエリクソン（Erikson, E. H.）の言う「臨床の妥当性」（Erikson, 1964）をもとに，「良い保育をしたかどうかの決め手は，子どもが『今日はいい日だったなあ』と満足して終わるかどうかによって判定される」と述べている（津守, 2002, p. 44）。解釈の妥当性は，机上の整合性ばかりでなく，子どもたちによって試されるものである。

そう考えると，同じ人間が研究者でもあり保育者でもあることは，従来の考え方とは逆に，研究上の長所となる。保育者が自ら事例研究を行えば，子どもからの生きたフィードバックを得ることができる。子どもと直接にかかわる体験のなかには，豊かな保育の事実が含まれており，それは外からの観察では得られない重要な資料となる。文字となって紙に書きつけられている静止したデータを解釈するのとは違って，保育者の解釈は，目の前の子どもたちとの対話

第6章　子どもと出会う事例研究の方法論

のなかで検証していく機会を得ていることになる。したがって事例記述によって示された保育の展開は，背景となっている解釈とその検証結果をすでにある程度含んでいると言えるだろう。

　子どもからのフィードバックについては，それを受け止められるだけの保育者の感受性が求められる。「子どもたちがとても楽しんでいた」なら，保育には一定の意義があったと思われるが，その楽しみの質について考えてみるべき場合もあるだろう。楽しみについて研究したチクセントミハイ（Csikszentmihalyi, M.）[*]は，真にその人自身が楽しむ「フロー」の体験が得られないとき，人は成長を妨げる「安上がりのスリル」を求めることがあると指摘している（チクセントミハイ，2000，p. 298）。仮にではあるが，子どもたちの楽しむ様子が誰かを蔑む要素を含んでいたり，興奮を求める焦燥が強かったりする場合は，「楽しんでいた」からといって保育や解釈が妥当だったとは言いがたい。その楽しみの質を味わい，感じとることも，保育のなかで，また事例研究を行ううえで必要になる。

　また，子どもからのフィードバックは対人関係のなかで生まれるものであるから，コミュニティの盲点と似たような危険性が考えられる。大人と子どもとの非対称な関係のなかで，子どもが知らず知らずのうちに保育者に迎合してしまうこともあり得るからである。子どもたちが「イエス」を返してきたからといって，保育者のしたことがすべて正しいとは限らない。特に保育者自身が強い予断をもっていたり，「教育的」な意図からかえって子どもに対人的プレッシャーを与えていたりすれば，子どもからのフィードバックを受け取ることが困難になる。

　ここでも，子どもの表現を繊細に受け止めていくことが必要になる。「片づけるの？　もういいの？」と聞けば，子どもはイエスかノーで答えるかもしれないし，強く迫れば保育者の望むほうの答えを選ぶだろう。フロイトが晩年，患者の「イエス」を慎重に受け止めるべきだと語ったのは，こうした関係性の

---

[*]　ミハイ・チクセントミハイ（1934-　）　ハンガリー出身の心理学者。外からの報酬によってではなく，純粋に活動そのものを楽しみ没頭する体験を，インタビュー調査に基づいて「フロー」と名づけた。

問題を認識していたからである。「単なる患者の『イエス』の意味は決して疑いのないものではない。〔…中略…〕『イエス』には，それに間接的な確認（confirmation）が続かなければまったく価値がない」(Freud, 1937, p. 262)。

　子どもの「イエス」や「ノー」，あるいは保育者の言うことを受け入れたかどうかも重要な素材であるが，その後に続く「間接的な確認」に目を向けることにも意味がある。そこで生まれてくる何気ない言葉や，遊びのなかに広がるイメージが，保育者とのかかわりの意味を照らし出していることがある。一連の表現が全体として，保育者のかかわりに対するフィードバックになっている可能性があると捉えられるのである。

　精神分析においては，子どもが大人に思いを直接伝えるのが難しいことや，言葉にできない思いが間接的・象徴的に表現されていることが古くから指摘されており (Ferenczi, 1933)，無意識のメッセージを理解するための方法論が探究されている (Langs, 1978 ; Smith, 1991)。直接の応答だけを根拠として用いるのではなく，その前後の子どもの表現を詳細に見ていくことが手がかりとなる。クライエントの表現が，無意識のうちに実践者へのフィードバックを伝えているという観点は，精神分析だけでなく，ショーンの実践研究や (Schön, 1983 ; 1987)，日常会話の心理学的な研究にも見ることができる (Haskell, 1982)。子どもの反応を詳細に見ていくこと，より広く言えば事例をその骨組みだけではなく，一つひとつの事実に彩られた全体として見ていくことが，主観的なバイアスを超えて事例を理解することにつながるだろう。

（4）　解釈のコミュニティ
　解釈の妥当性については，間主観的な確認も一つの傍証となるであろう。経験ある保育者の間で事例と解釈が共感を得るとき，それは保育の知のコミュニティからの支持が得られたと考えられる。ただし，コミュニティは共通の盲点や，馴れ合いを生むこともあり得るから，このような間主観的確認を，過大に評価することはできない。

　また，ときには間主観的確認を超える研究もあり得る。たとえば津守の事例解釈には，他の研究者・保育者が思いつかないようなものがある。その場合，

第6章　子どもと出会う事例研究の方法論

彼の推論のステップを誰もがまったく同じように追体験するとは思われない。それでいて，その解釈は多くの人を納得させるのである。真に創造的な解釈とは，それを聴くまでは誰にも思いつかないが，聴いたあとでは納得せざるを得ないという説明力をもったものであろう。コミュニティが盲点をもちうることについてはすでに触れてきたが，その領域の研究パラダイムを変えるような研究は，現在の間主観的確認を超えて，未来の間主観性に開かれているのである。

　このような事例研究がより発展していくためには，事例理解のコミュニティが生きて育まれていくことも必要だと思われる。これから育まれるべきだと表現するのは，自ら子どもとかかわる事例研究が，津守らを除いては十分共有されておらず，また具体的な事例の中身に基づく議論もほとんどなされていない状況にあるからである。

　研究という関心によって結ばれたコミュニティは本来，盲点を乗り越えることを常にめざし，それ自体が省察するコミュニティになるはずである。また，このような研究は，抽象的な知識としてだけではなく，実践の本質にかかわるものとして，保育者の心を動かすものになるであろう。そこで行われる研究は，保育者にとって意義あるものになるはずである。こうした保育のコミュニティ・解釈のコミュニティに支えられて，実践と理論を結ぶ保育研究が深められていくだろう。

第Ⅳ部
保育的関係の展開

Introduction

物語と子ども

　物語は，子どもたちを惹きつける力をもっている。
　子どもたちと絵本や物語を味わうとき，私たちは単に文字や絵柄を読み取っているだけではない。そこから広がる一つの世界を体験しているのである。その世界を共に体験することが，子どもたちの心を包み込み，安らかに支える力となっているように思う。

＊　＊　＊

　保育園を訪れて2歳児のクラスに入れば，子どもたちが集まってきてくれる。誰かが絵本を取ってくると，他の子どもたちも自分が読んでほしい絵本を持ってきて，我先にと読んでもらいたがる。
　そんなとき，「○○ちゃんが先！」「□□ちゃんが先だよ！」といった小競り合いも起こってくるが，それでも何とか一冊読み始めると，さっきまで騒がしかった子どもたちも絵本の世界に入り込んで，絵のなかのお菓子を仲良く食べるようにしたり，分け合ったりして楽しんでいる。どの子の絵本も読んであげようと，いろんな絵本をひとしきり一緒に楽しんでいるなかで，互いに心が満たされてくる思いがする。
　そのうちにドレッサーの櫛を取ってきて，絵本を読んでいる私の髪をとかし，散髪を始める子どもたちも出てくる。その子たちの心のなかではきっと新しいお話めいたものが広がりつつあるのだろう。今度は自分が絵本を手に取って，私に代わるがわる読み聞かせてくれた。2歳児だから文字そのものを読み上げているわけではないが，私とのやりとりのなかで，いろいろな絵のつながりを自分なりに考えながら，懸命に語ってくれる。一ページ，また一ページと，心

から楽しそうに読んでくれるので，こちらも心が惹きつけられる。

　子どもたちを静まらせようとして「順番にね」などと直接的に言葉をかけるよりも，絵本の世界，物語の世界に包まれて，同じ一つの楽しみを共有するとき，自然とみんなの心がつながっていく。クラスを訪れた瞬間には予想もしていなかった楽しみが，みんなの間で共有される。

　物語の楽しみ方，味わい方は，こんなふうに子どもたちのほうから教えてくれることが多いように思う。

＊　＊　＊

　家に帰って夜眠る前，「お話して！」と心待ちにしている6歳の子ども。一つ話し終えるたび「もういっこ！」とせがんで，なかなか寝ようとしない。明かりを落とした部屋のなか，読み聞かせの名手でもない私がなけなしのお話を繰り出していても，飽くことなく「それでそれで？」と楽しみに聞いてくれる。こんなに一心に耳を傾けてもらう体験も，他にないだろう。「あ，わかった！　王子様がやってきたんでしょ」と子どもも一緒に語ったり，ときには起き上がって演じたりし始め，お話を膨らませてくれる。お話がお話を呼び，思い出が広がっていくこともある。

　「お月さまは毎晩地球のまわりを回って，世界中の景色を見てきたんだけど，何よりも，小さい子どもたちを見守ってあげるのが好きなんだって」

　「Hちゃんも，お月さまだいすき！　ちっちゃいころ帰り道で，『お月さま，まってまってー』って追いかけてたもんな」

　そうして，どこまで話し続ければいいのか……と思っているうち，いつの間にか安らかな寝息が聞こえてきた。夢のなかまで届くかどうかわからないが，私もハッピーエンドでお話を締めくくる。

　翌朝起きると，「とうちゃん！　ロビンは自分一人で歌ってみたかったんだよね」と嬉しそうに話してくれる。夢うつつのうちに聞いた話を覚えてくれていることに驚かされる。

Introduction

* * *

　読むこと，聴くこと，味わうことは，能動的な行為である。外から見れば受動的と思われるかもしれないが，何かを受け止め，意味を見出すときには，心が動いている。心が動いていなければ，物語の筋は把握できたとしても，楽しむことができない。むしろ子どもたちのほうが大人以上に能動的に心を動かしていて，お話の真の楽しさを教えてくれることが数多くある。

　物語を一人で読むのとは違って，保育のなかでは，それを人と人の間で分かち合うことができる。同じ音楽を何度聞くにしても，誰と聴くか，誰がいつ演奏するかによって，そのたびごとに違う体験，新しい思い出になる。その思い出は，相手とのかかわりを深める力をもっている。絵本であれ，ごっこ遊びであれ，保育のなかで生まれる物語にも同じことが言える。子どもたちは保育者と共に新たな意味を創造し，分かち合う体験を楽しむ。そのような体験が互いの信頼関係を深め，心に残る思い出となっていく。

　心に残る思い出は，アイデンティティの土壌でもある。アイデンティティとは，能力や肩書きによって言語化され尽くすものではない。むしろ，それは物語によって伝えられ，実感されるものであるように思われる。月の光の呼びかけに応えて，どこまでも追いかけた懐かしい思い出を語るとき，自分という存在が聴き手との間で肯定的なものとして共有され，確かめられていく。

　河合隼雄は，物語には「つなぐ」働きがあると述べている（河合，1993a）。物語とは，単にバラバラの事実を並べたものではない。事実と事実の間を何らかの意味ある形でつなぐものがあってこそ，物語が成立するのである。そして，物語は語り手と聞き手の心をもつないでいる。内的な心の「動き」を通して関係がつながっていなければ，語り合う体験は成立しない。

　物語を生きた形で語り伝えるということは，ただ単に情報を伝達しているのとは違って，世界を何かしら心に響くものとして受け止め，その体験を相手と分かち合う行為である。

Introduction

　保育園の一日にも，仕事の一日のなかにも，無数の出来事が起きている。嬉しいことも，悲しいことも，ただバラバラにそのとき限りで次々と過ぎていくだけかと言えば，そうではないだろう。何気なく自分自身で振り返ったり，誰かと語り合うなかで，その日の無数の出来事が，いくらかなりとも心のなかに収められて，また次の一日につながっていく。日々の出来事に自分らしく向き合っていく自我の統合と，多様な出来事をつないで意味ある体験を生み出す物語の統合とは，形は違うように見えても，共通するところがある。

　一日の終わり，子どもたちが物語に魅せられるのは，それが互いに心を通わせるなかで，日々の出来事が心に収められていく体験につながっているからなのかもしれないと思う。

　保育のエピソードも，こうした物語としての性質をもっている。書くことを通して，私たちは保育のなかの出来事に改めて意味を見出していく。

　目には見えない心の世界は，物語によって描き出される。保育のエピソードは，外から見える出来事を記述するだけでなく，そのとき，そこにしかない心の動きや，その子と私との間に生まれる世界を描いている。

　エピソードを語り，受け止めることが，目には見えない子どもたちの心を受け止め，その子との信頼関係を深めるものになればと思う。仲間との間であれ，自分自身の心のなかであれ，そうすることによって，保育の一日が心に収められ，次の一日につながっていくのだと思う。

第7章
見えないものが心をつなぐ
―― 遊びのなかのイメージと関係の展開

1　遊びの世界で子どもとかかわること

(1)　子どもと遊びの世界

　子どもたちとのかかわりには，遊びの世界のなかで展開される部分が多くある。もちろん保育のなかには生活のすべてが含まれているから，遊びだけでなく，どんなかかわりも重要である。しかし食事をしていても，身の回りのことをしていても，ふとした別れぎわにも，子どもたちはただその用事だけを済ませているようなことはなくて，そこには同時に遊びの世界が広がっている。生活のなかの一つひとつの物事を，子どもたちは，心あるやりとりにしてくれる。
　また，真に自由に遊ぶことのできる環境があれば，子どもたちは自分自身の求めるものに打ち込んで，目先の課題を遥かに超えた成長を見せてくれるし，そのことを通じてまわりの子どもたちや大人とのかかわりも深まっていく。子どもたちの世界では，どんなことも遊びによって豊かにされているように思われる。
　子どもと距離を置く人からは，課題をこなさずに別の他愛もないことをしているだけと見られるかもしれない。それでも，遊びの世界に広がる体験，イメージ，物語が，心をつないでいる。信頼関係が深められるとき，何かをしてくれたという行動だけが問題なのではなくて，外からは見えない体験のほうが重要になる。子どもたちと遊びの世界でかかわるときには，そうした目には見えない体験によって，楽しみが広がり，また信頼関係も深められていくことが多い。子どもたちと人間的にかかわる大人には，遊びの方法や展開ばかりでなく，

目に見えるものを超えた遊びの世界を知っていること、言うならば遊びという、子どもとかかわるための言語を学ぶことが必要だと思われる。

（2） 保育と遊戯療法

　遊びの世界のなかで子どもとかかわり、信頼関係を深めていく営みである点で、保育と遊戯療法には共通するものがある。心理療法において子どもがクライエントとなる場合は、遊戯療法（play therapy）が行われる。大人の心理療法では、コミュニケーションの媒体は主として言葉である。これに対して子どもの遊戯療法では、言葉ももちろんではあるが、それだけでなく、遊びを通してその子の心が表現され、伝えられる。さまざまな喜怒哀楽と共に表現されるイメージから、セラピストは子どもの心を受け止める。その受け止める行為も、言葉の世界ばかりでなく、遊びを通したかかわりのなかでなされている。

　もちろん、それが保育のなかの遊びとまったく同じだというわけではない。遊戯療法においては、遊びを通して何かを子どもに教えたり、教育的に発展させたりするようなことは、通常考えられていない。それは何よりもまず、心を受け止めるためになされるものである。しかし、さまざまな違いがあるにしても、遊びを通して子どもと出会い、深くかかわるなかで共に成長していくという、人間としてのかかわりの根底の部分において、遊戯療法には保育と通ずるものがあると言えるだろう。

　保育の場においては、子どもの心をより深く理解するためのアプローチが求められている。子どもの心理臨床においても、いわゆる「臨床例」だけでなく、子どもと人間を広く理解する視野が求められている。遊戯療法学・心理療法学と保育学とは、互いに学び合うことができるものと考えられる。

　本章では、ある子どもと保育のなかでかかわった事例について、保育学と遊戯療法学が接するところから考えてみたい。

　保育・教育の世界で遊戯療法・心理療法との共通性をもつ思想としては、人間学的教育学・保育学の系譜があげられる。臨床教育学者のランゲフェルド（Langeveld, M. J.）は単に哲学的な思想を展開するだけでなく、自ら子どもたちの相談にあたったが、描画やお話づくりを用いた彼の臨床事例（和田、1982）は、

心理療法における表現療法にも比すべきものであった。ランゲフェルド（1974）は教育者が子どもと全人格的に向き合い，真摯な自己更新を行うべきだと述べたが，こうした相互的な関係性を深める姿勢は，ユング（Jung, C. G.）の言う「変容」の治療論（Jung, 1931）にも通ずるものであり，心理臨床にも多くの示唆を与えるものと考えられる（西，2008）。

　津守眞の研究も，こうした人間学的教育学の系譜に位置づけられる。彼は，保育と臨床の場は異なっているが，「子どもに触れた体験にもとづく思索という点で重り合う」（津守，2002，p. 37）として，臨床的な保育の知のあり方について論じている。これは河合隼雄（1992a）が臨床教育学を展開するうえで，体験に根ざした「保育の知」の必要性を示したことにも通じるものである。また津守は，相手との誠実な人間関係に入ることや，相手の表現に注意を万遍なく払うことなど，フロイトが臨床に向かう姿勢は保育にも共通すると述べた（津守，1989）。河合（1991a）も障碍をもつ子どもとかかわる津守の実践を，「共にいる」という心理臨床の根本に通じるものと捉えた。子どもと向き合う姿勢，意識の水準を超えて行為を理解する視点など，具体的な場や技法は異なっても，子どもとかかわる根本的な姿勢において，両者に共通する部分は多くある。

　一方，心理療法学は，クライエント自身がもっている成長に向かう力を根本とする点で，保育・教育のなかでも倉橋惣三や津守眞のように子どもが本来もっている力を信頼する思想とは，もともと親和性が高いと言えるだろう。こうした考え方を明確に打ち出したのがロジャーズ（Rogers, C. R.）のクライエント中心療法であり（ロージャズ，1966），それを受け継いで子どもの遊びのなかで展開したのがアクスライン（Axline, V. M.）の遊戯療法であった（アクスライン，1972）。

　心理療法から保育への具体的な連携としては，アクスラインの流れを汲んで行われた「カウンセリング・マインド」の研修（氏原・東山，1995）や，保育のなかの困難に共同で取り組む「保育臨床相談」の実践が重ねられている（菅野，2008）。しかし保育と心理臨床の原点を考えれば，困難事例ばかりでなく，日々保育のなかで起こっている事態についての理解を深めることも可能であり，意義があるだろう。筆者が体験してきた保育カンファレンスでも，「困難な事例

の解決」だけにとらわれない構えをもつとき，互いに学び合えることが多いように思われる。

　もちろん，二つの領域には相違点も多くある。遊戯療法が主に定まった時間内に行われるのに対して，保育の場合は集団のなかで，日常の生活を通じて育つ過程を共にする。遊戯療法家は子どもの心を，いわば象徴的に「抱える(holding)」が，保育者は子どもの心と体を，生活のあらゆる面を通して支え，抱えている。異なる専門職である以上，個々の具体的対応や技法が異なるのは当然である。

　しかし，子どもと親しい信頼関係を結び，共に成長することは，臨床心理士や保育士などの専門職のみに限られたことではない。むしろ保育においては本来，専門職的なかかわりも，ありのままの人間同士の出会いに基盤をもつものである。子どもたちは，肩書きや役割によって人を見ていない。その人の実質を，そして，その子とどのように出会ってくれるかを見ているのである。

　本書の焦点は，子どもと出会う者に共通する人間的な次元にある。歴史的には，心理療法から生まれた洞察は特定の実践領域を超えて，広く人間理解に生かされてきたし，他のさまざまな諸学問も心理療法学に影響を与えてきた。人間的なかかわりの次元から捉えることによって，保育と遊戯療法も互いに触発し合うことができるだろう。

　遊戯療法についてもう一つ付け加えるなら，ともすれば「ただ遊んでいるだ

＊1　遊戯療法は一対一関係で行われることも多いが，遊戯療法を広めたアクスラインは，集団療法の形でも同様の実践を行ってきた（アクスライン，1972）。

＊2　精神分析家のウィニコット（Winnicott, D. W.）は，クライエントの治療的ニーズを共感的に理解し応えていくセラピストの行為を，乳幼児の要求を感じとって応え，その存在を抱きかかえる養育者のあり方と象徴的に重なるものとして捉え，これを「抱え環境（holding environment）」という言葉によって表現した（Winnicott, 1960）。ウィニコットは当初，精神分析における関係性の体験をもとに乳幼児期を再構成する理論をめざしていたが，現代ではより広く，治療的環境を整えてクライエントの心を受け止めるセラピストの働きを指すものとして「抱え環境」の語が用いられる（Langs, 1978, p.409）。古くから，心理療法のあり方を考えるうえでは，養育者の保育のあり方が一つのアナロジーとなってきた。一方，保育においても「抱え環境」の概念は，子どもの心を支える保育者の働きを指すものとして用いられるようになっている（大場，2012）。

け」に見られることも，保育との共通点と言えるかもしれない。これに対して，専門職による遊びは単なる遊びとは異なると強調する立場もあり得るだろう。筆者としては，河合（1992a）が一般的な価値観に抗して遊びの意義を重んじたように，むしろ遊び自体に計り知れない価値があるものと考えたい。楽しみの体験について研究したチクセントミハイ（Csikszentmihalyi, M.）の言葉は，私たちを先入観から自由にしてくれる。

> 現在，学校，事務所，工場など，我々がそこで時間を費すほとんどの組織体は，真剣な勉強や仕事は厳しく，不愉快なものであるとの仮定の上に構成されている。この仮定のゆえに，我々の多くの時間が不愉快なことを行なうために使われている。楽しさを研究することによって，この有害な状況を転換させる方法がわかるかもしれない。〔…中略…〕我々の関心は，異なった仮定に基づいている。即ち，それ自体として楽しい活動について，より多くのことを学ぶことが出来るならば，非常に重要な人間的資産となりうる動機づけの形態を知る手掛りを見出すことができるという仮定である（チクセントミハイ，2000，pp. 19-20）。

チクセントミハイが指摘するように，苦痛な作業への取り組みは価値が高く，遊びは価値が低いというのは，いわれのない偏見である。私たちはこのような偏見から解き放たれ，遊びという人間にとって基本的な行為とその意義を理解していく必要があるだろう。

どんな人間も，遊びのなかで育ってきた。また，遊びのなかで子どもの心を受け止めることも，人間にとって基本的な営みの一つである。こうした人間的な視野から遊びを研究していくことは，保育にとっても遊戯療法にとっても，その基盤となるものへの理解を深めていくことになるだろう。

（3）イメージと関係性

子どもとの信頼関係は，何か的確な言葉を発すれば意図的につくり出せるというわけではない。日々の出来事に共に向き合い，子どもの心を受け止める積み重ねによって，結果的に信頼関係が築かれていくものである。

関係を築くうえでは，遊びのなかのかかわりが言葉以上の力をもっているこ

とも少なくない。園庭を訪れてみれば、子どもたちがいつの間にか集まってくる。一つかみの砂を差し出して「ケーキ！」という子もいれば、コップを手に「ジュース」を何杯も振る舞ってくれる子もいる。おいしいね、ありがとうと言っていただいているうちに、子どもたちは自分のしたい遊びをどんどん私に投げかけてくれて、そこから遊びの世界も、子どもたちのイメージも、私と子どもたちとのかかわりも、さまざまに広がっていく。子どもの世界を訪れる者にとって、そんな体験は誰にもあることだろう。

こんなとき、その子がくれたものを食べるということは、その子の抱いたイメージを共有し、その子の存在を自分自身の心で受け止めることをも意味している。「その砂をケーキに見立てているんだね」と言葉にするのが共感としてふさわしいわけではないだろう。子どもの世界では、そのイメージをおいしく味わうことこそが、言葉以上に心をつないでいる。

これはほんのささやかな例ではあるが、保育における関係性を考えていく際に、言葉の次元だけでなく、遊びのなかのイメージとその展開に着目していく必要があるだろう。しかし関係性を深めるものとしてのイメージの意義については、これまで十分に論じられてきたわけではなかった。

河合隼雄は、実験心理学においてイメージが「外界の模像」など、外的現実を基準として捉えられてきたことを指摘している。それはイメージに伴う主観的な内的体験が実験的な手法では扱いがたいことに由来しているが、心理療法ではその内的な体験こそが重要になる。内的体験を伴うイメージの特性として、河合は自律性、具象性、集約性、直接性、象徴性、創造性をあげた（河合，1991b）。心理療法であれ、保育であれ、人間とかかわる実践においては、イメージを扱う認知的能力以上に、河合が指摘するような内的体験の側面を扱うことが必要になるだろう。

津守眞も「行動を表現としてみる」観点から、自ら子どもたちとかかわるなかで子どもの内的なイメージの研究を進めてきた（津守，1987b）。一方彼の関心は、保育の関係性そのもの以上に、保育の関係性を通して理解される子ども個人の内界にあったように思われる。

河合や津守の研究は、外的行動のみを重視する強い一般的傾向に抗して、内

的世界がもつ意義を示すものであった。ただ，内的世界の重みを伝えるという大きな目的をもつがゆえに，イメージが個人の内界から生まれながら，同時に他者との関係を深めるものであることは，あまり強調されてこなかったように思われる。もちろん両者とも実践のなかでは，子どもとの関係性を重視してきたことは周知の通りである。ただ本書では，河合があげたイメージの特徴に加えて，関係性，あるいは関係を深めるものとしての媒介性に着目したい。本章はこれを包括的に論じるものではないが，保育的なかかわりの事例研究をもとに，具体的な思考の材料を加えることとする。

2　保育園を訪れて

（1）　子どもたちとかかわる体験

　本章では，筆者がある子どもとかかわった体験を通して，保育におけるイメージと関係性の展開について考える。

　筆者は毎週保育園や幼稚園を訪れて，子どもたちと遊びのなかでかかわることを続けている。特に「研究」のためと思っているわけではないが，遊びの世界のなかで共に楽しんだり，飛びついてくる子どもたちを受け止めたりするなかで，筆者自身も育てられながら，多くのことを学んできた。要するに，ただ一緒に遊んできたとも言えるのだが，保育について知り，子どもたちの遊びを理解するうえでは，そんな体験にこそ意味があったように思う。

　その際筆者は，あらかじめ意図的に自分自身の役割を定めたり，かかわる対象を特定したりはしていない。職業的保育者，心理士，観察者というわけでもなく，ボランティアのように何かを手伝う役割でもない。園からは，広い意味での保育研究の一環として，朝の自由な遊びの時間に訪れて子どもたちとかかわる許可をいただいている。相手と時間や生活を共にする点では，保育の場におけるフィールドワーク的方法とも言えなくはないが，率直に言うならば，一人の人間として園を訪れているのである。子どもから「誰のおとうさん？」と尋ねられれば，「遊びに来たんだよ」と答えることになる。

　園庭では，子どもたちに手を引かれるままに遊びが始まる。なかには，どう

しても自分とかかわってほしいという子どもも現れる。子どもたちの呼びかけや求めに応じて遊ぶうちに，筆者と子どもたちとの信頼関係が深まっていくことが多い。子どもによって，筆者は「おにいちゃん」とも「おとうさん」とも呼ばれたり，「おじいさん（笑）」とからかわれたり，ときには「おねーちゃーん，こっち来てー！」と真剣に求められることもある。筆者の役割は，その日ごとに，子どもたちの求めるところによって，自然発生的に決まっていく。

ここで遊戯療法家のことを思い浮かべてみると，「転移」の概念が示すように，子どもとの関係は，子どもがセラピストに投げかける役割イメージに応答する形でつくられていく。遊戯療法において子どもの心は，遊びのイメージのなかにも表現されるが，同時にセラピストに投げかけられるイメージ，子どもが求めるところに応答して築かれていく関係性のなかにも表れるのである。

子どもたちは職業的・社会的役割以前に，人間として相手とかかわっている。また，そうした人間的なかかわりが，保育の営みを支えている。本章の事例において，筆者は職業的保育者としてかかわったわけではないが，人間として子どもと出会う姿勢においては，保育者に共通するものを見出せるであろう。

（2） 事例の抽出と検討

園での経験のなかから，ここではある子どもとのかかわりを取り上げる。序章「保育のなかの静かな時間」に登場するCくんのことである。

保育の場は密室ではないので，Cくんとかかわる間にも，他の子どもたちとの交流が生まれたり，「こっち来て！」という子どもたちに応じたりといったことは数多くある。ここではCくんとのかかわりを主に記すが，背景的にはそうした他の子とのかかわりもあった。筆者はCくんとかかわることをあらかじめ意図的に決めていたわけではない。その日出会った子どもたちが求めているものに応えていくなかで，結果としてCくんとのかかわりが深まっていき，それが後から振り返ったとき，ひとつながりの事例と捉えられたのである。

事例とは呼んでいるが，それはもちろん遊戯療法そのものでもないし，子どもの問題を改善するというような目的をもっていたわけでもない。また，筆者は職業的保育者としての計画をもってその子にかかわったわけでもない。ただ，

そのどちらにも共通する，子どもと遊びのなかでかかわるという基本的な行為について，ここでは具体的に考えてみたい。

関係性とイメージの展開というテーマは，心理療法学においては精神分析などによって，保育学においては津守眞らによって探究されてきた（Langs, 1978；津守, 1987b）。精神分析一つをとっても多様な学派があるように，その方法論は統一されているわけではないし，また実践家は一人ひとりが探究するテーマに応じた方法論を築くべきだと考えれば（佐藤, 2005），画一化は望ましいことでもない。必要なのは，個々の研究者が用いる観点や方法を明らかにすることである。こうした方法論的議論については，本書第Ⅲ部を参照されたい。

3　ある子どもとの出会いから

A保育園では，自由で和やかな保育が行われている。筆者は毎週この園を訪れ，朝の自由な遊びの時間に子どもたちとかかわってきた。エピソードや写真を研究に用いることについては，園を通して保護者に了解をいただいている。

3歳児のCくんは，とても元気な男の子で，筆者が保育園に通い始めたころから私の手を取って，自分のやりたい遊びにどんどん誘ってくれた。園の状況から，筆者はCくんのクラスには入っていないことが多かったが，廊下で出会うときや園庭でクラスを超えて遊ぶときなど，少しの機会にもCくんは筆者を見つけて，「やったー！　来てくれたー！」と飛びついてくれた。ほんの一瞬の出会いとなることも多いなかで，Cくんが求めるところに応じてまとまった時間をとってかかわれたのが，以下のエピソードである。

一般に事例を記述する際，「客観的」な事象と考察とを，単純に二分化することはできない。出会っているとき，一瞬一瞬に子どもたちが求めてくることに応えることが心を占めてはいるが，一方，目の前の事態について考える心の動きもある。その考察は，必ずしもそのときその場で言語化されているとは限らない。したがって，エピソードの囲みのなかには，その場で筆者の意識に上りやすかった部分を記載し，はっきり言葉になっていなかったところを具体化した部分は，囲みの外に各エピソードの考察として記述した。

第Ⅳ部　保育的関係の展開

（１）エピソード１：保育のなかの静かな時間

　Ｃくんとはじめて出会ったときのことは，序章「保育のなかの静かな時間」に記した。このエピソードの概略をここに再掲する。

> 　初めてＡ保育園の園庭を訪れた私を子どもたちはすぐに見つけ，遊びに誘い出してくれた。「おにいちゃん，こっち来て！」と子どもたちに手を引かれるまま，園庭中を駆け回って遊んでいた。私と一緒にいたＣくんは雲梯を登りたくなった。柱に手を掛けたあと，少し振り返るようにして，はっきりと言葉にはしないけれど支えてほしいらしく，どことなく切ない顔で私を見上げる。私に抱えられてよじ登ると，Ｃくんは本当に嬉しくなり，「おさるさんみたい」と言いながらキャッキャッと鳴き声をあげる。それから降りるときは，自分の力で降りて行きたいようなので，私も手を添えるのは軽くする。
> 　「もう一回！」。Ｃくんはどんどん登りたくなり，左側の柱から登れば今度は右の柱から，右から登れば次は左から，何度も何度も「さるになった！」と鳴き声をあげ続けた。さるになりきったＣくんをあちらこちらと押し上げながら，私はこんなにも一心に遊んでいられることを嬉しく思うと同時に，この興奮がどこまで高まっていくのだろう……とも，どこかで思っていた。
> 　そのとき雲梯の上で，Ｃくんはふと筆者の腕時計に気づいて，「これ，動いてる……」と呟くように言った。そのデザインを，「かっこいい」とも言ってくれた。それから筆者の指輪を見て，「結婚してるの？」と尋ねた。そんなふうに話すうち，さっきの興奮は風が吹くように通り過ぎて，ただ二人の静かな時間が訪れた。園庭ではみんなが遊ぶにぎやかな声もしていたし，さっきはどこまでも興奮が収まらないほどだったのだが，この静かな時間のなかで，人と人として，Ｃくんと親しくなれた気がした。
> 　そのうちに，子どもたちが集まる時間になった。「また遊ぼうね」とＣくんに言うと，Ｃくんは「ぜったい？」と何度も振り返りながら，みんなのほうに駆けていった。

　振り返ってみれば，こんなにも誰かに歓迎されることもないように思う。また，Ｃくんがやりたいこと，話したいことをどんどん投げかけてくれるので，筆者もそれに応えていたつもりだったが，そうしたかかわりを通して，心から受け止められているのは筆者のほうだったようにも感じられる。「子どもの心

を受け止める」などと述べてきたが，それは大人の側が一方的にするようなことではなく，相互的に深められることであるように思われる。

　このエピソードに流れる静かな時間からは，バリント（Balint, M.）が心理療法の面接のなかで，沈黙がもつ肯定的な意義を強調したことが思い起こされる（Balint, 1968）。言葉を超えて思いが共有される関係の深まりを，バリント自身も臨床外の「気のおけない」関係にたとえた。誰にも，無理にしゃべっていなくても，沈黙のなかで落ち着いていられる親しい関係の経験があるだろう。にぎやかな活気に溢れる保育の場にも，それとは対照的な静かな時間が訪れ得ることや，そこで深まる関係があることに，改めて気づかされる。

　自由保育の時間のなかで，子どもたちの傍らにいて，一人ひとりのかかわりを受け入れるとき，子どもたちは思いもかけないような楽しみや発見を与えてくれる。アクスライン（1972）は遊戯療法の過程は「子どもが先導する」と述べたが，保育の世界でも，子どもたちがもつ創造力やかかわりの力を実感させられることが多い。イメージをどこまでも実現したい子どもたちの力の強さに，あるいは子どもたち同士のぶつかり合いに，こちらも葛藤を体験することもあるが，それを意図的・意識的に解決しようとするよりも，子どもたちが思いきり気持ちを表現しながら一心に遊ぶなかで，予想外の解決がもたらされ，関係が深まることも多いように思われる。

　アクスラインが示してきたように，受容するということは，子どもと出会う際の基本的な態度である。このエピソードでは，自然の感情を受け容れるなかで，思いがけない解決が訪れた。受容とは，何か「専門家」が子どもの感情を的確に把握し，意図的にねらって行うこととは限らない。むしろ受容とは，意識的な意図や理解を超えて，また子どもの側からも相互的に生まれてくる，全人的な心の動きであるように思われる。

（2）　エピソード2：Cくんのスポーツカー

> 　初夏のある日に園庭を訪れると，すぐさまCくんは筆者の手を取って雲梯まで駆けていき，ぶらさがって端から端まで渡り始めた。Cくんの求めに応じて，筆者も

手を添え、渡りきるのを手伝う。それが終わると、おんぶや抱っこをせがまれる。筆者はCくんを背中に乗せ、「あっち！」「こっち！」「走って！　もっと！」と言われるまま、どこへでも駆けていき、色づく桑の実を取ったり、雲梯にぶらさがる他の子に出会ったり、園庭のあちこちで遊んだ。保育園を訪れたころ筆者に道案内をしてくれていた年長の男の子もやって来て、Cくんをおんぶしている下に入り込んで筆者のほうをおんぶしようとするなど、その日は園庭中おんぶと抱っこで遊びつくした。

　園庭からクラスに帰る頃合いになった。A保育園では、時計の針に従って子どもたちを無理に移動させるようなことはしない。子どもの気持ちに沿いながら自然に導いていくが、なかでもCくんは、どこまでも遊びたくて、最後まで園庭に残ることが多かった。それでもこの日、おんぶと抱っこをやり尽くしたあとは、Cくんも自然とクラスに戻る気持ちになり、筆者は求めに応じてCくんが靴下と靴を履くのを手伝った。そしてまた抱っこでクラスまで戻るとき、Cくんは楽しげに、筆者に「保育園に入ってもいいよ」と言ってくれた。

　園舎の入り口まで来てCくんを降ろすと、彼は嬉しそうに叫びながら、地面に絵を描き始めた。「これ、Cくんのスポーツカー！」。

【その後の経緯】

　（これに関連するものとして、断片的にではあるがその後の経緯をあげる）

　Cくんの「走って！　もっと速く！」に応え、全力で走る日も続いた。疲れてきたので「降ろしてもいい？」と訊くと、「なんで！　途中でやめるなんて、そんな！」と悲痛な声をあげるので、私も心を決め、汗だくになって、自分の限界よりも一歩先まで、おんぶで走ることもあった。楽しい遊びのなかにも真剣さを求める気持ちや、私との間でどうしても実現したい何かがあることを感じさせられた。上手だったかどうかはわからないが、自分なりに応えていくなかで、Cくんとの親しみは深まっていったように思われる。

　ときには廊下で出会ったCくんに手を引かれ、クラスに入ることもあった。ある日は床に動物のおもちゃや柵などを並べて「このキリンがお父さんで、これはお母さんで……」とお話が始まり、箱庭療法のような遊びが始まったこともあった。その日はわずかな時間しか見ることはできなかったが、イメージの世界を自由に広げ、伝えてくれる、Cくんの想像力の豊かさを感じさせられた。

第7章　見えないものが心をつなぐ

　このエピソードでは園庭中を駆けるなかで，Cくんが心ゆくまで遊び終えられたように思われる。園庭には，こんなふうになかなか帰ろうとしない子どももよくいるが，そんなとき，説得やかけひきによって子どもの遊びを収めようとする大人も少なくない。しかし，遊びのなかでその子の思いが存分に満たされるということも，心を収め，抱えていくうえでは必要なことだと思われる。最後に靴下を履いたのは，高まった気持ちを二人で収める感覚とも重なっているように思われた。精神分析における「枠（frame）」[*3]は，心を収める器（コンテイナー）としての役割をもつと考えられているが，保育のなかで時間枠を考えるときも，「生活習慣」や規範意識のようなことばかりでなく，遊戯療法と同じように，子どもの心が収まっていく形が考えられてよいのではないかと思われる。

　筆者なりにCくんの思いを受け入れたとき，Cくんも筆者を保育園の一員として受け入れてくれたことは，受容する関係が相互的なものであることを感じさせられる。子どもは一方的に支えられる存在ではなく，常にそれ以上のものを与えてくれる力をもっている。保育者であれ，心理療法家であれ，広く対人援助の専門職は，ともすれば援助の対象と非対称な関係に陥りがちである。しかし，バリントらをはじめとする多くの心理療法家が，また人間学的保育学においては津守らが示してきたように，そうした社会的役割を超えて，人間として対等で相互的な関係を築くという原点は，いずれにおいても共通であるように思われる。

　最後にスポーツカーが描かれるが，走りつくした今日の一日は，Cくんにとってスポーツカーの日でもあったのだろう。意識を超えて生まれるイメージが，現在の状況，特に目の前にいるセラピストとの関係を反映する可能性は，多くの精神分析家によって指摘されてきた（Langs, 1978）。つけ加えて言うと，ちょうどそのとき，近くで何か先生が子どもたちに真剣に注意をしているところだった。Cくんには直接関係のないことではあったのだが，はしゃいで描いてい

＊3　枠（frame）　面接のなかでクライエントが語る内容（content）に対して，面接の時間・場所・料金やセラピストの態度など，クライエントの語りを支える環境を指す。毎回の面接における枠のありようやその揺らぎは，セラピーの関係性に影響を及ぼすと考えられている（Langs, 1976; 1978; Smith, 1991）。

たスポーツカーの絵は，すぐにパトカーに描き換えられていった。こんなイメージの変遷も，単に車が好きだから描いたというＣくん個人の要因だけでなく，現在の状況やその場の雰囲気を映し出しているのかもしれない。

「その後の経緯」に示したように，保育の場で子どもが箱庭療法にも比すべき表現を発展させていくことは少なくない。上記の例では断片的なものだが，子どもが十分に自分らしい表現をつくり上げたときには，箱庭療法をはじめとする心理療法学の知見が，その子の世界や，保育者との関係を理解する手がかりになり得るであろう。

（3） エピソード3：思い出のアルバム

> 　Ｃくんと出会って一年ほどが過ぎた，ちょうど年度末の時期だった。その日も「やったー！」と飛びついてきたＣくんに引っぱられて彼のクラスに入ると，他の子どもたちも私に飛びつき，おんぶと抱っこに追われたが，ひとしきり落ち着いたところで遊びに加わった。テーブルにはレストランごっこの材料が広げられており，Ｃくんの弟も，もうすぐ進級する準備としてやって来ていて，一緒にテーブルを囲んだ。
> 　Ｃくんが采配を振るい，私や彼の弟にメニューを見せながら注文してくれる。忙しそうに立ち働いている子どもたちが，私たちのテーブルにブロックでつくったごちそうを届けてくれる。ふとＣくんがたまたま傍らにあった，もう電源の入らない，おもちゃとして使われている携帯電話を手に取った。
> 　「見てみて！　ピッ！」とＣくんは巧みに携帯を操作する。「これ，Ｃくんが赤ちゃんのとき！」　画面は黒いままだが，私も「かわいいね。大きくなったね」と応える。何も映らない画面を一緒に見つめながら，Ｃくんはどんどん写真を見せてくれた。「ピッ！　これはＣくんが1歳になったとき！」「ピッ！　これは弟が生まれたときの写真！」。家族でごはんを食べた写真も見せながら，お母さんのことを嬉しそうに話してくれて，大好きな気持ちが伝わってくる。その後，「Ｃくんのスポーツカー」や，私が「初めて来てくれた日！」の写真も見せてくれた。

次々と写真を見せてくれるとき，筆者にはＣくんがこれまでの彼の人生の歴史を分かち合ってくれているように思えた。ちょうど年度末の節目の時期でも

あり，傍らには弟も来ていて，Cくんにとっては，自他の成長を改めて感じさせられるころであっただろう。この目には見えない写真は，意識的な意図ではなくて，Cくんのなかから自然に生まれてきたイメージだからこそ，生き生きと語られ，心を動かすのだと思われる。

　そして，その人生の節目のなかに，筆者も位置づけられている。Cくんが，筆者と出会ったことを，自らの人生の意義ある一コマに収めてくれていることによって，筆者も自分自身がCくんの心によって受け止められた気がする。Cくんは筆者と出会うとき，「やったー！　来てくれた！」と受け止めてくれるが，イメージを介するとき，直接的な言葉にも増して心を動かされる。ここでも受容することの相互性と，子どもがもつ力を，改めて感じさせられる。

　子どもから生まれるイメージは，子ども個人の心のなかで思い描かれるだけでなく，たとえ目には見えないものであっても，確かに共有され，かかわりあう私たちの関係を深めてくれる。イメージと関係性が互いに深め合うことは，関係の営みである保育においても，遊戯療法においても，重要なものと思われる。

4　イメージと関係の展開

　ここにあげた三つのエピソードには，イメージと関係性，役割構造を超えたかかわりというテーマを共通して見出すことができる。さるになりきった遊び，スポーツカーの絵，携帯電話の目には見えない写真など，Cくんは自発的に生み出される豊かなイメージを筆者と分かち合ってくれたが，それは彼と筆者との関係の展開と呼応するものであった。また，筆者はCくんの求めに応じてさまざまな役割を取りながら，かかわりを積み重ねた。このことについて，以下に考察したい。

　ここでの考察は，先にあげたエピソードに加えて，筆者が保育園・幼稚園の子どもたちとかかわってきた体験にも基づいている。事例研究は，一事例を超えた普遍性をめざすものである（河合，1976）。先のエピソードを具体的な参照点としながら，広く保育におけるイメージと関係性，役割を超えたかかわりに

ついて考察したい。

（1） イメージが実現する過程を共にすること

　子どもの遊びは，イメージによって導かれる。子どもたちは，何としてでも実現したいイメージの萌芽を，心のうちに抱えている。その実現への願いを目の当たりにするとき，大人はそこに何かしら人間として根源的なものを感じるし，子どもの楽しさや真剣さに惹きつけられて，実現の過程を共にしたくなる。そのような思いを，津守は次のように言葉にしている。

　　　　子どもがどうしてもこうしたいと言い張るとき，それに答えるのには大きなエネルギーを要する。大人はそんなに心身の労を払ってまで答えなくてもよい理由をいくらでも考え出すことができる。しかし人生の探求者であることにおいて，子どもは大人以上に真剣である。私共は子どもと交わることによって，子どもが生きる世界は大人が生きる真実と底辺において共通であることを知る（津守, 1997, p. 13）。

　子どもから生まれるイメージの実現傾向を，大人がコミットメントと共に受け止めるとき，イメージがそれ自体の必然性に従って展開するとともに，子どもと私たちの関係も深まっていく。その際，津守が言うように，子どもの要求は大人の固定観念を超えているから，大人は自らの意識の枠組みを超えていくことを求められる。

　意識を超える過程の意義は，ここであげたどのエピソードにも見出される。「エピソード１」では，意識的にコントロールするのではなく，遊びを受け容れ，言葉にならない静かな時間を共有するなかで，信頼関係が生まれた。「エピソード２」でも同様に，スポーツカーにも似たイメージが遊びや絵のなかで実現されていったが，それは遊び尽くされることによって，心に収められていった。「エピソード３」で生まれた写真のイメージも，意図してつくり出されたのではなく，何気ないきっかけから展開していったが，言葉を超えてＣくんと筆者との心をつなぐものになった。

　こうしたかかわりを，「イメージが実現する過程を共にすること」と表現することができるだろう。「イメージの具現化」といった表現では，意識的側面

に力点が置かれてしまう。子どもはあらかじめ完璧な設計図のようなイメージをもっているわけではない。子どものイメージは，「絶対に実現しなければならない」という思いの強さには確たるものがあるが，形のうえで固定したものではなく，いつでも生きて動いている。

　しばしばイメージは，一般的な心理学，教育学・保育学では，意識に近いものとして捉えられ，イメージを扱う認知的能力などに関心が向けられてきた。心理療法学においても，子どもの「問題」を理解するための材料と捉えられ，意識レベルへと還元されてしまうことがある。

　しかし，子どもたちと親しみ，遊びの楽しみを共にするとき，子どものイメージが立派な作品になるかどうかや，既存の理論的枠組みにはめ込まれるかどうかは，根本的な問題ではないだろう。むしろ子どもの無意識から生まれるイメージが，それ自体の必然性に沿って展開することに意義があり，自由で充実した遊びが展開してはじめて，その子をよりよく理解することができる。いまだ過程にあるイメージの展開を支える際には，「理解しがたい子どもの行為をもちこたえる」（津守，1987b）姿勢が必要になる。エピソード2で筆者が心底走らなかったり，エピソード3で今はレストランごっこだから写真は関係ないなどと思っていたりしたら，このような展開にはならなかっただろう。

　初めから意味が定かではなかったとしても，子どもから生まれるあらゆるものを受け容れる姿勢でいるとき，子どもは保育者や臨床家を，ちょうどよい形でこの過程に参加させてくれる。そのとき，私たち自身も心動かされるなかで，共に成長の過程を体験する。イメージは，このような子どもと私たちとの相互的な関係に深くかかわっている。壊れた携帯が映し出す写真のように，イメージが関係性を深め，関係性がイメージを育んでいる。これまでイメージは，個人の心のなかに思い浮かべられるものとして扱われる傾向があった。しかし，保育や心理臨床のように，関係によって成立する営みにおいては，むしろ個人を超えて，イメージが関係性を媒介する側面も重要だと考えられる。

　従来のようにイメージを内的なものと捉えるなら，臨床家や保育者は，たとえばキャンバスに向かう描き手を支えるような役割と見なされる。しかし事例からも示されるように，子どもから生まれたイメージは，互いの心を動かすも

のであり，またそのときの関係性を反映するものでもある。そう考えると，キャンバスを見守る立場とは違って，われわれ自身を含めた関係性こそが，子どもの可能性を描くキャンバスとして捉えられる。保育者は自らコミットするなかで共にイメージを育んでいくが，そのイメージは同時に，自らの関与を振り返る手がかりにもなるであろう。

（2） 役割を超えたかかわり

すでに述べたように，筆者の立場は制度的に位置づけられた保育者とは異なるが，より広い意味での保育者として，子どもとの出会いについて考える機会を与えられている。

子どもたちは筆者に，「先生」というより，「おにいちゃん」「ママ」「パパ」など，さまざまなイメージを投げかけてくれる。「エピソード１」ではじめて筆者がＣくんと出会ったときも，筆者がどんな人間で，どんな名前か，結婚しているかどうかなどを知るよりも前に，遊びが始まり，親しい関係が築かれていった。「エピソード２」で筆者は保育園の一員として受け入れられ，「エピソード３」では世話をするべき客でもあり，また思い出を分かち合う相手でもあった。このように，筆者の役割は先に決まっているのではなくて，子どもの思いやその子との関係によって変わっていく。

こうしたかかわりについては，山中康裕[*4]のエピソードが思い起こされる（山中, 1991）。山中は精神科の老人病棟を毎週訪れるなかで，共に歌い，句を詠み，語り合い，遊ぶことを積み重ねてきた。この臨床実践における彼の役割は，既存の制度の枠内に還元することができない。しかし，そのように身をもって一人ひとりの思いに応えるあり方が，相手の尊厳に触れる体験を可能にしているのである。患者たちは彼に，息子であったり歌手であったりと，さまざまなイメージを投げかけるが，そうしたイメージは，患者たちそれぞれの内面にとって必然性をもっている。病棟の患者たちは，肩書きや役割によって山中を見て

[*4] 山中康裕（1941-） 心理療法家，精神科医。幅広い患者・クライエントと出会うなかで,「思春期内閉」をはじめ，心理療法における独自の治療論を展開している。子どもに関する著作に,『少年期の心』（中央公論新社),『絵本と童話のユング心理学』（筑摩書房）ほかがある。

はいない。それは彼が患者一人ひとりを，その人自身という，尊厳ある存在として見ているのと同じことである。彼の臨床の深さや重みにはもちろん及ぶべくもないが，日々子どもたちと出会い，さまざまなイメージを投げかけられるとき，社会的な制度や構造を超えて，人間として本来的な次元で出会うことが求められていると感じられる。

　河合（1989）は心理療法における関係性について，文化人類学者のターナー（Turner, V. W.）による「コムニタス」の概念（ターナー，1996）を用いて論じている。ターナーは，通過儀礼においては世俗の身分制度に代表されるような社会の「構造」とは異なる，自由・平等・相互的な人間関係が体験されるとして，これを「コムニタス」と呼んだ。河合は，現代においても自然発生的なコムニタスの無数の瞬間が人間の存在を支えており，心理療法は現代にふさわしい抱え環境によって，それを実現する営みと捉えられるという。

　子どもと出会うなかで体験される，構造を超えた人間関係も，それに似ている。遊びや楽しみをはじめ，子どもの世界は構造によって説明し尽くすことができない。構造化・制度化しがたいものは，社会のなかに，あるいは整理された学問体系のなかに，位置づけがたいものでもある。したがって子どもの遊びも，単に「遊んでいるだけ」で価値の低いもの，何か他の目的のための手段と見なされがちになる。このような状況においては，遊びを研究から排除することなく，その本質と価値を問いなおすことが必要だと考えられる。

　子どもたちと出会うとき，私たちは，遊ぶこと，楽しむこと，人と信頼し合う関係について，身をもって知ることができる。保育の場であれ，臨床の場であれ，遊びを通じて人とかかわることの本質を考えることができるなら，それは保育学・遊戯療法学の基礎を豊かにする研究となるだろう。

第8章
絵本を通して子どもとかかわること
―― 相互的な意味の創造

1　絵本を捉える関係性の視点

(1)　絵本の体験と保育の関係性

　保育園や幼稚園のクラスには絵本の棚があり，子どもたちは日々，読んでもらうのを楽しみにしている。絵本は，そこに描かれた物語を体験するというだけでなく，子どもと保育者が触れ合う時間を与えてくれるものでもある。保育のなかで絵本を読むとき，絵本の内容や作品としての価値もさることながら，「誰に，どんなふうに読んでもらい，共に味わったか」も重要になる。

　子どもたちと絵本を通して触れ合い，かかわる体験は，一般に「読み聞かせ」と呼ばれているが，その実際は，必ずしも保育者が文字通り「読んで聞かせる」だけの一方的なものではない。子どもたちが絵本に触発された思いを声や言葉で，体一杯に表現したり，保育者の膝のうえに子どもが座ってくつろいだり，じゃれついてくる子どもたちとのかかわりに保育者の心も動かされたりといった相互性が，読み聞かせの体験を生きたものにしている。こうした相互的なかかわりは，子どもたちと保育者との間の信頼関係によって支えられている。

　したがって，保育のなかの絵本について考えるとき，読み聞かせを一方向的なものと捉えるのではなく，むしろ絵本を通して生まれる子どもとのかかわりについて探究することが，保育の実際に即した理解を可能にするであろう。

　また，子どもと保育者の関係が，読み聞かせの体験が成り立つ前提条件になることはどんな年齢の子どもたちにとっても変わらないが，特に幼い子どもの

177

場合は，絵本を単に読んで聞かせるというだけではなく，むしろ相互的なかかわりの側面が際立ってくる。3歳未満児クラスの場合には，読み聞かせの基盤となる関係性の側面が特に重要なものとして現れるであろう。したがってその時期の子どもからは，絵本を通して子どもとかかわる体験の原型について学ぶことができると考えられる。

(2) 絵本を通したかかわりについての先行研究

　保育における絵本の研究において，保育の関係性を扱ったものは数少ない。

　優れた絵本を扱った「絵本論」では，作品それ自体がもつ価値に焦点が当てられる。長谷川（1988）のように現場での保育経験を踏まえた絵本論の場合は，主として作品が論じられるなかにも絵本を通した子どもとのかかわりをいくらかうかがい知ることもできるが，多くの絵本論では，価値ある作品を見定めてそれを伝えることを主眼とするゆえに，保育的なかかわりについては「望ましい読み聞かせ方」を提案するものであることが多く，実際の状況が詳しく取り上げられているわけではない。

　絵本論に次いで，読み聞かせによる子どもの知的発達に関する調査研究がある。こうした研究において，絵本はたとえば次のように位置づけられている。「絵本は子どもにとってごく身近なものであり，絵本を介する他者との交流を通して社会的文化的知識を伝えたり，物語という架空世界での認識を育てたりするものである」（古屋，1996，p.12）。こうした絵本観においては，関係性が取り上げられるとしても，主には知的発達を促す道具としての役割に焦点が当てられることになる。したがって先に述べたような，読み聞かせを支える基盤となる情動的なかかわりや信頼関係については，ほとんど触れられていない。

　知的発達に関してはさらに，絵本を効果的に用いるための環境設定や技法についての研究もなされているが，こうした絵本観については，絵本心理学の研究を進めてきた佐々木宏子による批判がある。絵本を与える「効果」にばかり目を向ける姿勢はしばしば，絵本から得るものを自分自身で選び取る子どもの能動性を否定するとともに，数値で計れるような発達の一部分のみを取り上げることにつながるというのである。

第 8 章　絵本を通して子どもとかかわること

　　子ども達が美しい里山で暮らすことや，海辺で夕陽を眺めることは，どのような
　発達的「効果」があるのでしょうか？　また，四季折々の花やさまざまな種類の樹
　木が育つ森の中で暮らすことは，子どもの成長にどのような教育的「効果」をもた
　らすのでしょうか？　このように問われれば，多くの人は「効果」という言葉に違
　和感を感じることでしょう（佐々木，2006, p. ix）。

　佐々木はその違和感が，たとえば文学を好む読者が「大江健三郎の作品を読むことは，あなたにとってどんな効果がありますか？」と尋ねられたときの感触に通ずると述べている。絵本ばかりでなく保育全般に言えることだが，「効果」ばかりを問題にするとき，われわれは子どもを大人より低く見て，その人間的・文化的世界を軽視してしまっているのではないかと思われる。

　佐々木が提唱する絵本心理学は，一面的な能力主義や「効果」にとらわれず，広い人間的視野から絵本と子どもの世界を捉えるものである。数々の「絵本論」に示されているように，そして多くの親や保育者が実感しているように，絵本は知的発達を促進するためだけに与えられるのではなく，何よりもまず，感動や意味の体験，想像の世界の広がりを共有させてくれるものなのである。したがって，保育の研究においてもこうした人間的側面が視野に入れられるべきであろう。

　子どもや親子を外から観察するのではなく，自ら保育実践に携わる者の間では，「絵本を通して子どもとかかわること」の意義は以前から認められてきた。日本の幼児教育を切り拓いてきた倉橋惣三は，こう語っている。

　　　お話の内容がその興味の要素になっているには相違ないが，話の愉悦というもの
　　は，決してそれだけから成り立っているものではない。お話を仲介として，話し手
　　聴き手の間にとりかわされる人間的交渉の愉悦が，その大きな部分をなすのである
　　（倉橋，1936b, p. 430）。

　ここでは，絵本の内容や語り聞かせ方，環境や技法よりも，保育者という人とのかかわりの意義が認められている。そこには，「保姆その人」（倉橋，1917）のあり方を第一に問う，倉橋の人間学的な思想が反映されている。

　以上によって示されるように，これまでの研究の流れにおいては，「絵本を

通して子どもとかかわること」よりも，絵本そのものの意義，あるいは絵本を通しての知的発達に関する研究が主であった。しかし，倉橋や佐々木は，より広い人間学的な視野から保育のなかの絵本や物語を捉えている。ただ，倉橋自身はその実践について具体的な検討を行ったわけではない。佐々木の研究には興味深い事例があげられているが，彼女の提唱する絵本心理学は，優れた児童文学者が描き出す子どもの心の世界から，一般的な「子どもの心理の普遍性」を探究するところに重きを置くものであり，必ずしも保育の関係性に主要な焦点が当てられているわけではない。

したがって，「絵本を通して子どもとかかわること」について，子どもと保育者の関係性に焦点を当てた事例研究を行うことによって，これまで十分研究されてこなかった側面について，保育の実際に即して考えることができるであろう。

2　子どもと交わる保育による研究

本章では，保育園の2歳児クラスで絵本を通して筆者が子どもたちとかかわった事例をもとに，具体的な検討を行う。2歳児クラスでの実践は，先に述べたようにかかわりの側面が際立って現れるうえに，言葉でのやりとりも相当にできるようになってきているために，このような検討に適していると考えられる。

絵本場面でのかかわりを検討するうえでは，多くの場面を集めて発話を分類するような研究（外山，1989；横山，1997）もなされているが，このような方法では，言葉がそれを語った人や，その人が子どもとかかわってきた文脈から切り離されてしまうために，実際の関係性を扱うことが困難になる。保育の関係性は，一人ひとり異なる個性をもった保育者と子どもたちが出会うことによって成立しており，個々の事例をその文脈と共に検討する事例研究によって，より具体的に扱うことができると考えられる。

ここでは筆者自身が子どもたちとかかわった事例をあげるが，保育を考えるうえではこのような関与観察的方法が意味をもつであろう。自ら実践する保育

研究を切り拓いてきた津守眞は,「いま,児童を自分の外にある対象として客観的に研究するのみでなく,子どもと交わる保育による研究が,児童研究の重要な分野として位置づくものである」と述べている（津守,1980, p.3)。また,教育において人と人としての全人格的なかかわりが重要であることは,自ら子どもたちとかかわってきた教育学者であるランゲフェルド（1974）も指摘しているところである。こうした人間学的な保育学・教育学の伝統からは,主観的関与を排除するのではなく,むしろこれを含んだ研究こそが必要とされるであろう。

　研究者自身の主観的関与を含む研究については,それがともすれば恣意的な理解を生む危険性が指摘されている。こうした危険性を完全に回避することはできないが,だからといって研究者自身の関与を排除していては,津守が指摘するように,「保育の中で,ほんとうに重要なことを切り捨て,外面的・形式的に条件の整うことを,主として問題にすることになる」（津守,1974b, p.6)。主観的関与の必要性と恣意的理解の危険性という問題については,絶対的な解決に頼るべきものではなく,佐藤（2005）が指摘するように,一つの研究ごとに新たな研究方法が創造されるべき領域なのだと考えられる。こうした方法論的問題の詳細については本書第6章を参照されたい。

3　2歳児クラスでのかかわりから

　協力いただいているA保育園は,地方都市の住宅街にあり,自由で和やかな雰囲気の保育が展開されている。筆者は毎週,子どもたちが自由に遊ぶ時間に保育園を訪れている。特に絵本研究を行おうとあらかじめ意図していたわけではない。子どもたちとかかわるなかで,振り返ってみれば,絵本についてさまざまに気づかされたエピソードがあったので,そのうち三つを取り上げることとする。それぞれに印象的なエピソードだったが,他の子どもたちとかかわるなかで共通する体験をすることも多かった。その意味では,これらは個別のエピソードではあるが,それについての考察は,共通性をもつ他の多くのエピソードにも支えられている。

第Ⅳ部　保育的関係の展開

(1)　エピソード1：存在を受け止める通路としての絵本

> 　自由な遊びの時間にクラスを訪れると，子どもたちは私を快く迎えてくれる。私の手を引いて，ごっこ遊びに連れて行ってくれたり，体当たりでぶつかってきて肩車をせがんだり，どんなふうに誘いかけてくれるかはそのときどきによってさまざまだが，絵本を持ってきてくれることも多い。
> 　「これ読んで！」と一人が言えば，他の子たちもやってきて「これ読んで！」と一斉に言い始めるので，誰に応えていいのかわからなくなるほどである。ひところはそんなふうに，絵本を持ち寄ることで，みんなが私を迎えてくれ，そのまま私のまわりに幾人かの子どもたちが集まって絵本を読むことが続いた。
> 　食べものを描いた絵本は，みんな文字通り食い入るように見てくれる。『おにぎり』（平山英三（文），平山和子（絵），福音館書店）は，ほかほかであつあつのごはんから，お皿いっぱいのおにぎりができあがるまでの過程を描いた絵本である。読み始めるやいなや，みんなの手が伸びてきて，絵のなかのおにぎりを一斉にぱくつく。なかには取り合いになっている子どもたちもいるが，ともかくもみんなで心ゆくまで食べてみると，程なく落ち着きを取り戻すので，また次のページへと進む。ときには誰かが絵のなかのおにぎりを私の口まで運んでくれるので，「ありがとう」と食べると，今度はみんなが一斉に私におにぎりを食べさせてくれる。そんなことを繰り返して，幸せに一冊を読み終えた。
> 　そのときKくんが私を見上げ，「あのね，おかあさんがつくってくれた」と言った。

　新しく保育園を訪れ，初めて子どもと出会うときなど，どうかかわっていいか，しばし戸惑うこともある。そんなとき，子どもたちはおもちゃの食べものを持ってきてくれたり，友達を紹介してくれたりして，かかわるきっかけをくれることが多い。絵本もその一つである。絵本を読み始めれば，広がる世界を共有することができ，そこから自然と親しい関係ができていく。絵本が大人を子どもの世界に導く媒体として適していることを，子どもたちは体験的に知っているのかもしれない。
　一人が絵本を持ってくると，他の子どもたちも一斉に絵本を持ってくる。その絵本は特に関心あるものを選んでというばかりでなく，何であれ手近なものをつかんで持ってくることさえあるように思える。子どもたちが一斉にやって

第 8 章　絵本を通して子どもとかかわること

くると，どの子も我先に読んでほしいので，「これ読んで！」「こっちを読んで！」と小競り合いが始まることも多い。順番にしてみたり，話し合おうとしてみたり，それでも 2 歳児という時期の自己主張は，容易に譲ることはできない真剣なものだということを実感させられる。

　こんな体験を重ねていると，子どもたちは何か特定の作品の内容を読んで聞かせてもらいたいという以上に，むしろ「私の本」を読んでほしい，さらに言えば「私自身」を受け止めてほしいという思いで，絵本を持ってくるように感じられる。そう考えると，「読み聞かせ」は，作品の内容を一方向的に伝達するのではなく，共に読むことを通して子どもの存在を受け止める，相互的なかかわりなのだと考えられる。

　倉橋惣三は，教育が何かを一方的に与えるようなものではなくて，むしろ子どもの存在を受け止める関係によって成り立つことを指摘している。

　　　もちろん児童は教育を与えて貰いに教師へ来る。しかし，それは，教師や親が考えるように明確に意識せられているものでもなく，従って，その時，その場合の直接の意図になっているものではない。そんな意図よりも目的よりも，あなたその人のところへ来るのである。〔…中略…〕何を求めて児童はあなたのところへ来るか。児童は，あなたによって，自分を受けて貰いに来るのである。〔…中略…〕先ず受けることによってこそ，相手を内から発展させることが出来るからである（倉橋, 1931, pp. 331-332）。

　絵本の研究においては先述のように，作品の内容や知的発達に関する側面が重んじられることが多かった。しかし，もちろん中身も重要であるものの，それ以上に読み聞かせている保育者自身のあり方，かかわり方が問われていると言えるだろう。

　先の事例からは，子どもたちとのかかわりが，さらに相互的なものであることが見てとれる。保育者が読み聞かせることを通して，子どもたちの存在を受け止めると述べたが，子どもたちも保育者の存在を受け止めてくれている。保育室を訪れるたび，子どもたちは笑顔で飛びついてきてくれて，絵本を読む私と楽しさを分かち合ってくれた。2 歳児の自己主張の真剣さについては先にも

触れたが，それは単に自己中心的というだけではなく，自分という人間の存在を大切に思うことが，他者に対する純粋な思いやりにもつながっているように思われる。

　もちろん自己主張のぶつかり合いも起こってくる。絵本の順番をどうするかなど，筆者も特に名案があるわけではない。ただ，ぶつかり合いは永遠に続くわけではなくて，どこかで落ち着いてくる。絵本を読み始めると，そこに広がる物語やイメージの世界に誘われ，どの子も一緒に絵本を楽しんでくれる。おにぎりを食べたり手渡したりしながら楽しみを分かち合ったように，絵本に触発され，子どもたちから生まれたイメージや遊びが共有されるなかで，親しい関係が広がっていく。ぶつかり合いは，理屈やルールによる説得や制止，子どもたちが自己コントロールする譲歩や交渉といった，直接の調整によって解消されるものとは限らない。むしろ，絵本を介して一種のフロー体験（チクセントミハイ，2000）が生まれ，それが個人を超えて広がるときに，「私の本」「私自身」が受け止められる体験が共有され，相互的な体験となっていくように思われる。形式的なルールや説得だけでは，子どもたちの心は本当に収まったりはしないだろう。それよりも，互いの心がつながることによって乗り越えていくことのほうが，子どもたちの成長をより豊かにすると思われる。

　最後に子どもが語ってくれた言葉が示すように，Kくんにとって絵本のおにぎりは，彼の母親が彼のためにつくってくれたおにぎりと重なっている。笑顔で語ってくれたその表情からは，彼がそのことをとても嬉しく思っていることが伝わってきた。そのような体験が呼び覚まされたことからは，その日共に絵本を読んだ体験も，母親に支えられた体験にどこかで重なるものとなったのではないかと感じられる。

　毛利子来は子どもたちと出会ってきた小児科医としての経験から，「赤ちゃんの絵本は，なによりも赤ちゃんのこころを支え，『いやす』ことに，存在意義をみいだせばよいのではないか」と述べている（毛利，1999，p.149）。成長するにつれ，子どもは母親に体ごと甘えるばかりでなく，「もの」を介してかかわるようになるが，その一つが絵本だというのである。

　膝に抱かれながら，あるいは優しく語りかけられる空気に包まれながら聴く

絵本の世界は，心を育てる「抱え環境（holding environment）」（Winnicott, 1960）としての意義をもっていると考えられる。乳児保育では特にこうした体験が重要だが，より大きな子どもたちについても同様のことが言えるだろう。絵本を通して子どもたちとかかわるなかには，知的発達を促す側面ばかりでなく，信頼関係のなかでイメージの世界を共有することによる，心を癒し支える側面があることが，より注目されてよいと思われる。

（2） エピソード2：関係のなかで新たな意味が生まれる

絵本棚の横にあるソファのところに子どもたちが集まり，読んでほしい本を次々に私に手渡す。一つの本が終われば誰かが「次はこれ！」と自分の読んでほしい本を持ってくる。誰もが「私の本」として読んでほしいので，さっき読んだ本でも，別の子が持ってきて繰り返し読む場合もある。

夏祭りに出かけた晩を描いた『わにわにのおでかけ』（小風さち（文），山口マオ（絵），福音館書店）では，夜店にずらりとお面が並んだページが人気である。みんなが，これが「自分のお面」だと思うものを，一斉に指さす。同じお面を他の子が指すと，それは自分のお面だからだめだといって争いになる。それでも自分はこれ，と思うお面をしばらく言い続けているうちに，いくらか満足して落ち着いてくるので，先のページへと読み進める。

そうして何冊も読み続けているとLくんが，もうすでに読んだ『つきよのおんがくかい』（山下洋輔（文），柚木沙弥郎（絵），福音館書店）を取り上げ，「こっちから読んで」と裏表紙を向ける。「こっちから？」と戸惑っていると，「こっち！」とどうしても読んでほしい様子なので，ともかくも読んでみることにする。動物たちが集まって演奏会が始まり，とても楽しい特別な時間を過ごしたという絵本。最後の場面から読みはじめ，「今日は楽しかったね」などと話していると，読んでいる私のなかにも何となく逆から読み通せそうな感覚がつかめてくる。「くまさんも来てくれたんだったね」というように，楽しかった日の思い出を振り返るような形で，読み通すことができた。集まっていたみんなも，ほかの絵本と同じように聴き入って，逆さまのストーリーを共有する体験をしてくれたように思う。表紙まで来て，「おしまい」と言うと，さっそく次の絵本が私に手渡される。それからはまた，逆さまではなく普通に読む。

第Ⅳ部　保育的関係の展開

　ここでも「私の本」をめぐってのぶつかり合いが見られるが，2歳児クラスではこのようなことが日々起こっている。読んでもらう順番や，食べものばかりでなく，絵本のなかのお面さえ取り合いになる。河合はユング心理学の立場から象徴の心理的意味を論じるなかで，仮面(ペルソナ)は自分の存在を外界に示す働きをもつと述べているが（河合，1967），ここでのお面の取り合いも，それが自分自身の存在にかかわることだからこそ，これだけ真剣なのだろうと感じられる。どの子にも，「誰かと同じものでなく，私のものでなければならない」という思いがあり，その強さ，真剣さを見ていると，生まれて2年ばかりの子どもたちが，かけがえのない存在として自分のアイデンティティを確立していこうとする願いをすでにもっていることが実感される。
　この事例では，子どもの求めに応じて，絵本を逆さまに読むことになった。どんなふうに読むのか最初から決めていたわけではないが，何となくやれそうだという感覚もあった。Lくんに逆さまから読むように言われたときも，その理由や意味がはっきりわかるわけではなかったが，しかし子どもがそれだけ強く求めるからには，何らかの意味があるのだろうと感じられた。大人にとってすぐには意味のわからない願いであっても，子どもにとっては重要な意味をもっていることは，保育のなかに数多くある（津守，1997，p. 13）。
　この事例において，Lくんにとって逆さまに読むことがどんな意味をもっていたかは，ただちにはわからない。しかし，子どもの願い——しばしば大人にとって受け入れやすい既存の枠組みを超えるような願いも，子どもが生きていくうえで意味あるものとして受け止めることは，保育にとって重要であるように思われる。
　絵本はときに，新しい世代に文化を「受け継ぐ」ために，「望ましい読み聞かせ方」で子どもに与えられるべきだと捉えられる。こうした一方向的で権威主義的な捉え方は，知らず知らずのうちに保育者にとっての固定観念になりやすく，したがって保育者の枠組みを超える子どもからの能動的な働きかけを受け止めることができなくなってしまうのではないだろうか。絵本の言葉を絶対不変のように捉えるのではなく，絵本の世界を味わいながらも，目の前の子どもとのかかわりに応えていくという，両方に心を向けることが，絵本を通した保

育を生きたものにしていくように思われる。

　絵本を読むとき，意味の感覚抜きに文字を読み上げたとすれば，内容も伝わらないし，味わうこともできないだろう。どんな絵本も，その意味を完全に汲み尽くすことなどできないが，その場のなかに何らかの意味の感覚が共有されていること，なかでも保育者自身がその感覚をもっていることが，読み聞かせを保育として成立させるように思われる。

　このことから考察を広げるなら，子どもの行為を理解するのも，絵本を読むのに似ているかもしれない。津守の言葉によれば，「一日，保育の現場に出ることは，一冊の本を読むようなものだ。理解しながら読むこともできるし，わけの分からぬまま読みとばすこともある」（津守，1997，p.2）。子どもたちが繰り広げる遊びやかかわりは，その意味を言葉にし尽くすことなどできないし，そこにはすぐに理解できないような行為も含まれている。そのとき，すぐには十分に理解できていないとしても，保育者がどれだけの意味の感覚をもてているかは，保育の場を支えるうえで重要であろう。絵本を初めとする文化・芸術に対するのと同様，子どもの行為の意味も，「〜に過ぎない」と既存の知識で割り切ることはできない。その意味は，保育者が繰り返し振り返る「省察」を通して，深められていくべきものなのであろう。保育者が，保育の計り知れなさを大切にしながら，同時に何らかの意味の感覚や意味への予感をもってそこにいるとき，そのことが，保育の場を成り立たせるように思われる。

　再び絵本理解に立ち返ると，絵本の作者は逆さまから読まれることを想定していないから，逆さまに読んだことは，いわばその絵本の「異本」をつくる体験であったとも言える。そう考えると，どんな本であってもその意味は読み手が主体的に見出すものだという，外山の「異本論」が思い起こされる。

　　作品は読者に読まれることで変化する。
　　そして，あとからあとから新しい読者があらわれる。文学作品は物体ではない。
　　現象である。読者が新しい読み方をすれば，作品そのものも新しく生まれ変わる
　　（外山，1978，p.8）。

　絵本を逆さまに読むこともできるという事実からは，絵本の意味は決まりき

ったものではないことに気づかされる。絵本の意味や読み聞かせの体験は，読み手と聴き手との関係のなかで，読むたびごとに新たにつくり出されるものなのである。

　日々ページ順のままに読んでいる絵本であっても，読み聞かせる保育者は，その人なりの主体的な解釈によって新しい異本をつくり出しているのであり，聴いている子どもたちも彼らなりの主体的な受け止め方によってさらに新しい異本をつくり出している。異本が成立するための条件として，外山がしばしば「おもしろさ」をあげるのも興味深い。彼の言う「おもしろさ」は，必ずしも愉快や滑稽のことではなくて，何らかの関心や興味を広く指し示している。読み聞かせも，この意味での「おもしろさ」やフロー体験が共有されることによって成立する。

　文学を基本的な対象とする外山の「異本論」と違って，保育の場では，読み手という個人の心のなかで異本が生まれるのではなく，場のなかにいる保育者と子どもたちという関係のなかで異本が創造される。保育者一人だけが「おもしろく」思っていても，それが子どもたちに共有されなければ，読み聞かせによる新しい異本の体験は生まれない。個人を超えて，人と人との間で，リアルタイムに意味が創造される点が，保育における読み聞かせの特徴だと考えられる。

　この事例ではたまたま「おんがくかい」の絵本が読まれたが，音楽は異本（version）について考えるヒントを与えてくれる。たとえば音楽会が開かれるとき，同じ曲が演奏されたとしても，演奏するメンバーによって，集まった聴衆によって，一人ひとりのそのときの気持ちによって，場や環境のあり方，タイミングによって，体験は毎回異なったものになる。それと同じように，絵本の読み聞かせも，集まってきた読み手と聴き手，それぞれの思いやそのときの状況によって，味わいも楽しみも変わってくるものであり，保育者と子どもたちは，いわばライブで共に絵本の意味をつくり出しているのだと考えることができる。

　絵本の読み聞かせが異本の創造として捉えられるという観点に関連して，佐々木宏子による事例を取り上げたい。佐々木は，3歳未満の子どもに自ら絵

第8章　絵本を通して子どもとかかわること

本を読み聞かせた先駆的な事例研究を行っている。その後，19歳に成長したその子に改めて当時の気持ちを尋ねたところによると，いくつかの絵本は開くたびに中身が変わっていると思っていて，だからこそいい本だと思って毎日読んでいた，という（佐々木，1989，pp. 141-143）。

　このエピソードからは，読むたびに自然と新しい異本を生み出す子どもの創造力も感じさせられるし，子どもにとって大事な絵本は，日々変わりゆく子どもの心を映し出すことができる力をもっているのだとも考えられる。絵本を読む体験は毎回が新たな異本の創造であるという観点が，子ども（だった女性）自身によって示されたわけだが，その言語化の力にも驚かされる。絵本にしても，他の体験にしても，大人がありきたりな言葉で片づけるのではなく，敬意をもって子ども自身の体験に耳を傾けるとき，そこには多くの新たな発見が得られるのではないだろうか。

　「絵本の内容は読むたびに変わる」という佐々木の指摘に関連して，特に印象的なのは，『ねないこだれだ』（せなけいこ（作・絵），福音館書店）のエピソードである。この絵本は，夜遅くまで起きているルルちゃんが，おばけの世界に連れ去られていくところで終わっている。佐々木が絵本を読み聞かせていた長女が成長してからの振り返りによると，この話には最後に救いがないので，次のページがあるはずだと思って，何度も最後のページをめくったという。長女は2歳のころ，この絵本を読んでもらってから，このあとルルちゃんの両親はどうしたのかとよく尋ねた（佐々木，1989，p. 104）。ここで読み手がどう応答するかによって，物語の結末は変わってくる。子どもが能動的に問いかけ，読み手が応答することによって，紙の上には存在しない新たなページが創造されることになる。それは個人の心を超えて，母と子の対話のなかでつくり出された異本の一つだと考えることができる。

　どんな絵本にも，目には見えない最後のページがある。それは絵本の体験を共にする，読み手と聞き手の心のなかだけに，読むたびごとに新しく生まれるものである。新しく創造されるページは，読み手と聴き手に共有された心の動きのなかに存在している。したがって，そのときどきの関係や心のありようによって，生まれるページは違ってくるだろう。

絵本の内容そのものよりもかかわりを重視する観点からは，子どもからの問いは，「もし私がおばけにさらわれたら，お母さんはどうする？」という問いとしても受け止められる。子どもは，絵本によって揺り動かされた心を読み手がどう受け止めてくれるか，問いかけているように思われる。そう考えると，子どもの問いは物語の成り行きと同時に母子の関係性をも問うものであるわけで，ここで大人がどう応え，どんなページを創造していくかによって，二人の関係性はさまざまに変わっていくと考えられる。

絵本に書かれた内容は，固定した，絶対的なものではない。その意味は関係のなかで，読み手と聴き手が共に能動的に意味を読み取るなかで，創造されるものである。また，どんな意味を共に創造するかによって，絵本の意味ばかりでなく，保育の関係性そのものも変わっていく。このような観点をもつことによって，生きた絵本体験と保育の信頼関係とを深めていく道が開かれるであろう。

（3）　エピソード3：イメージは関係のなかで生かされる

> 　　クラスを訪れると，子どもたちが絵本を持って私を取り囲んでくれる。そんなふうに一斉に集まってくるのが常だったが，しばらく読んでいるうちに，自分の興味に従って，別の場所で遊び始める子どももいる。いつの間にか，その日は絵本棚の横のソファで，Mちゃんと一緒に二人で絵本を読むようになっていた。
> 　Mちゃんと二人でソファに座り，次々に彼女が手渡してくれる絵本を読んでいる。いろんなおかしが活躍する『おかしなおかし』（石津ちひろ（文），山村浩二（絵），福音館書店）では，Mちゃんはページをめくるごとに，「あむ！」と叫びながら，一つひとつのおかしを取っておいしそうに食べる。Mちゃんは途中で立ち上がり，おもちゃ棚のあるほうに歩いていった。絵本はもういいのかなとも思うが，あまり読み終えた感じもしないのでしばらく見守っていると，彼女はペットボトルのおもちゃを2本持ってきて「ジュース！」と言い，私にも1本くれる。彼女がおいしそうに飲む横で，私も「ありがとう」と一緒に飲んだ。そうして，また絵本の続きを読み始める。
> 　自然の写真で構成された『ぼくはくわがたむし！』（須田孫七（著），チャイルド本

> 社)。いろんな種類のくわがたむしと，その生活が描かれている。私が読み聞かせていると，Mちゃんの両手の人差し指が，彼女の頭の上にゆっくりにゅーっと伸びてくる。くわがたむしが飛ぶシーンでは，Mちゃんもくわがたむしになってソファから飛び立とうとするので，私も一緒に飛び立つ。

　Mちゃんはふと立ち上がって筆者の元を離れたが，ジュースを手にして帰ってきた。絵本の世界から出て行ってしまうように見える行為であっても，必ずしも絵本に「集中」できていないとか，無関係な遊びが始まったとは限らない。「もう絵本は飽きたのかな」と大人が勝手に決め込まないで，Mちゃんが何をしたいのか見守っているなら，彼女が立ち上がったのは，むしろ絵本の世界とつながりをもち，その体験をより充実させる行為だったことがわかる。おかしを食べるなら，飲み物も必要だろう。自分が食べるなら，周りの人にも分かち合うのが自然だろう。「エピソード1」でもそうだったが，子どもたちは，自分だけでなく大人にも分け与えてあげようとする優しさをもっている。特にここでのMちゃんは，繊細な演じ方からも，また日ごろかかわってきた体験からも，創造する力，イメージを広げていく力，人とかかわる力のある子どもだと感じさせられた。

　絵本の世界は絵本だけで完結するのではなく，絵本を超えた保育の世界に広がっている。イメージが子どもの心のなかで広がり，子どもたちと保育者がその体験を分かち合うとき，それは生きた，心に残る体験になる。絵本を知的発達から捉える研究では，絵本に描かれた内容を客観的に理解することや，集中して聴き通せるようになることが重視されることが多い。そうしたことも発達にとっての意義をもつが，そのことだけにとらわれるとき，読み聞かせは絵本の内容や保育者の「指導」を第一とする，一方向的なものになってしまう。そのような一方向的なかかわりは，絵本というイメージの世界を道具としつつ，かえって子どもが自由にイメージする力を抑えつけることになりかねない。むしろ保育者は読み手であると同時に，絵本によって触発された子どもの心の自由な動きを受け止める役割も担っているのである。それは，絵本の内容や，絵本を読み聞かせる場面だけを捉えるのではなく，一見関係ないように見える行

第Ⅳ部　保育的関係の展開

為を含めて保育のなかでもつ意味を考えるという視野の拡大を必要とする。既存の前提からではなく，実際に子どもたちとかかわる体験から出発するとき，ありのままに保育を捉える視野が開かれるだろう。

　Mちゃんがイメージを広げる力は，単に幼いから現実と想像を混同しているといったものではない。「エピソード1」の「おにぎり」も同様だが，本当に混同していれば，文字通り絵本に食いついたり，絵本をちぎって呑み込んでしまうところだろう。Mちゃんが「あむ！」と叫ぶのは，実際に食べていないことがわかっているからでもあるが，しかしそうすることがかえって，イメージを生き生きとさせるのである。そこには，イメージを生きたものとして味わうことのできる子どもたちの繊細な現実感覚を見てとることができる。

　とは言え，子どもたちは単に「ふり」をしているわけでもない。「絵本はただの紙でしかないが，それらしくしたいので食べているふりをしよう」などと意図的，作為的に考えているわけではない。絵本に触発されたイメージが生きて体験されているからこそ，その生命性や楽しみに突き動かされるように，自然とそのような遊びが展開するのである。おにぎりやおかしの絵本を読んでもらえば，思わず知らず手が伸びてくる。それは，過去の食事場面の単なる模倣や再現ではない。今，イメージを共有する体験が，新たに生まれているのであり，だからこそ楽しいのである。

　そのとき，保育者がそのイメージをどう受け止め，どう応えていくかによって，イメージの展開は異なってくる。子どもから生まれたイメージに，保育者が生きた形で応えなければ，イメージや楽しみが儚く過ぎ去ってしまうこともあり得る。河合（1991b）はイメージの特質の一つに生命性をあげているが，そのことは子どものイメージを共有するときに実感される。イメージは絵本に描かれていたり，子どもの心のなかで体験されていたりするが，同時に関係のなかで生かされているものでもある。

　くわがたむしのイメージは，体ごと表現され，感じとられていた。イメージは，言葉を超えて，身体性の次元にも広がっている。したがって，保育者がイメージを受け止めるときも，言葉や意識の次元ばかりでなく，この事例のように，身体感覚を含めて応えていくことが自然だと考えられる。

このとき，形のうえでは筆者が絵本を読み，Mちゃんが聴いていることになっている。しかし，おかしを味わうとはどんなことか，くわがたむしがどんなふうに生きているのかは，筆者が読み上げた文章よりも，彼女の遊びのほうがよく教えてくれているように思われた。その点では，絵本の生きた意味は，筆者のほうが彼女に読み聞かせてもらったように感じられる。しばしば自然を描いた絵本は，生命について子どもたちに教えるといった目的で使用されることがある。しかしそれよりも，目の前で生きている子どもたちのほうが，われわれに生命とは何かを教えてくれているように思われるのである。
　イメージを自由に広げられる子どもたちと出会っていると，読み聞かせが一方的な伝達でないことが実感される。読み手がイメージを浮かべながら読んだ物語が，受け手のイメージによってふくらまされて，またそれによって読み手のイメージがさらに広がっていく。イメージを介した相互作用の積み重ねが，絵本を楽しむ体験や，それを通しての保育者と子どもたちとの関係を，深めていくと考えられる。

第9章
園庭のコロンブスたち

――ランゲフェルドの臨床教育学とお話づくりの体験

1 「コロンブス・テスト」について

(1) ランゲフェルドの「コロンブス・テスト」

　ランゲフェルド（Langeveld, M. J.）は，人間学的な教育思想を展開しつつ，それを自ら子どもたちと出会う実践のなかに生かした臨床家でもあった。彼の思想と実践は，理念を超えて子どもたちとの実際のかかわりを考える，臨床教育学にとっての出発点と言われている。

　「コロンブス・テスト」(Langeveld, 1981) は，彼の思想と実践が結びついた成果の一つである。それは子どもたちに絵を見せて物語をつくってもらうことによって，子どもたちの世界を理解しようとするものである。絵を見てお話をつくってもらうという方法それ自体は，心理テストの一種である TAT（Thematic Apperception Test）(Murray et al., 1971) とよく似ている。というより，図版を除いてはまったく同じと言ってよい。しかしランゲフェルドの独自性は，テストの形式や図版そのもの以上に，それを用いる態度や子どもとの関係性にある。それは子どもたちを，私たちとの人間的・人格的な関係のなかで理解するよう促すのである。今日，保育・教育における理論と実践の結びつきや，子どもたちとの関係性が重要視されてきているなかで，その先駆である「コロンブス」の研究は，改めて意義あるものとなるであろう。[*1]

　しかし，「コロンブス」についての研究はこれまでほとんどなされてこなか

---

　*1　以下，このテストをランゲフェルドにならって「コロンブス」と略称する。

第Ⅳ部　保育的関係の展開

った。また，ランゲフェルド自身も具体的な事例をほとんどあげていない。このような状況では，これを実践する事例研究が一つの意義をもつだろう。

　本章では，「コロンブス」の事例研究により，本テストとその背景にあるランゲフェルドの思想について検討する。特に，図版そのものを超えて，このテストによってランゲフェルドが実現しようとした，子どもの世界への創造的探究を促すかかわり方としての「コロンブス」的態度について，具体的な事例に則して考察していく。ランゲフェルド（1974）が指摘したように，子どもが創造するイメージの世界にかかわることは，子どもとの関係性の深まりと共に進んでいく過程である。したがって，事例の検討においては，イメージと共に展開する関係性のあり方に注目していきたい。

（2）　ランゲフェルドの観点

　「コロンブス」の名は，「発見」を意味するという。このテストは，子どもと共にイメージの世界に歩み入り，新しい可能性を創造的に発見していくものとして，つくられた。

　具体的には，24枚用意された図版のうちの数枚を選んで，一枚ごとに，そこに描かれた絵をもとにして子どもに自由にお話をつくってもらう。この方法自体は，先にも触れたようにTATなどの他のテストと同様である。ただ，図版の印象はかなり異なっている。ランゲフェルド自身は図版に描かれた絵の選択について，多くの図版を試して有用なものを選んだ結果だとしており，その方針を明確に述べているわけではないが，子どもの成長についての彼の概念，特に「解放（emancipation）」（Langeveld, 1981）——大人の影響下にある状態から自立に向かう過程——のテーマを引き出しやすい図版を選ぶ意図があったように思われる。そのような理論的背景はともかく，図版となって現れた実際の絵の印象から言えば，TATには白黒でコントラストが鋭く，登場人物の表情も相まって不安を喚起しやすい図版が多く含まれているのに対して，「コロンブス」には淡いカラーの図版も混じっていて，全体としては絵本の挿絵のように感じられる。

　他の心理テストと方法上異なる点として，たとえば必要に応じてTATなど

他のテストの図版を混ぜて使用してもよいとされていることがあげられる。ランゲフェルドは子どもたちの相談に乗る際も，彫刻を含めた多様な表現素材を提供したり，共にボートを漕ぎながら相談に乗ったりと，心理学者の枠にはとらわれておらず，その臨床実践はきわめて自由である（ランゲフェルド，1980；和田，1982）。心理療法的観点からはさまざまな影響が考えられる事態ではあるが，ランゲフェルドとしては状況が求めるものが何か，その子の個性に応じて考えることを重んじたと言うこともできるだろう。

　「コロンブス」の独自性は，こうしたランゲフェルドの臨床的な姿勢にある。「コロンブス」における彼の臨床的な観点としては，未来への可能性，個性記述的な理解，人格的な交わりを重視することがあげられる（西，2008）。彼は図版に対する子どもの投影が，必ずしも否定的な内容とは限らないことを指摘している。「子供は，手もとにある重荷を減らすだけでなく，同時に新しい形成をも可能にするような，新しい表現の可能性をそこで発見するのである」（ランゲフェルド，1976，p. 69）。したがって，TAT を作成したマレー（Murray, H. A.）のように心の抑圧された内容に重きを置くのではなくて，ランゲフェルドは成長の可能性を示す心の動きにも注目する。そのような可能性は，一人ひとりの個性として理解されねばならない。さらに，そのような理解は人格的な交わりのなかで可能になるのである。

　こうした観点は，ランゲフェルドの次の言葉によく示されている。

　　　一個の人格としての「この子」をよりよく理解すること——従来の範疇では，いわゆる「診断（ダイアグノシス）」に属するわけだが——は，いわゆる「治療（セラピー）」と称せられるものと実は同一の過程（プロセス）の一部をなすものであることがわかるであろう。けだし人間同士の正常な交わりにおいては，ある「人」を理解するということと，彼との友情が深まること，あるいは彼との人間関係が改善されることとは，同一の過程における二つの局面に他ならない。
　　　個々の子供を理解するということは，その一人びとりと人格的な交わりを結ぶことなくしては不可能である（ランゲフェルド，1974，p. 121）。

　子どもを理解することは，人と人として出会うこと，その子のよき友人であ

第Ⅳ部　保育的関係の展開

ることによって，はじめて可能になる。診断と理解，セラピーと教育，そして人格的な出会いは分かちがたい一つの過程であることを，ランゲフェルドは指摘している。彼は，子どもの世界を知るためには，その世界に歩み入り，「共に遊ぶ」ことが必要だと述べている（Langeveld, 1981）。それは，子どもの世界を共に旅することにも喩えられる。

> 子供は，彼の世界を創造しながら，彼の所産としての彼の世界へとわれわれを導き入れるのである。われわれは，最も純粋で創造的なプロジェクションの中へと歩み入り，実際に子供の世界の中を逍遥する。われわれが子供の手を引き，子供がわれわれの手を引いて，絶えず続けられる創造の中で，子供はその遍歴の間に彼の世界と自己自身とに形態を与えるのである（ランゲフェルド，1976, p. 76）。

このように，共に歩み，共に遊ぶ，ある意味では遊戯療法的とも言える関係性から子どもを理解することは，子どもの臨床においては日常的に行われていても，テスト理論の枠組みにおいて論じられることが少なかったように思われる。テストの成立基盤にこうした観点を置き，それを人間学的な立場から明示した点に，「コロンブス」の独自性がある[*2]。

したがって，「コロンブス」において重要なのは，図版や方法そのもの以上に，それを用いた実践における出会い方であり，関係性であると言える。だからこそランゲフェルドが言うように，TATの図版を用いて「コロンブス」的にかかわり，出会うことも可能になる。逆に言えば，「コロンブス」の図版を使いさえすれば「コロンブス」的な出会いが可能になるわけでもない。そう考えると，図版や方法だけでなく，子どもたちとの出会いのあり方について，具体的な実践から考えていくことに意義があると言えるだろう。

(3) 物語の解釈について――関係性の観点から

子どもたちが生み出す物語をどのように解釈するかについて，「コロンブス」に関する先行研究はほとんどないので，まずはランゲフェルド自身の解釈論を

---

*2　心理療法においては，ユング（Jung, 1916）以後，無意識のなかに抑圧された病理だけでなく，未来を創造する働きを見る流れが受け継がれている。

見ておきたい。
　彼はこのテストを通して,何よりも,一人ひとりの子どもの個性を理解することをめざしていた。まず彼は「子どもを『理解する』ということと,その子に対してどうしたらよいかという『術を心得る』こととは,ただちに同じではない」として,教育における子ども理解のあり方が,非人格的なものを操作する際の「理解」とは異なることを明らかにしている。

> 「あの年頃の男の子はそう感ずるものだ」とか,「その年頃の女の子はこんなことを望んでいるものだ」とかいう言葉をよく耳にする。われわれはそれに対して,こう問い返すべきである。「しかし,他ならぬこの少年,この少女が感じているのは一体なんであり,そしてそれはなぜなのか」と。けだし,「あらゆる」少年,「あらゆる」少女が全て「同じこと」を感じているなどとは到底言えないからである。他ならぬ「この子」という一人の少年（少女）の内的な態度にまで深く分け入って理解しようとする場合,何よりも先ず必要なのは,そのための糸口を見つけることである。その子が最も彼（彼女）らしい仕方で自己表現のできるような,しかもその表現されたものにおいて,彼（彼女）とわれわれとの出会いが可能となるような――そのようなコミュニケーションの手段が先ず必要なのである。われわれが目指す,その子を「理解」するということも,その後で初めて可能となる（ランゲフェルド,1974,pp. 110-111；傍点は原文ママ。以下同様）。

　したがって,子どもたちが生み出す物語も,類型化によってではなく,一人ひとり個性をもったものとして理解される。物語は,その子の「生きる構え」の次元において捉えられ,その子が状況をどのように意味づけて,さまざまな素材を関連させながらどう向き合っていくかという,自我の統合のあり方を示すものとして受け止められる（ランゲフェルド,1974,pp. 112-119）。ここからは,物語から個別の素材を取り出して論評するだけでなく,素材と素材のつながりや文脈,河合（1993a）の言葉で言うならば,物語がもつ「つなぐ」働きに着目する視野が開かれる。
　ただ,ランゲフェルドの解釈例はシンプルである。たとえば,親子が描かれた図版について語られた物語では,ランゲフェルドは語り手である子どもの家族関係を推測している。物語のなかの親子が調和している場合は,「何ら問題

第Ⅳ部　保育的関係の展開

はないので, 肯定的な評価ができる」。逆に「父親に恐れを抱いているような場合には, 先ずその父親が攻撃的性格の持主であるかどうかを調べる必要がある」(ランゲフェルド, 1974, p.120)。しかしこのように, フィクションのなかで描かれる人間関係が, そのまま作者の人間関係と同じと推測するのは, 必ずしも妥当とは言えない。もし, ある文学作品をすべて作者の生育歴に基づいて理解するなら, それは文学の本質を損なう短絡的な解釈と言われるであろう。人間の想像力は実体験を昇華し, より豊かで思いがけない物語をつくり出すことができるのだから, それをすべて身近な人間関係に還元してしまうわけにはいかない。ランゲフェルドは, 一人ひとりの子どもの個性的な内的世界を尊重する姿勢を示したものの, その実際においては「父親との関係はどうか」といった個別の指標を取り出して, 外的な人間関係を評価的に捉えるアプローチをとることが少なくなかったように思われる。

　先行研究がほとんどない「コロンブス」の解釈を考えるうえでは, 同様の形態をもつ TAT が参考になるであろう。ただ, TAT は解釈法が確立されていないことでよく知られている。にもかかわらず, 臨床的・研究的生命を保っている点では稀有なテストとも言えるが, それはこのテストが語りを個性記述的に捉えるという, 臨床実践の本質に近い部分をもつからではないかと思われる。

　TAT の初期に見られたような, 図版の違いやテスターとの関係性を考慮せず, 無意識に抱える問題点の解読に偏ったマレーの原アプローチ (Murray et al., 1971) は, 解釈に飛躍があって現在では妥当だとは見なされず, あまり使われていない。これに対して, 鈴木 (1997) は図版ごとに物語を詳細に類型化し, 解釈による飛躍を最小限にした範例に基づく方法を提案している。ただ, 「深い」解釈は飛躍の危険性がある一方で, 常識的な推論に頼れば解釈の発見的価値が失われてしまいがちである。また類型に基づく解釈は, 広く使われる心理テストとしてはともかく, ランゲフェルドのように「他ならぬこの子」を自らかかわる関係のなかで理解するうえでは, あまり有用とは言えない。

　そこで必要なことは, 「保育者がかかわって体験した現象を言葉にするのであって, その逆ではない」(津守, 2002, p.40) と津守眞が繰り返し語っているように, 保育の現象そのものを描き出すことだろう。「心理テスト」としての

200

第9章　園庭のコロンブスたち

「深い」解釈にこだわるよりも，保育の場から得られた素材に即して考えることが出発点となる。また，保育における解釈は，子どもによって試されるものである（本書第6章参照）。したがって，テスト解釈が紙上での妥当性をもつかどうか以上に，実施の過程が保育としてどうだったか，実施者と子どもとのかかわりがどのように展開したかが重要な基準となる。

　この観点からは，子どもの語りを理解する際に，実施状況における関係性を参照していくことが考えられる。TATにおいては，各図版の性質が語りに影響を与えるのはもちろんだが，それだけでなく，テスターとの関係性が語りの内容にも影響を及ぼすことが指摘されている。クレイマー（Cramer, P.）によると，たとえば学生テスターが実習のために何度も電話で懇願して連れてきた友人の被験者は，TATの図版に描かれた男女を見て，「会社の不正の"story"を暴こうとして執拗に電話をかけてくる新聞記者」の物語を語った。詳細は略すが，他にもさまざまな物語の要素が実施状況と呼応していることが示されている。この物語は気の進まない心理テストを繰り返し頼まれて，自分が語った物語から心のなかの何かを暴かれるのではないかという不安を反映しており，またそのような気持ちが生じて当然の状況でもあると考えられる（Cramer, 1996, pp. 42-47）。被験者は何も意図的・意識的にアナロジーを用いているわけではない。しかし，現在の状況について不安があるとき，その不安が無意識のうちに物語を通して象徴的に表現されると考えられるのである。

　このことからは，テスト反応を解釈する際にも，「共同の創造」（Aron, 1990；本書第6章参照）の観点が必要だと考えられる。物語は図版という刺激の反応として生じているだけではない。テストが実施されている状況や，かかわっているテスター自身が，図版以上に大きな刺激となっている可能性がある。そう考えると，絵を見てつくられた物語から，子どもの側の心理や問題だけを見て取るのは妥当とは限らず，むしろ実施状況やテスター自身が生み出した不安を，その子の問題に帰してしまう危険性がある。

　このように，意識的な統制に縛られない自由な語りのテーマが，語り手の内界だけでなく，語っている現在の状況や目の前にいる相手との関係性を反映するという現象は，心理療法においてしばしば生じることが認識されてきた。こ

の現象は精神分析において，クライエントの語りが象徴的にセラピストのかかわりを映し出す鏡となる，いわゆる「転移」の現実的側面と捉えられてきた（Ferenczi, 1933；Langs, 1978）。語りが現在の状況を反映するという現象が相当に生じ得るものであることは，臨床外の心理学的な会話研究によっても支持されてきている（Haskell, 1982；Smith, 2004）。こうした解釈は，既知を超える新しい理解をもたらすものとしての意義があると同時に，セラピストのかかわりの妥当性を判断する材料としての臨床的有用性をもっている。

したがってここでは，語りから子どもの個人的問題を評価するというよりは，図版をきっかけに生まれた「コロンブス」的なかかわりに注目していきたい。その際には，上述のような「共同の創造」の視点をもって語りを理解していく。また，エピソードに基づいて，「コロンブス」から読み取ることができるものは何かについて論じる。

2　保育園での実施にあたって

（1）　保育園での実施について

本章では，「コロンブス」を保育園の5歳児に対して実施した際のエピソードをもとに，創造の体験とその共有の意義について考える。倉橋惣三は保育を生活と一体となったものと捉えたが（倉橋, 1953），保育の場ではいわゆる「心理テスト」を非日常的な状況で行うのではなく，日常の保育時間とつながる形で行うことができる。

言葉を使って物語をつくり上げるという点では，どの年齢でどの程度可能なのかも考慮する必要があるだろう。これまで「コロンブス」について筆者は小学生の事例や大学生による試行について報告してきたが，小学校低学年の子どもたちも相当に豊かな物語をつくれることが示されている（西・倉光, 2008；西, 2008）。

ランゲフェルド自身は，ようやく「コロンブス」の実施が可能になるのは5歳ごろだと考えた。その背景には，彼の子ども観がある。5歳までの子どもたちは，大人の権威に守られた安全感に支えられて，大人に教えられた範囲の世

界を探究する傾向が強く、言語能力が十分発達するまではまとまったイメージをつくり出しにくいというのである（Langeveld, 1981）。仮にその通りであったとすれば、5歳児の物語は、創造的というよりも模倣的であり、その世界の広がりは限定的だと考えられる。

　しかし、ランゲフェルドは具体的な事例をあげているわけではない。筆者が保育の場に身を置いた経験からは、必ずしもランゲフェルドの説明通りではないように感じられるし、おそらく多くの保育者もそう思うことだろう。このことは、実際の子どもの姿を見ることで、確かめられる。

（2）　**実施方法**

　A保育園は、自由で和やかな保育が行われている中規模の園である。朝の自由な遊びの時間に、5歳児クラスの子どもたちに「コロンブス」を実施した。といっても、卒園が近づいてくるころだったので、多くの子どもたちは6歳を迎えている。子どもたちは、美術館で行われているプログラムに幾度か参加し、展示された名画をもとにグループでお話をつくる体験をしてきている。そのこともあって、あまり抵抗なく「コロンブス」のお話づくりに参加してもらえたようである。園の先生方のアドバイスもあり、2～3人を一組として、10組程度の子どもたちに実施した。通常の心理テストは一対一で実施されるが、今回は保育の場で初めての実施であり、あらかじめ厳格に方法を定めておくのではなく、子どもたちが自然に楽しめる形を探っていくこととした。

　実施は筆者が行ったが、物語の筆記やビデオカメラでの映像記録には、同僚の保育研究者の協力を得た。実施は、廊下にベンチとテーブルが置かれた、開放されているけれども区切られていて少し落ちついて話せる場所があるので、主にそこで行った。

　「エピソード1」は保育園で初めて実施したときのものであり、筆者が図版を提示しながら子どもたちに話を聞き、同僚の保育研究者がその物語を書き留めた。この子どもたちが予想以上に楽しんでくれたおかげで、次からの子どもたちも楽しみに来てくれるようになった。「エピソード2」からは、子どもたちの了解を得て、ビデオカメラでの映像記録をとった。記録や映像を研究に用

第Ⅳ部　保育的関係の展開

いることについては，園から保護者に了解を得ている。

3　「コロンブス」の語りから

　ここで取り上げる二つのエピソードにおいては，「コロンブス」の図版2を使用した（図1）。[*3] ランゲフェルドによると，この図版は幼い子どもにも適しており，また導入的にも使用される一枚である。

（1）　エピソード1：旅の始まり

> 　A保育園ではじめての「コロンブス」に参加してくれたのは，Nくん，Oくん，Pちゃんの三人だった。図版を見せて，「お話をつくってくれるかな」と頼んでみると，最初は三人で顔を見合わせながら，「この子，どうみても一人ぼっちだなあ」などと話している。絵に登場する主人公は，子どもたちが相談のうえ，こうたくんという名前になった。そこから，イメージがふくらんできたNくんが中心となって語り始め，どんどんお話が広がってきたので，それを筆者らが聴き，書き留めた。子どもたちによると，お話は題して，「こうたくんのしあわせ」。
>
> 　　　　　　　　　こうたくんのしあわせ
>
> 　この子の名前は，こうたくんといいます。
> 　こうたくんは目を覚まして，階段を降りていきました。
> 　お着替えをして，外に出ました。
> 　外に出たら，雪が積もっていました。うわーって，びっくりしました。
> 　そして友達を呼んできました。友達と雪合戦をしたり，雪だるまもつくりました。
> 　朝ご飯を食べるのを忘れていたので，お家に食べに帰りました。
> 　そしてパワーが出たので，また外に出て雪だるまをつくりました。

＊3　心理テストの図版は，テスト結果に影響しないよう専門家に限って公開されることが多いが，「コロンブス」の図版1・2はランゲフェルド自身が一般にも向けた著書に掲載しているので，ここに引用する。

第 9 章　園庭のコロンブスたち

図1　コロンブス　図版 2

今度は船をつくりました。雪船です。
みんなで剣をもってきて、悪者を倒しました。
また悪者が出てきたので、仲間たちを呼んできました。
隣に大きな街が見えてきました。
どんどん行くとお化け屋敷がありました。お化けがたくさんいました。ゴールに行くと、金メダルを100個、1,000個、いや3個もらいました。
こうたくんはやる気が出てきて、どんどんお化け屋敷に行きました。
おしまい。

　こんなお話を楽しみながらつくり上げたところ、子どもたちがそれを絵に描きたいと言い始めた。早く早くと言うので事務室に紙とクレヨンを借りにいくと、先生方が快く用意してくださった。Nくんは雷鳴とどろくお化け屋敷の様子を一心に描き（図2）、Oくん、Pちゃんは、もとの図版の出発の場面を、それぞれ自分自身らしい主人公と共に描いた。それを見て、廊下を通りがかった子どもたちも加わり、あたりの廊下に紙を広げながら、みんなが好きな絵を描いていった。

　思いがけず想像がふくらみ、お話が絵にまで広がった初回の実施だったが、その後もNくんは他の子の「コロンブス」実施の傍らにやってきて、お話に触発された絵を描いたりし、またNくんが次々と絵を描く様子に惹かれて、自分も絵を描きたくなる子どもたちが増えていった。

205

第Ⅳ部　保育的関係の展開

図2　お化け屋敷の探検

　子どもたちがどれくらいお話づくりに参加してくれるだろうと筆者は案じていたが，初回から豊かな物語をつくってくれたことに驚かされた。創造し，表現したい気持ちは物語だけに収まらず，子どもたちの側から絵を描きたいと言ってくれて，その楽しみがその後に続いていった。その過程では，この物語と同様に，未知の課題への取り組みを無心に楽しむフロー体験（チクセントミハイ，2000）を，子どもたちと筆者らの間で共有できたように思われる。

　この事例の場合は，特にNくんのイメージがきっかけとなって，参加している子どもたちやクラスの他の子どもたちの間に，お話をつくり，絵を描くことの楽しさが伝わっていった。意図的にということではないが，結果的にはNくんが，これからの活動を導くリーダーシップを発揮してくれたようにも思われる。創造性，ヴィジョン，イメージ，フロー体験といったものが，心をつなぎ，人々を導く力になることを感じさせられた。

　物語は，子どもたちの挑戦と成功の過程を描いている。家庭の外の世界を探検し，「お化け屋敷」の未知なる世界に挑み，価値あるものを手にする。その成功がさらなる挑戦を可能にしたというこの物語は，内的な世界に歩み入り，自らの力で新たな可能性を発見するという，ランゲフェルドが抱いた「コロンブス」における成長のイメージと呼応する。

この物語が語られた背景には，実施状況との関連も考えられる。先に関係性の視点からの解釈に触れたが，子どもたちの物語は，現在の状況と関係性を反映するものとしても受け止めることができる。初めて出会う大人とテストに取り組むことは，必ずしも容易な作業ではない。物語をつくる過程は，筆者との関係がつながっていく過程でもある。「この子，どうみても一人ぼっちだなあ」という会話は，A保育園への新参者である筆者とも，無意識のうちに重ね合わせられているのかもしれない。物語が膨らむなかで，その新参者は一人ではなく，仲間を得て新しい世界を発見していった。その物語の展開は，筆者にとっても楽しいものであったし，Nくんたちにとってはもっと挑戦していきたいと思えるものとなった。ランゲフェルドによれば，関係を築くこと，理解し合うこと，成長することは一つの過程である。ここでも，新参者との関係が広がることと，楽しみながら挑戦し，新たな世界を切り開くことが，一つとなっている。

　「金メダルを100個，1,000個，いや3個もらいました」のところは，Nくんもひらめいた勢いで一気に語り，みんなも楽しく聞いた。これを意味のない言い間違いと断じる必要もないだろう。そこには，楽しみがどれだけ大きいものか（「100個，いや1,000個」）を表すイメージと，物語を成り立たせる現実認識の力（三人の子どもに三つのメダル）との，両方が含まれている。物語をつくる挑戦は成功を遂げ，それは気持ちのうえでは金メダルにも，ゼロが3個つく10の3乗分にも匹敵するが，同時にそれは子どもたち3人の力によるものである。人と人が集まるとき，そこには数の足し算以上のものが生まれるが，そのような集いの力を感じさせられる物語だった。

（2）　エピソード2：関係の広がり

　エピソード1に描いたはじめての実施に続いて，数日後に「コロンブス」を実施した。子どもたちが楽しんで「コロンブス」に取り組んでくれる感触がもてたので，今回からは実施場面をビデオで撮影することとし，それによって，逐語録を作成し，やりとりをより詳細に見ることができた。

第Ⅳ部　保育的関係の展開

　今回の参加者は，QくんとRちゃんである。二人でベンチに隣り合って座り，顔を見合わせて，はにかむように「うふふ」と笑い合っている。図版を見せると，二人は主人公を誰にするか話し合う。「Qくん？」「Rちゃんだよ」などとお互い相手の名前をあげるが，そのうち「Sくんがいい！」とRちゃんが言って，二人が好きな共通の友人を主人公にすることに決まった。
　以下，二人の発話を「Q：」「R：」で，筆者の言葉を「筆者：」で示す。

　　　　Q：Sくんは，夜中になって，ふとんから出て……。
　　　　R：（後を続ける）階段を降りていきました。すると階段から降りるとき，途
　　　　　　中で転んでしまいました（いたずらっぽく笑う）。どっしーん‼（笑）。
　　　　Q：階段の上で，ごとんとおしりを打って，お父さんたちのところに聞こえ
　　　　　　て，お父さんがやってきました。
　　　　R：（Qくんに向かって）なんでそうなるん？
　　　　Q：それでお父さんに怒られました。
　　　　筆者：怒られたのかあ……。
　　　　R：それで，また階段を降りて……。
　　　　Q：またSくんは転んでしまいました。だからそーっと隠れたけど，またお
　　　　　　父さんに見つかって，おしりを叩かれた。
　　　　R：おしり叩かれたらな，おしり真っ赤っか（笑）。
　　　　Q：次の日お風呂に入るとき，おしりが痛い。
　　　　R：お湯につかれないよ。
　　　　Q：おしまい。
　　　　R：早いじゃん，そんなの。
　　　　Q：早くない。
　　　　筆者：（しばし二人が言い合うのを見て）じゃ，もうちょっと話す？
　　　　R：お風呂に入って，お湯につかれませんでした。（筆者に向かって）絵，描
　　　　　　きたい。
　　　　筆者：じゃ，あとで描こうか。
　　　　Q：寒かったから，おしりから入ったら，あちー‼（笑）。お湯から飛び出し
　　　　　　たら，天井にどーんと頭が当たってな，どーん‼　落ちてきたらお湯が
　　　　　　熱くてまた飛び上がって，どーん‼（自分でも飛び上がりながら勢いよく

第 9 章　園庭のコロンブスたち

話す）6 回くらいなって，頭へろへろ，おしりへろへろ。そんな顔しとったら，お風呂出てから，お父さんに，「どうしたん，その顔は」と言われたから，「ちょっとおしりと頭，痛いよー」って言ったら，熱が出て，学校行けなくなったけど，（ここで嬉しい顔をする）R ちゃんが，お見舞いに来てくれたんよ（こらえきれないように，嬉しくなって笑う）。それで，R ちゃんが一時間くらいしてから帰っていって，次の日にまだ熱があったから，R ちゃんはもう一回お見舞いに来てくれて，それで最後は R ちゃんと，学校の人みんなで，楽しく遊びました。
　　R：楽しくするときは，象とかウサギとか呼ぶんよ！
　　Q：それでおしまい！
　　筆者：みんな集まったんだね。
　　Q：うん，それでおしまい。

お話づくりが落ち着いたので，筆者はリクエストに応え，紙と色鉛筆を持ってくる。
　　Q：（お話を描こうとして）どうだっけ。
　　R：最初は……（ちょっと考えて）忘れた！
　　筆者：夜起きたら……。（と筆者が言いかけるやいなや，二人は思い出して描き始める）
　　Q：絵と，それから字も書いていい？
　　筆者：うん，いいよ。
　　R：え，字書いてもいい？
　　筆者：何を書いてもいいよ。

　Q くんがひと文字ずつ書いていくのを，勝ち気な R ちゃんが「こう書くんだよ」と手助けしながら，それぞれに絵を描いていく。そこに，S くんが廊下を通りがかった。最初は Q くんの鏡文字を指摘していたが，すぐに「なんで俺なん？」と自分が主人公になっていることに驚く。R ちゃんが嬉しそうに，「S くんがいいの！」と言う。そこからは S くんも物語を綴るのに参加して，文章が完成した。

　　「S くんはよるおきてかいだんおりてころんでしまいました　おとおさんに
　　みつかりました　おしまい」

209

> 　物語の絵を描くのが一段落したところで（図3・図4），QくんはRちゃんの手形を新しい紙にRちゃんの手形を絵取ってあげている。そして筆者の両手も，手形に描いてくれた。Rちゃんがカメラに向かって，「映して！　映して！」とポーズをとってくれる。「Rも撮りたい！」というので，そこから子どもたちが写真を撮り合うようになる。Rちゃんのリクエストにより，Qくんが猿のまねをして，ひょうきんな顔でジャンプしたところを写真に収める。その様子がおかしくて，子どもたちも筆者らも，みんなが笑う。

　このエピソードでは，QくんとRちゃんがかかわりながらお話をつくっていったことが印象的である。先のエピソード1では，主にNくんがリードして，比較的一対一でのテスト状況に近い展開となったが，エピソード2は，子どもたちがかかわり合うことによって展開した。

　はじめはQくんが語り始めるが，すぐにRちゃんが後を続ける。思いがけなく主人公が転んでしまったのを受けて，Qくんがお父さんを出現させる。その展開にRちゃんは異論もあったようだが，話が進むうち，それはRちゃんにとっても楽しいものになってきた。一度Qくんのなかで完結しかけた話をRちゃんが再開すると，それに触発されてQくんの話がふくらみ，お風呂の場面やお見舞いの場面では，子どもたちも筆者らも，心から笑ったのだった。そこには，互いに相手の力や個性に頼り合い，また導き合う過程がある。イメージは，自分の内界だけで完結するものとは限らない。子どもたちは，相手のイメージにも触発されながら，心をつないでいく力をもっている。

　保育において，楽しみによって心がつながれることは，「ただ楽しいだけ」というように否定的に見られるべきものではなく，むしろ保育の本質につながっている。

　津守は，無心に楽しみを分かち合い，共にいる体験を通してこそ，子どもの世界に真に触れることができると述べている（津守，1979，pp. 233-234）。もし筆者が「コロンブス」を「テスト」として，マニュアル通りに実施することにこだわっていれば，このような楽しみの時間を無心に共有することはできなかっただろう。

　図版を見せた最初から，二人が仲良く，特にQくんがRちゃんと一緒で嬉し

第 9 章　園庭のコロンブスたち

図 3　Q くんの描いた絵

図 4　R ちゃんの描いた絵

くてたまらないのが，よく伝わってきた。二人とも日ごろから S くんのことが好きで一目置いているようであり，また R ちゃんには特にそんな気持ちがあるようだったが，しかし物語をつくっているときは，並んで座る Q くんと R ちゃんの動きは同調し，互いに気が合い頼りにし合っている様子でもあった。

　心理テストでは反応の解釈法が論議されることが多いが，ここに示されているように，語る以前から子どもたちは多くのことを伝え，表現しているのである。また私たちも，人として心動かされるなかで，多くのことを受け取っている。その子がどんな人なのか，出会って親しく過ごせば，型通りの分析では尽くせないものが伝わってくる。

　複数の子どもたちでの実施は，マニュアルを外れるものである。ウェンガーは従来の学習観について，テストが象徴するように，協力を排除した個人のプロセスとして学びを捉える点が問題だと指摘している（Wenger, 1998）。心理テストも多くの場合，「テスト」で測り得る個人の能力を捉えるものであり，それ以外の側面が視野の外に置かれてしまう。互いに関係を築く力も，テストによっては測りがたいものである。エピソード 2 の実施では，むしろそのような力を見ることができた。

　この物語について，その楽しさを抜きにして考えることはできないであろう。物語の要素だけを取り出せば痛みや熱など不運な体験もあるのだが，お話の展

211

開のなかではそれがかえって楽しさにつながっていく。お風呂場で飛んだりはねたりする様子をしながら，いまやQくんが文字通り体現してくれている主人公は，苦境に身を落としながらもRちゃんの思いやりを受け，天上にも昇る幸せを得る。痛みや思いやり，そして身を挺して笑いを誘うことを通して，みんなが楽しく集う結末が導かれた。

　物語をつくったあとには，それぞれに自画像らしい絵を描き，手形を残し，互いを写真に撮る遊びが広がった。実施に協力してくれた研究者は，「絵はほんとうに，"きっかけ"となるだけで，子どもたちは自由な発想で遊びを広げていくことを，また教えてもらったような気がします」との感想を書き残している。もしランゲフェルドが言うように，「コロンブス」とは子どもと私たちが手を取り合って子どもの世界を逍遙し，その可能性を発見していくことであるとするならば，その旅に終わりはない。「コロンブス」の図版に対する「反応」が「ここからここまで」とは，本来的には割り切ることができないものである。子どもたちの創造力も，私たちとの関係性も，あらかじめ想定された枠を超えて広がっていく。

　子どもたちは自分の世界を絵に描くだけでなく，相手の身体も絵や映像の世界に取り入れていった。そこにも，イメージが個人のなかだけで完結するのではなく，相手を受け容れ，相手との関係を深めるものになっていることが示されている。「何を書いてもいいよ」と応えたように，子どもから生まれるどんなことも筆者は受け容れるつもりでいたのだが，その態度を子どもたちも感じてくれたことが，このエピソードの自由な展開につながったのかもしれない。それに応えて子どもたちは手形を取りながら，今度は自分の絵の世界に筆者を受け容れてくれた。子どもたちと出会い，その気持ちを受け止めようとしてみても，それは一方的になされることではなくて，こちらのほうが受け止められ，支えられる相互的な体験になることは，日々実感するところである。

4　創造の体験とその共有

（1）「コロンブス」から読み取られるもの

　エピソードに基づいて,「コロンブス」によって何を読み取ることができるかについて考察したい。

　エピソードから第一に感じとられるのは,子どもたちのもつ創造力の豊かさであり,その色合いは一人ひとり,その子によって異なるということである。エピソード1では,共有されたイメージが,主にNくんの力によって展開していき,その楽しさが,周りの子どもたちをも巻き込むものになっていった。これに対してエピソード2では,二人が協働するなかでイメージが広がり,憧れのSくんや,筆者を含めた周囲の人々を取り込んだ形での物語や絵が展開していった。どの子も筆者らの予想を超えた創造力を発揮してくれたが,その持ち味はそれぞれに異なっている。

　「コロンブス」から第一に読み取られるのは,こうした一人ひとりの創造力のあり方だと考えられる。TATを創始したマレーは,図版を被検査者に提示する際に,「これは想像力のテストです」と教示した（Murray et al., 1971）。想像力のテストだと伝えて,お話をつくってもらうのだから,そこから直接的に読み取られるのは,想像力・創造力のありようになるのは当然である。TATでは被検査者の人格におけるさまざまな問題が探られることが多い。しかしそうした「問題」視の枠組みを超えて考えてみると,想像力・創造力も人格の重要な一部分なのである。ランゲフェルドが子どもの投影のなかに未来を切り拓く力を読み取るべきだと述べたことを思い起こすなら,想像力・創造力こそ子どもの成長を可能にする力だと言える。エピソード1のように未知に挑んで自分自身の世界を拡大していく創造性もあれば,エピソード2のように他者を受け容れながら自他の関係性を深めていく創造性もある。いずれも子どもたちが成長し,生きていくうえで,重要なものである。

　第二に,物語はその子の人となりを私たちに感じさせてくれる。筆者が大学生たちに「コロンブス」を実施してもらった際には,理論的解釈を行う以前に,

第Ⅳ部　保育的関係の展開

語りのなかから「その人らしさ」が伝わってきたという感想を聞くことが多かった（西，2008）。物語はそれ自体，聴き手に心の「動き」を伝えてくれる（河合，1993a）。また事例が示すように，親しく出会い，関係を築いていくなかで，子どもたちはさまざまな表情を見せてくれる。

　第三に，物語が展開する過程を理解していくことにも意味がある。特に関係性の視点からは，エピソード１では，みんなで物語をつくるという取り組みにフロー感をもって取り組む楽しさが，エピソード２においては，互いを自分の世界に受け容れ合うことによる関係の深まりが，物語にも反映されていた。こうした展開からは，今回の実施が単にテストによって子どもたちについての情報を得るというより，保育的関係を築くうえで一定の意味をもったと考えることができる。

（２）「コロンブス」的なかかわり
　ランゲフェルドの観点からは，「コロンブス」は子ども理解の方法であると同時に，子どもとの関係を深める通路でもある。それは自らも「共に遊ぶ」ような，実施者の主体的で自由なかかわりを要する。今回の体験からは，次のようなかかわりに意義があったと考えられる。

　第一に，子どもたちから生まれるどんなものをも尊重し，受け容れる態度があげられる。お話をつくるだけでなく，絵を描きたいという願いを受け容れたこと，他の子たちが取り組む際にも一緒にいてくれる雰囲気を大切にしたこと，「おしり真っ赤っか」のように大人の世界ではあまり称賛されにくそうな表現も共に楽しんだこと，子どもからの問いかけに「何を書いてもいいよ」と答えたこと，反応が一段落したあとも写真を撮ったりジャンプしたりして共に遊んだことなど，子どもたちの思いをできる限り制限することなく受け容れ，それによってマニュアル通りの実施では得られない展開が生まれた。こうした一つひとつの瞬間に実施者がどのような態度や言葉を返すかによって，たとえ「自由に話してください」という教示があったとしても，子どもが感じる自由感や信頼感は違ってくるだろう。

　第二にランゲフェルドが指摘したように，「客観的」な態度や「理論」にとら

われることなく，人間として自然で自由な態度でかかわることにも意義があったと考えられる。このように楽しみ，味わう態度については，先に津守の保育観にも触れながら述べた。

　第三に，関係を相互的なものとして受け止める態度があげられる。ランゲフェルドは子どもと出会う教育者自身も成長せざるを得ないと述べており，彼の成長観は相互的なものである。今回の実施は，筆者自身にとっても子どもたちと出会って心を開いていく過程であった。筆者も子どもたちを受け止めようとしたが，子どもたちも筆者を受け容れて親しい関係を築こうとしてくれた。こうした相互的な観点をもつことは，敬意をもって子どもたちと出会う姿勢につながると考えられる。

(3)　エピソードから「成長」を捉えなおす

　今回の実施では，ランゲフェルドがほぼ下限と見ていた年齢の子どもたちを対象としたが，結果的には，子どもたちは予想以上に豊かな創造力を発揮してくれた。一つには，グループで実施することで子どもたちが安心感をもてたことがあるが，エピソード1のNくんのような子どもであれば，一対一でも相当な物語をつくることができただろう。

　ランゲフェルドは，幼い子どもたちは大人に教えられた範囲でしか世界を探求できない傾向があると述べているが（Langeveld, 1981），今回のエピソードでは必ずしもそうではなかった。エピソード1では，ランゲフェルドの言う「家庭の安全感」を超える挑戦がなされているし，エピソード2では大人が教え込むことのできない楽しみが分かち合われた。津守は，「幼児期には，まだ，おとなの論理や秩序が成立していないところに，むしろ積極的な意味があると考える」（津守，1968b, p.40）と述べている。特に想像力，創造力，人とかかわる力などの成長は，年齢を重ねるごとに右上がりに伸びていくようなものとは限らない。むしろ幼い子どもこそが，かえって大人には思いもよらないような力や価値を見せてくれることもあるように思われる。

　また，エピソード2ではQくんとRちゃんが，一人きりで物語を完成させるのではなく，互いに触発し合いながらイメージを広げていったことが印象的で

ある。すでに述べたように,「コロンブス」の背景には,子どもが大人への依存から自立へ向かう成長の力を読み取ろうとする,ランゲフェルドの意図がある。しかし,このような「解放」の道程もまた,一直線のものではない。成熟が「自立」ばかりでなく,互いを助け合う依存の契機も含んでいるという発達観は,広く認められてきている（グリーンバーグ＆ミッチェル,2001)。このような観点からは,エピソード2の子どもたちは単に自我が未熟で依存的だというわけではなくて,むしろ関係のなかで互いの可能性を実現していく力を発揮できているのである。エピソードに見られる実際の子どもたちの姿からは,自立,依存,解放といったテーマを一元的にではなく,多元的に捉えていくことができるのではないだろうか。

　子どもたちと出会うときには,遊びやイメージを通して,私たちの予想を超えたものが展開する。一人ひとりの子どもと出会う事例研究を通して,私たちは自分自身のあり方を振り返ったり,それまでもっていた概念を超えた新しい見方の可能性を感じとることができる。「コロンブス」は子どもたちとの出会いのなかで,互いの世界を新しく広げていく機会を与えてくれた。

第10章
去りぎわが生まれるとき
——保育における出会いと別れ

1 去りぎわの体験について

(1) 保育のなかの別れの意義

　出会いがあれば，別れがある。
　津守眞が語るように，「獲得することと失うことは，人間の生涯を通じて繰り返し直面する体験であり，そのたびに新たに考え直し，理解を深めてゆく人間の行為である」(津守, 1997, pp.129-130)。子どもと保育者は，日々出会い，別れる体験を積み重ねているが，その体験を通して子どもも保育者も共に成長する。保育のなかにはさまざまな別れの体験も含まれている。たとえば日々繰り返される登園・降園を例にとってみれば，別れや再会，寂しさや嬉しさが重なり合って，子どもたちだけでなく保育者もさまざまに心動かされるだろう。こうした心の動きが，出会いや別れを大切に受け止めたり，さらには，人と交わりつつも分離した存在としての，「私」のアイデンティティを確かめていくことにもつながっていく。別れの体験が積み重ねられるなかで，そこにかかわる人々は知らず知らずのうちに，少しずつであれ何らかの成長を遂げているのである。そう考えると，一人ひとりの気持ちを受け止めながら，別れをどのように体験していくかは，保育にとって意義ある課題だと言えるだろう。

(2) 保育のなかの別れに関する研究の状況

　保育のなかの別れについての研究は，まだほとんどないように思われるが，登園時のトラブルや分離不安に関する研究のなかに，それに近いものが散見さ

れる。柏木・蓮香（2000）は，保育園に子どもを預ける際の母親の感情について調査しており，田矢・柏木（2004）は，登園場面での子どもの泣きの数の変遷を分析している。分離不安に関する研究には，このように母親か子どものいずれか一方の側を取り上げ，分析するものが多い。一方の側だけでなく分離の際の関係を取り上げたものとしては，尾崎（2001）が親子の分離場面をいくつかのタイプに分けており，柴田（1985）は登園時の分離不安に，性別，月齢，親子関係診断などの要因がどう影響するかを調査している。

　これらはいずれも，多くの例に共通する一般的な要因を理解しようとするものである。しかし実際の保育にあたることを考えてみれば，登園も降園も，子どもも保護者も保育者も，一人ひとり個性をもった存在が出会うなかでそのときどきに体験されるものであるから，それに保育者がどう応えるかを考えると，より具体的な事例研究も必要になると考えられる。津守（1974b）や鯨岡（2005）のように，保育者の主体的な関与があってこそ保育が深められるとするならば，保育者自身がかかわった経験を事例研究としていくことから，こうした別れの体験への新たな洞察が得られるであろう。

　上述した先行研究はすべて親子の分離に関するものであったが，最近になって登園時の保育者のかかわりについての研究もなされてきている（山本・松葉，2012）。しかしこの研究では，出会いや別れの体験そのものよりも，登園後に園での遊びに目的意識をもって集中していくための対応が扱われている。したがって現在のところ，保育における別れの体験自体を具体的に論じた研究は，ほぼ見当たらないと言えるだろう。

（3） 去りぎわに生まれるかかわり

　ここでは，筆者が保育園を訪れて体験した別れの場面を取り上げたい。それが際だった形で現れるのは，「去りぎわ」である。子どもたちは別れるとき，礼儀作法のマニュアルに沿って定型的な行動をとるわけではない。そこには必ず，相手とのやりとりがあり，ときにかえってそこから遊びが広がったり，広がりすぎた気持ちを収めていったり，さまざまなかかわりが生まれてくる。保育において，別れは単なる切断ではなく，それ自体が一つのかかわりなのだと考え

られる。ここでは、このような去りぎわの場面で生まれるかかわりを通して、別れの時間が子どもたちと保育者との間でどのように生まれ、体験されるかについて、具体的に考える。

2　子どもたちとの出会いのなかで考える

(1) 子どもと交わる保育による研究

　別れは、一人の人間の心のなかだけで起こる現象ではなくて、人と人との間で生まれる体験である。したがって別れを理解するには、子ども個人を外から観察するだけでなく、子どもと保育者との関係性を捉えなければならない。私たち自身が子どもとかかわるとき、その体験はより深く、いわば内側から理解されるだろう。津守は自ら子どもと出会い、自らかかわってこそ、保育を深く理解できることを、一貫して示してきた。

　　　子どもとていねいにつき合い、互いに信頼し合うときに、子どもは本心を見せてくれる。それは、その特定の子どもを理解するにとどまらず、おとなにとって、自分自身をふくめてひろく人間のことを考える機会である。保育の場は、子どもとおとなとがともに生活し、ともに学び、ともに成長する場である（津守, 1980, p.5）。

去りぎわに見られるかかわりや体験について具体的に考えるにあたって、このように、外からの観察ではなく、自らかかわる事例研究を行うことは、意義あるものと言えるだろう。
　ここでは津守 (1980) と同様に、「保育」を職業的保育者のみならず、広く人間的な営みと捉えている。社会的な役割によって異なる部分はあっても、子どもとかかわる体験からは、人間に共通する洞察が見出される。ここでは、登園・降園時といった特定の状況への技術的対処を取り上げるわけではない。むしろ津守がそうしてきたように、保育の人間的な次元について考察を深められるなら、特定の事例のみでなく、それに通じるさまざまな保育状況につながる示唆を得ることができるであろう。
　自らかかわる保育研究においては、その意義と課題が示されてきている（津

守，1974b；鯨岡，2005)。このような研究においては，(1)素材と解釈の結びつきを明らかにし，解釈と事例が密接に結びついたものとすること，(2)子どもからの生きたフィードバックを得ること，(3)遊びやイメージを含めた子どもの反応を詳細に見ていくことが重要だと考えられる（本書第6章参照)。

（2） 保育園での事例について

　協力いただいている園は，中規模の保育園であり，自由で和やかな雰囲気の保育が展開されている。筆者が毎週訪れている園もあれば，研修会などの機会に子どもたちと出会えた園もある。記録は筆者の記録や，同僚の保育研究者が撮影してくれたビデオをもとに構成した。

　映像記録を含めて，保育園での体験を研究に用いることについては，園を通して保護者からの了解をいただいている。これらの保育園で子どもたちとかかわった無数の思い出のなかから，去りぎわにまつわる三つのエピソードを選択した。

　去りぎわの体験は，子どもたちの体験であるだけでなく，筆者にとっての体験でもある。このころ筆者は2歳児クラスに通うことが多かったため，エピソードはそこから取られている。人なつこくなってきたこの時期の子どもたちとの間では，出会いも別れも印象的であることが多く，残された印象は，筆者に子どもたちとの出会いを振り返り省察する動機を与えてくれた。時期としては，筆者が保育園に通い始めて間もないころのもので，出会いも別れも器用にはできなかったが，そのことがかえって去りぎわを印象的なものにしたように思われる。

3　2歳児クラスでの出会いと別れ

（1）　エピソード1：残されるもの

> 砂場で遊ぶ子どもたちを，筆者は傍らで見守っていた。2歳児の女の子，Tちゃんは，カップを手に砂のプリンをいくつもつくっていた。突然，横で遊んでいた男

第 10 章　去りぎわが生まれるとき

どこまで積めるか，みんなで挑戦する。

の子がふざけてプリンを踏みつぶしてしまった。筆者なりにとりなしてはみたのだが，男の子はやめるものの，心から謝るふうでもない。Ｔちゃんを見ると，壊された戸惑いはあるものの，あまり気にはしないふうで，平然とまた砂のプリンをつくり始める。どんな気持ちなんだろう……と思いながら，筆者はその様子を見守っていた。

　しばらくして，みんなで園庭を引きあげ，保育室に帰ってきた。子どもたちが色とりどりの柔らかいウレタンブロックを高く積みあげて遊ぶ。高く積みすぎて崩れそうになるので，あわてて筆者が支えると，その崩れかかったバランスがおもしろくて，今度は筆者の上に積みあげたり崩したりを楽しむ。

　そんなふうに遊んでいるうち，クラスのみんなが場所を移動する時間になった。ブロックは子どもたちの手によって整然と部屋の隅に片づけられていったが，ちょうどそのとき，Ｔちゃんが猛然とブロックの山を崩し始めた。「どうしたの」と声をかけても，どんどんブロックの山を壊していく。散り散りになった心を収めるような気持ちで，筆者がブロックを少しずつ寄せ集めていると，「そのままにして！」とＴちゃんが叫んだ。その真剣さに，筆者は「わかった！」と答え，両手を伸ばしてばらばらのブロックを押さえた。筆者がブロックをそのままに守っているのを確かめるように振り返りながら，Ｔちゃんは外に出て行った。それがその日のＴちゃんとの別れだった。

　保育園から帰ってその週は，Ｔちゃんのことがずっと気にかかった。大事につくりあげたものが壊されるのがどんな気持ちか，Ｔちゃんが教えてくれている気がし

第Ⅳ部　保育的関係の展開

> た。色とりどりのブロックが散乱する様子は、"これがいまの私の心だ"と伝えてくれているように思えた。形ばかり整えてみても収めようのない気持ちが、そこに残されていた。
> 　次の週、また保育園を訪れた。Ｔちゃんのことを気にかけながら、筆者は子どもたちと遊んでいた。ブロックを積みあげ、ソファをつくっていると、Ｔちゃんが筆者のそばに来て座った。Ｔちゃんはそこにいる子を呼んで、筆者とＴちゃんの間に座るように言った。
> 　数週後、筆者が子どもたちと遊んでいると、筆者の背中にＴちゃんが飛びついてきて、「だーれだ！」と笑う。「だれかなあ」。Ｔちゃんは筆者の背中から甘えて手をつなぎ、楽しそうに笑った。筆者はＴちゃんと、少し親しくなれた気がした。

　去りぎわをきっかけに、子どもから保育者に気持ちが伝えられることがある。一緒に遊んでいたときとは、違ったレベルでのコミュニケーションが生まれることがある。
　フロイトは、彼の臨床の最初期から、同じような現象に注目していた。

> 　実際の「面接」が始まる前や終わりが告げられてソファから立ち上がった後、患者が何かしら話しかけようとするのを止めることはできない。このようにして患者は治療を、自分にとって正式な部分と、非公式な「親しい」部分に分ける。正式な部分では、主として非常に抑制されたやり方で振る舞い、「親しい」部分では、治療の一環だなどとは思わずに、あらゆることを実に自由に語るのである（Freud, 1913, p. 139）。

　共に遊ぶなかで伝えられるものもあれば、去りぎわにこそ伝えられるものもある。後者のほうがむしろ重要な場合さえあることを、フロイトの経験は示唆している。
　子どもから伝えられるコミュニケーションの媒体は、言葉に限らない。去りぎわに、言葉にはしがたいけれど、忘れがたい印象を残す子どもたちもいる。Ｔちゃんが去ったあとの筆者自身の気持ちを振り返ってみると、投影同一化（projective identification）の考え方が思い浮かぶ。受け容れがたい気持ちが相手に投げかけられ、受け手が実際にその気持ちを体感する（同一化する）現象で

第10章　去りぎわが生まれるとき

ある。それは無意識のうちに，しばしばプレッシャーやインパクトを通じて相手に気持ちを伝えるコミュニケーションである（Klein, 1946；Langs, 1978；本書第3章参照）。

　Tちゃんがなぜ，みんなで積みあげたブロックの山を壊し，「そのままにして！」と私を制止したのか，そのときすぐにはわからなかったが，しかしそこには何か逃れるべきでない意味があるような気がして，ともかくもTちゃんの言うようにしたのだった。とっさには理解しがたい行為であっても，その行為を受け容れ，壊れたブロックの散乱が目の前に実現されてみると，そこに彼女の気持ちが伝えられているように感じられる。散らばるブロックを前にして筆者が感じた何とも言えない気持ちは，Tちゃんが砂場で感じていた痛みと，どこか通じるものだったのかもしれない。

　"正式なカウンセリングの時間"には伝えきれなかった気持ちが，面接が終わったとたんにフロイトに投げかけられたように，保育のなかでも，遊びの"時間内"には収まりきらなかった気持ちが，去りぎわになって初めてわかることがある。"いま，ここ"での気持ちを相手に伝える，最後のチャンスだからかもしれない。砂場でトラブルが起こったとき，Tちゃんはその場では平静でいようとしたが，釈然としない気持ちを抱え続けており，そのことを，その場をうまく収められなかった筆者に伝えておきたかったのかもしれない。こうしたことを，Tちゃんがはっきり意識的に意図して行ったわけではない。心に収めがたい感情は，大人であっても意図的にコントロールし尽くせないものだろう。ここでは言葉にしがたい，目には見えない心の動きを理解することを試みている。

　筆者がTちゃんの制止に反してブロックを片づけてしまっていたら，Tちゃんの思いを汲み取ることはできなかっただろう。それは彼女には，"受け手であることの拒否"（Langs, 1978）と映ったかもしれない。遅ればせではあるが，筆者がTちゃんの気持ちを受け止めようとしたことは，その後の関係が展開していくうえで，意味があったように思われる。誰か他の子を間に置いたり，背中からであったりと，何かしらの距離を置きながらではあるが，Tちゃんと筆者は親しくかかわるようになっていった。ある日，Tちゃんは両手いっぱいに

集めた桜の花びらを惜しげもなく落とし，そのなかの一枚だけを筆者にくれた。保育園には全身で飛び込んできてくれる子もいるが，Tちゃんが一枚だけくれる花びらは，かえって彼女の繊細な親しみを伝えてくれているように思われた。

（2） エピソード2：別れは人と人との間で生まれる

> 　　2歳児の男の子，Uくんは，とても人なつこく筆者を誘ってくれて，一緒に楽しく遊んでいた。筆者はそろそろ帰る時間なのを気にしていたが，Uくんはベランダに置いてあるトランポリンに乗り，手をつないだ筆者に支えられながら，夢中で飛び跳ねている。その興奮はなかなか収まらなかったので，しばらく一緒に遊んでから「ごめんね。そろそろ帰るよ」と言って手を離した。Uくんは筆者を見つめてかたまってしまい，その日はそのまま帰ることとなってしまった。
> 　　次の週，また保育園を訪れた。今日は他の子に頼まれて絵本を読んだりしているところに，Uくんが遊びに来てくれたりした。先週は少し不自然な別れになってしまったが，今週はまた自然に遊べている気がした。ひとしきり絵本を読んだあとはベランダに出て，Uくんやみんなの求めに応じて代わるがわる抱き上げながら，外の風景を見て過ごした。
> 　　ベランダから部屋のなかに戻ってくると，一人で遊んでいた男の子が，「ばいばい」と笑顔で手を振った。言われてみるとそろそろ帰る頃合いだった。私も「バイバイ。また遊んでね」と手を振った。そのうちに自然と他の子どもたちも「ばいばい」と手を振って笑い，筆者のところに集まってきて，互いの手と手を「タッチ」した。Uくんもベランダから走ってきて筆者の腕に甘え，「ちゅーした！」と保育士の先生に笑顔で報告した。早めにごはんを食べ始めていた子どもたちも筆者に笑顔で手を振り，筆者もみんなに手を振って部屋を出た。いつも筆者とよく遊んでいる男の子が一人，廊下に出てきてくれて，筆者が階段を降りて見えなくなるまで，ずっと手を振ってくれた。

　遊びの終わりなど，別れがなかなか受け入れられない子どももいる。夢中になって遊んでいるおもちゃをなかなか片づけられない子もいる。そんなとき必要なのは，子どもを保育者の思いで動かすことではなく，その子の心が収められていくことだろう。

第10章 去りぎわが生まれるとき

　別れの時間は時計の針が示す時刻とは違う。後の仕事に気を取られて，時間通りに帰ろうとすると，目の前の子どもとの関係にとっては不自然な別れになる。

　人と人が出会う場で起こることは，どんなことも「共同の創造（joint creation）」（Aron, 1990）だと考えられる。このエピソードでの最初の去りぎわには，筆者自身が別れを心に収められていなかったことが影響していた。別れの時間には，子どもだけでなく，大人にとってもさまざまな揺らぎが体験される。このエピソードでは，子どもたちよりも筆者のほうが葛藤に耐えかねて——浜口の表現を借りれば，いわば筆者の心のなかに貯まっていく「葛藤のプール」の水門を開けて（浜口, 2001, p.42），心の準備ができないままに帰ることになってしまった。

　保育のなかの時間について，津守は次のように述べている。

　　　幼児教育には時間をかけねばならぬ。一日の生活の中でもそうである。おとなが時間をいそいであせる時には，おとな自身が見失うものが多くある。そして幼児との間にくい違いを生むもとになる。幼児はおとなのように急いでいない。ゆっくりと，生活のひとこま，ひとこまを味わいながら，生活の体験を自分のものとしている。ゆっくりと急がない生活の中で，人は自分自身のイメージを生み出し，その中から次第に，そしてあるとき突然に自分でも予期しなかった価値あるものが浮かび上がってくる（津守, 1979, p.94）。

　次の週，去りぎわをもう少し大事にしたいという気持ちで，筆者は保育園を訪れた。より自然な形で子どもたちと出会い，別れるなかで，「予期しなかった」去りぎわの体験が生まれたように思われる。その去りぎわは，意図的につくられたわけではない。決められたルールや号令，相談や交渉によってではなく，自然とその場の人々の心がつながっていった。

　葛藤の解決は「あれかこれか」ではないことも，心に残った。去りがたいとき，いつ帰るか，子どもたちにどんな言葉をかけるかなど，決まった答えがあるわけではない。答えが決まっていないのは，答えは筆者だけが考えるのではなく，子どもたちと共に探していくものだからだろう。決まりやルール，大人

の都合にとらわれないでいるほうが，子どもたちとのかかわりを「ゆっくりと味わう」ことができる。

　「共同の創造」の観点から言えば，保育のなかの葛藤が子どもたちと保育者の両方の要因から生まれるだけでなく，その解決もまた，共同の力によって創造される。保育者は自らがあらかじめ心に描いた計画ばかりでなく，子どもたちや保育の場がもつ力を受け容れ，それを生かしていくことが必要なのだろう。

（3）エピソード3：別れによって出会う

> 　初めて訪れた保育園で，2歳児の部屋を見せていただいた。一人の女の子が筆者に絵本を差し出すので，一緒に絵本を読んでいると，他にも何人か子どもたちが集まってきた。絵本を読み終えて，次の部屋に案内していただくため，部屋を出ていくことになった。「ばいばい」と，みんなが手を振ってくれて，筆者も手を振り，外に出てガラス戸を閉めた。
>
> 　ガラス戸の向こうから，手を振ってくれる女の子がいる。筆者も嬉しくて手を振りかえす。その分，女の子ももっと大きく手を振ってくれる。筆者ももっと笑顔で手を振る。その子はたぶん，さっきは一緒に絵本を読んでいなかった。二人のかかわりが形になったのは，それが初めてだった。去りぎわに，新しい出会いが生まれることもある。

　こうしたかかわりは，何か特別な一回限りのエピソードというだけでなく，むしろ保育の場を訪れる者にとっては，日々体験されることでもあるだろう。

　別れは単にマイナスの体験だとか，収め，鎮め，なくすべきこと，ただ耐えて慣れればよいことではない。そうではなくて，どの別れにおいても，別れの時間を共に体験するなかで，何かが新たに生み出されている。

　子どもたちの世界では，すべてのことが遊びであり，イメージの広がりであり，人と人との関係が深まるきっかけであることが実感される。去りぎわについても，同じことが言える。時間に限りがあり，関係の節目が訪れることが，かえって新しく世界を広げるきっかけとなり，改めて関係を見つめなおすときとなる。

　河合隼雄は，カウンセリングにおける時間について次のように述べている。

面接時間を一定に限定することは，ともすれば忘れがちな，時間のかけがえのなさを明確にする効用をもっていると思われる。〔…中略…〕心理療法における時間構造の面白さは，上述のように「終り」を設定した面接が何度も繰り返されるという点にある。つまり，それは，一回一回「かけがえのない」時間として経験されつつ，なお「繰り返し可能」なものとして経験されるのである（河合，1981，pp.105-106）。

　保育の日々は，一回一回がかけがえのない出会いと別れの繰り返しによって成り立っている。子どもたちは，儀礼や慣習を超えて，その一つひとつの機会を心から受け止めようとする。それに応えていくなかで，保育者と子どもたちとの関係も深められていく。

　子どもと出会っている間の体験ばかりでなく，子どもと別れた後の体験も重要だと感じられる。別れの後も，子どもと保育者の心は，動き続けているのである。こうした別れの後の「省察」の時間を，倉橋（1933a）も津守（1980, p.9）も，保育にとって意義あるものと考えてきた。

　ここにあげたエピソードのなかでの省察は，去りぎわに子どもたちが筆者のなかに残していった印象によって促されている。一つの去りぎわは，そのときだけでなく，次の出会いに生かされていく。

　冒頭にあげた津守の言葉が示すように，別れは子どもたちに限らず，人間が繰り返し取り組んでいく体験である。保育のなかで，数多くの出会いと別れを繰り返しながら子どもたちが成長していくとき，その体験を共にする保育者もまた，形や次元や意味合いは違っても，人としての成長の機会を与えられる。保育のなかの去りぎわから，子どもたちとの関係性を理解し，自分自身を振り返るとき，その機会はよりよく生かされるだろう。

　　　　　　　　おわりに

　保育のことに携わる機会を与えられて，十数年が経った。今から振り返ればわからないことばかりの出発だったが，子どもたちや，保育を学ぶ学生たち，現場の先生方から多くのことを教えられてきた。自分自身でも探し求めるなかで，倉橋惣三，津守眞の保育学に出会えたことは幸運なことだった。それまで心理療法を学ぶなかで私なりに考えてきたことに，彼らが本質において応えてくれているように思われた。人と人として真摯に出会うことにおいて，心理療法と保育は共通している。倉橋や津守の思想は，その真摯な出会いの原点が，何一つ飾ることのない人間的な親しみのなかにあることを，改めて実感させてくれる。彼らの探究の軌跡に支えられながら，子どもたちと出会うなかで，学ぶこと，感じること，私自身のささやかな世界が広げられることは数多くあった。

　本書はそのような過程を通して，折々に書き留めてきた論考をまとめたものである。それぞれ独立に発表されたものなので重複する部分もあるが，ある程度整理したうえ，改めて考えを深めるなどして，全体を書き改めた。

　その全体を振り返ってみると，子どもたちと出会う私自身を問うということが共通するテーマとなっている。子どもたちの思いを汲むにしても，子どもからの訴えを受け止めるにしても，保育者の主体が重要な役割を果たしている。状況に意味を見出し，相手と身をもってかかわる保育者のあり方について，私は考えたかったのだと思う。

　自分自身の心で子どもを受け止めることは，きわめて主観的な行為であるように見えて，実は子どもという対象に忠実であろうとする出発点である。逆に自分自身を込めないで子どもに接することは，一見「客観的」なように見えて，かえって自分本位のかかわりを招く。逆説的に聞こえるかもしれないが，人間性への理解は，社会的に共有されている先入観を覆す形で深められることも多

い。そのような次元について子どもたちは，精一杯生きる姿を見せてくれるなかで，創造的な楽しみを共に体験することを通して，さまざまに教えてくれた。

　子どもの世界のなかにある大切なものを，大人はしばしば見過ごしてしまう。少しでもそれを見出し，私なりに言葉にしていくことができればと思う。

＊　＊　＊

　私自身，保育園を訪れて子どもたちとかかわるようになった日のことは，本書の冒頭にも記した。長年にわたり，園の先生方がいつも温かく迎えてくださったことは，本当に恵まれたことであり，ありがたいことと思う。園の心ある保育に支えられ，先生方の保育に触れながら学ばせていただいた。何よりも，出会うたび多くのものを与えてくれた子どもたちに感謝したい。共同研究者の伊藤美保子先生は，保育の世界により深くかかわるよう誘ってくださった。本書に掲載した保育場面の写真はすべて先生によるものである。保育者として，どこまでも子どもたちのことを思ってこられた先生と語り合えたことは，私にとって大きな糧となっている。

　津守眞先生には著作を通して私淑してきたが，お話しする機会に恵まれた際には，「倉橋惣三は，私の原点です」と懐かしく語ってくださった。「子どもたちのために，お互いにがんばりましょう」と励ましてくださった先生の笑顔には，いつも力を与えられる思いがする。津守先生に師事され，共に保育に携わられた浜口順子先生，入江礼子先生，江波諄子先生，佐治由美子先生，豊田一秀先生，また愛育養護学校の先生方には，人間的な保育を大切にするコミュニティに迎え入れていただき，研究面でも多くのことを教えていただいた。山中康裕先生，齋藤久美子先生，伊藤良子先生をはじめ，私が心理療法を学んだ多くの先生方は，人と真に出会うとはどういうことか，話し合うたびにいつも身をもって示してくださった。形は違っても，私にとって保育は，そのことを原点から考える場となっている。

　倉橋惣三の保育者論に関する論文には，日本保育学会から研究奨励賞をいただいた。もとは倉橋惣三の名を冠していた賞であり，大変光栄なことと思う。ノートルダム清心女子大学附属図書館の方々には，津守眞先生の全著作を収集

おわりに

するうえで多くの労をとっていただいた。また出版にあたっては，ノートルダム清心女子大学研究助成金をいただいた。本書をまとめるにあたり，ミネルヴァ書房の西吉誠さんにはいつも的確な理解をいただき，私が前に進むことを助けていただいた。かかわってくださったすべての方に，お礼申し上げる。

　最後に，本書にも登場する私の家族，妻と娘に感謝したい。ちょうど娘の卒園と同じときに，私なりの保育研究をまとめられることを嬉しく思う。

2018年3月

西　隆太朗

文 献 一 覧

- 文献を著者名のアルファベット順，出版年順に示す。倉橋惣三，津守眞らの論考については，思想の展開時期を示すため，初出年で示したうえ，出典を付記したものがある。この場合の参照頁は，初出時ではなく出典となった書籍のものである。
- 表記は出典に従った。津守眞は近年，著者名に「眞」表記を用いており，本文はこれに従うが，文献引用時には出版時の表記を用いる。
- 外国の著者については，原書を用いた場合はその出典を先に示したうえ，参考のために邦訳書名を付記した。訳書を用いた場合は訳書の出典を先に示し，原書の情報を付記した。

足立里美・柴崎正行（2009）.「保育者アイデンティティの形成と危機体験の関連性」『乳幼児教育学研究』**18**, pp. 89-100.

秋田喜代美（2000）.「保育者のライフステージと危機」『発達』**83**, pp. 48-52.

荒井聡史（2011）.「日本の幼児教育に対するランゲフェルト教育思想の影響——雑誌『幼児の教育』と津守真」和田修二・皇紀夫・矢野智司（編）『ランゲフェルト教育学との対話——「子どもの人間学」への応答』玉川大学出版部, pp. 254-269.

Aron, L. (1990). One-person and two-person psychologies and the method of psychoanalysis. *Psychoanalytic Psychology*, **7**(4), pp. 475-485.

アクスライン，V. M., 小林治夫（訳）（1972）.『遊戯療法』岩崎学術出版社．(Axline, V. M. (1947). *Play Therapy: The Inner Dynamics of Childhood*. Houghton Mifflin.)

Balint, M. (1950). Changing therapeutical aims and techniques in psycho-analysis. *International Journal of Psycho-Analysis*, **31**, pp. 117-124.（バリント，M., 森茂起・中井久夫・桝矢和子（訳）（1999）.『一次愛と精神分析技法』みすず書房．）

Balint, M. (1968). *The Basic Fault: Therapeutic Aspects of Regression*. Tavistock.（バリント，M., 中井久夫（訳）（1978）.『治療論から見た退行——基底欠損の精神分析』金剛出版．）

Cramer, P. (1996). *Storytelling, Narrative, and the Thematic Apperception Test*. The Guilford Press.

チクセントミハイ，M., 今村浩明（訳）（2000）.『楽しみの社会学（改題新装版）』新思

索社.（Csikszentmihalyi, M.（1975）. *Beyond Boredom and Anxiety: Experiencing Flow in Work and Play*. Jossey-Bass.）

Eagle, M. N.（2000）. A critical evaluation of current conceptions of transference and countertransference. *Psychoanalytic Psychology*, **17**(1), pp. 24-37.

Erikson, E. H.（1964）. The Nature of Clinical Evidence. In *Insight and Responsibility*. W. W. Norton & Company, pp. 49-80.（エリクソン，E. H., 鑪幹八郎（訳）（2016）.『洞察と責任――精神分析の臨床と倫理（改訳版）』誠信書房.）

Erikson, E. H.（1968）. *Identity: Youth and Crisis*. W. W. Norton & Company.（エリクソン，E. H., 岩瀬庸理（訳）（1982）.『アイデンティティ――青年と危機』金沢文庫.）

Ferenczi, S.（1933）. Confusion of tongues between the adult and the child: The language of tenderness and of passion. In *Final Contributions to the Problems and Methods of Psycho-Analysis*. The Hogarth Press, 1955, pp. 156-167.（フェレンツィ，S., 森茂起・大塚紳一郎・長野真奈（訳）（2007）.『精神分析への最後の貢献――フェレンツィ後期著作集』岩崎学術出版社.）

Freud, S.（1910）. The future prospects of psycho-analytic therapy. In J. Strachey（Ed.）*The Standard Edition of the Complete Psychological Works of Sigmund Freud*, Volume XI. Hogarth Press, 1957, pp. 139-152.（フロイト，S., 小此木啓吾（訳）（1983）.『技法・症例篇（フロイト著作集9）』人文書院.）

Freud, S.（1912）. Recommendations to Physicians Practising Psycho-Analysis. In J. Strachey（Ed.）*The Standard Edition of the Complete Psychological Works of Sigmund Freud*, Volume XII. Hogarth Press, 1958, pp. 109-120.（フロイト，S., 小此木啓吾（訳）（1983）.『技法・症例篇（フロイト著作集9）』人文書院.）

Freud, S.（1913）. On beginning the treatment (Further recommendations on the technique of psycho-analysis I). In J. Strachey（Ed.）*The Standard Edition of the Complete Psychological Works of Sigmund Freud*, Volume XII. Hogarth Press, 1958, pp. 121-144.（フロイト，S., 小此木啓吾（訳）（1983）.『技法・症例篇（フロイト著作集9）』人文書院.）

Freud, S.（1937）. Constructions in analysis. In J. Strachey（Ed.）*The Standard Edition of the Complete Psychological Works of Sigmund Freud*, Volume XXIII. Hogarth Press, 1964, pp. 255-270.（フロイト，S., 小此木啓吾（訳）（1983）.『技法・症例篇（フロイト著作集9）』人文書院.）

古屋喜美代（1996）.「幼児の絵本読み場面における『語り』の発達と登場人物との関係――2歳から4歳までの縦断的事例研究」『発達心理学研究』**7**(1), pp. 12-19.

ジェンドリン, E. T., 村山正治（訳）(1988).『夢とフォーカシング——からだによる夢解釈』福村出版.（Gendlin, E. T. (1986). *Let Your Body Interpret Your Dreams*. Chiron Publications.）

グリーンバーグ, J. R. & ミッチェル, S. A., 横井公一（監訳）(2001).『精神分析理論の展開——〈欲動〉から〈関係〉へ』ミネルヴァ書房.（Greenberg, J. R. & Mitchell, S. A. (1983). *Object Relations in Psychoanalytic Theory*. Harvard University Press.）

浜口順子（1999）.「保育実践研究における省察的理解の過程」津守真ほか『人間現象としての保育研究（増補版）』光生館, pp. 155-191.

浜口順子（2001）.「自由な保育と不自由な保育」立川多恵子・上垣内伸子・浜口順子『自由保育とは何か——「形」にとらわれない「心」の保育』フレーベル館, pp. 9-52.

長谷川摂子（1988）.『子どもたちと絵本』福音館書店.

Haskell, R. E. (1982). The matrix of group talk: An empirical method of analysis and validation. *Small Group Behavior*, **13**(2), pp. 165-191.

林仁忠（1984）.「あそび・うそ・創造性」飯田真ほか（編）『創造性（岩波講座 精神の科学9）』岩波書店, pp. 87-113.

入江礼子（1985）.「『育てるものの目』（緑陰図書紹介(2)）」『幼児の教育』**84**(8), pp. 10-13.

伊藤美保子・宗高弘子・西隆太朗（2015）.「一人ひとりを大切にする保育——0歳児クラスの担当制による乳児保育の観点から」『ノートルダム清心女子大学紀要　人間生活学・児童学・食品栄養学編』**39**(1), pp. 124-132.

伊藤美保子・西隆太朗・宗髙弘子（2016）.「一人ひとりを大切にする保育(2)——0歳児の入園期に着目して」『ノートルダム清心女子大学紀要　人間生活学・児童学・食品栄養学編』**40**(1), pp. 76-85.

Jung, C. G. (1916). The transcendent function. In H. Read et al. (Eds.) *The Collected Works of C. G. Jung*, Volume 8, 1978, pp. 67-91.（ユング, C. G., 松代洋一（訳）(1996).『創造する無意識——ユングの文芸論』平凡社.）

Jung, C. G. (1931). Problems of modern psychotherapy. In H. Read et al. (Eds.) *The Collected Works of C. G. Jung*, Volume 16, 1977, pp. 53-75.（ユング, C. G., 高橋義孝・江野専次郎（訳）(1970).『現代人のたましい（ユング著作集2）』日本教文社.）

菅野信夫（2008）.「これからの保育臨床相談のあり方」『発達』**116**, pp. 86-89.

柏木恵子・蓮香園（2000）.「母子分離〈保育園に子どもを預ける〉についての母親の感

情・認知――分離経験および職業の有無との関連で」『家族心理学研究』**14**(1), pp. 61-74.
河合隼雄（1967）.『ユング心理学入門』培風館.
河合隼雄（1976）.「事例研究の意義と問題点」『心理療法論考』新曜社, 1986, pp. 288-296.
河合隼雄（1977）.「心理療法における『受容』と『対決』」『心理療法論考』新曜社, 1986, pp. 112-121.
河合隼雄（1981）.「心理療法における場所・時間・料金について」『心理療法論考』新曜社, 1986, pp. 96-111.
河合隼雄（1982a）.「心理療法家の教育と訓練」『心理療法論考』新曜社, 1986, pp. 245-254.
河合隼雄（1982b）.「心理臨床家の専門性について」『心理療法論考』新曜社, 1986, pp. 255-258.
河合隼雄（1984）.「ライフサイクル」『生と死の接点』岩波書店, 1989, pp. 3-75.
河合隼雄（1989）.「境界例とリミナリティ」『生と死の接点』岩波書店, pp. 331-352.
河合隼雄（1991a）.「障害児と『共にいる』こと」稲垣忠彦ほか（編）『障害児教育――発達の壁をこえる（シリーズ授業 実践の批評と創造10）』岩波書店, pp. 137-146.
河合隼雄（1991b）.『イメージの心理学』青土社.
河合隼雄（1992a）.『子どもと学校』岩波書店.
河合隼雄（1992b）.『心理療法序説』岩波書店.
河合隼雄（1993a）.「物語と心理療法」『物語と人間の科学』岩波書店, pp. 1-43.
河合隼雄（1993b）.「コンステレーション」『物語と人間の科学』岩波書店, pp. 45-82.
Klein, M.（1946）. Notes on some schizoid mechanisms. *International Journal of Psycho-Analysis*, **27**, pp. 99-110.（小此木啓吾・岩崎徹也（責任編訳）（1985）.『妄想的・分裂的世界（メラニー・クライン著作集4）』岩崎学術出版社.）
鯨岡峻（2001）.「出会いのなかの〈津守真〉」『発達』**88**, pp. 13-18.
鯨岡峻（2005）.『エピソード記述入門――実践と質的研究のために』東京大学出版会.
鯨岡峻・鯨岡和子（2007）.『保育のためのエピソード記述入門』ミネルヴァ書房.
倉橋惣三（1912a）.「夏やすみ後」坂本彦太郎・及川ふみ・津守真（編）『倉橋惣三選集第二巻』フレーベル館, 1965, pp. 62-63.
倉橋惣三（1912b）.「新たに考えよ」坂本彦太郎・及川ふみ・津守真（編）『倉橋惣三選集第二巻』フレーベル館, 1965, pp. 276-280.
倉橋惣三（1916a）.「夏子」坂本彦太郎・及川ふみ・津守真（編）『倉橋惣三選集第二巻』フレーベル館, 1965, pp. 107-130.

倉橋惣三（1916b）.「新入園児を迎えて」坂本彦太郎・及川ふみ・津守真（編）『倉橋惣三選集第二巻』フレーベル館，1965, pp. 156-162.

倉橋惣三（1916c）.「斯くてまた暮れゆく」坂本彦太郎・及川ふみ・津守真（編）『倉橋惣三選集第二巻』フレーベル館，1965, pp. 281-283.

倉橋惣三（1917）.「保姆その人」坂本彦太郎・及川ふみ・津守真（編）『倉橋惣三選集第二巻』フレーベル館，1965, pp. 258-261.

倉橋惣三（1919a）.「教師の生徒化」森上史朗（編）『倉橋惣三選集第五巻』フレーベル館，1996, pp. 288-299.

倉橋惣三（1919b）.「子供の研究は個人的でありたきこと」『幼児の教育』19(6), pp. 254-258.

倉橋惣三（1919c）.「こどもの研究」浜口順子（編）『家庭生活と教育Ⅱ（倉橋惣三保育人間学セレクション第4巻）』学術出版会，2017, pp. 366-373.

倉橋惣三（1919d）.「教師の心理」森上史朗（編）『倉橋惣三選集第五巻』フレーベル館，1996, pp. 300-306.

倉橋惣三（1923）.「一人の尊厳」坂本彦太郎・及川ふみ・津守真（編）『倉橋惣三選集第二巻』フレーベル館，1965, pp. 35-36.

倉橋惣三（1926a）.「幼稚園雑草」坂本彦太郎・及川ふみ・津守真（編）『倉橋惣三選集第二巻』フレーベル館，1965, pp. 17-418.

倉橋惣三（1926b）.「自己防御」森上史朗（編）『倉橋惣三選集第五巻』フレーベル館，1996, pp. 317-323.

倉橋惣三（1931）.「受け手としての教師」森上史朗（編）『倉橋惣三選集第五巻』フレーベル館，1996, pp. 331-332.

倉橋惣三（1933a）.「子どもらが帰った後」坂本彦太郎・及川ふみ・津守真（編）『倉橋惣三選集第三巻』フレーベル館，1965, p. 51.

倉橋惣三（1933b）.「教育される教育者」坂本彦太郎・及川ふみ・津守真（編）『倉橋惣三選集第三巻』フレーベル館，1965, p. 49.

倉橋惣三（1934）.「ひきつけられて」坂本彦太郎・及川ふみ・津守真（編）『倉橋惣三選集第三巻』フレーベル館，1965, p. 38.

倉橋惣三（1936a）.「育ての心」坂本彦太郎・及川ふみ・津守真（編）『倉橋惣三選集第三巻』フレーベル館，1965, pp. 5-378.

倉橋惣三（1936b）.「話し手と聴き手」森上史朗（編）『倉橋惣三選集第五巻』フレーベル館，1996, pp. 430-432.

倉橋惣三（1939）.「フレーベル」坂本彦太郎・及川ふみ・津守真（編）『倉橋惣三選集第一巻』フレーベル館，1965, pp. 297-404.

倉橋惣三（1953）．「幼稚園真諦」坂本彦太郎・及川ふみ・津守真（編）『倉橋惣三選集第一巻』フレーベル館，1965，pp. 7-122.

倉橋惣三（1954）．「子供讃歌」坂本彦太郎・及川ふみ・津守真（編）『倉橋惣三選集第一巻』フレーベル館，1965，pp. 123-296.

Langeveld, M. J. (trans. G. Uildriks) (1981). *Columbus: Picture Analysis of Growth Towards Maturity: A Series of 24 Pictures and a Manual.* S. Karger.

ランゲフェルド，M. J.（1974）．「個々の子供を理解し解釈すること」岡田渥美・和田修二（監訳）『教育と人間の省察（M. J. ランゲフェルド講演集）』玉川大学出版部，pp. 109-122.（日本での講演をまとめた一冊であり，本書が原典である）

ランゲフェルド，M. J.（1976）．「子供の生活におけるプロジェクション」岡田渥美・和田修二（監訳）『続 教育と人間の省察（M. J. ランゲフェルド講演集）』玉川大学出版部，pp. 50-77.（日本での講演をまとめた一冊であり，本書が原典である）

ランゲフェルド，M. J.，和田修二（監訳）（1980）．『よるべなき両親』玉川大学出版部．

Langs, R. (1976). *The Bipersonal Field.* Jason Aronson.

Langs, R. (1978). *The Listening Process.* Jason Aronson.

Lave, J. & Wenger, E. (1991). *Situated Learning: Legitimate Peripheral Participation.* University of California Press.（レイヴ，J. & ウェンガー，E.，佐伯胖（訳）（1993）．『状況に埋め込まれた学習――正統的周辺参加』産業図書．）

森上史朗（1993）．『子どもに生きた人・倉橋惣三――その生涯・思想・保育・教育』フレーベル館．

毛利子来（1999）．『生きにくさの抜け道――子どもと大人の黙示録』岩波書店．

Murray, H. A. & the Staff of the Harvard Psychological Clinic (1971). *Thematic Apperception Test: Manual.* Harvard University Press.

中村雄二郎（1992）．『臨床の知とはなにか』岩波書店．

西隆太朗（2001）．「Michael Balint の治療論における相互的な『認識』について」『心理臨床学研究』**19**(1)，pp. 13-22.

西隆太朗（2008）．「M・J・ランゲフェルドの『コロンブステスト』における投影法理解とその意義について――臨床教育学が心理臨床に示唆するもの」藤原勝紀・皆藤章・田中康裕（編）『心理臨床における臨床イメージ体験』創元社，pp. 403-412.

西隆太朗（2009）．「診断がおこなわれる過程――学校というコミュニティにおける発達障害」伊藤良子・角野善宏・大山泰宏（編）『「発達障害」と心理臨床』創元社，pp. 412-421.

西隆太朗（2014）．「逆転移概念の批判的検討――治療者の省察のために」皆藤章・松下姫歌（編）『心理療法における「私」との出会い――心理療法・表現療法の本質を問

い直す』創元社, pp. 85-91.
西隆太朗・伊藤美保子 (2017).「乳児保育の実際と保育者のかかわりを考えるために――映像記録を用いた授業を通して」『保育者養成教育研究』1, pp. 85-95.
西隆太朗・倉光美保 (2008).「投影法『コロンブス』の実施経験について(1)」『ノートルダム清心女子大学 清心こころの相談室年報』21, pp. 5-17.
ノディングズ, N., 佐藤学 (監訳) (2007).『学校におけるケアの挑戦――もう一つの教育を求めて』ゆみる出版. (Noddings, N. (1992). *The Challenge to Care in Schools: An Alternative Approach to Education.* Teachers College Press.)
大場幸夫 (2012).『保育臨床論特講――大場幸夫遺稿講義録』萌文書林.
尾崎康子 (2001).「3歳児の仲間遊びにおける母子分離――子育て支援施設での1年間の観察から」『家庭教育研究所紀要』23, pp. 44-53.
ロージャズ, C. R., 友田不二男 (編訳) (1966).『サイコセラピィ (ロージャズ全集3)』岩崎学術出版社. (Rogers, C. R. (1951). *Client-Centered Therapy: Its Current Practice, Implications and Theory.* Constable.)
坂元彦太郎 (1976).『倉橋惣三・その人と思想』フレーベル館.
佐々木宏子 (1989).『増補 絵本と想像性――三歳まえの子どもにとって絵本とは何か』高文堂出版社.
佐々木宏子 (2006).『絵本は赤ちゃんから――母子の読み合いがひらく世界』新曜社.
佐藤学 (2001).「人間・津守真――祈りの心理学へ, 希望の保育者へ」『発達』88, pp. 2-6.
佐藤学 (2005).「教室のフィールドワークと学校のアクション・リサーチのすすめ」秋田喜代美・恒吉僚子・佐藤学 (編)『教育研究のメソドロジー――学校参加型マインドへのいざない』東京大学出版会, pp. 3-13.
佐藤学ほか (2001).「特集 津守真を読み解く」『発達』88, pp. 1-82.
Schön, D. A. (1983). *The Reflective Practitioner: How Professionals Think in Action.* Basic Books. (ショーン, D. A., 柳沢昌一・三輪建二 (監訳) (2007).『省察的実践とは何か――プロフェッショナルの行為と思考』鳳書房;ショーン, D. A., 佐藤学・秋田喜代美 (訳) (2001).『専門家の知恵――反省的実践家は行為しながら考える』ゆみる出版.)
Schön, D. A. (1987). *Educating the Reflective Practitioner: Toward a New Design for Teaching and Learning in the Professions.* Jossey-Bass.
Schön, D. A. (1988). Coaching Reflective Teaching. In P. P. Grimmett & G. L. Erickson (Eds.) *Reflection in Teacher Education.* Teachers College Press, pp. 19-29.
柴崎正行 (1992).「保育者の役割について(2)――倉橋惣三の保育論から学ぶこと」『立教

社会福祉研究』**12/13**, pp. 6-13.
柴田幸一 (1985).「登園時における母子分離不安に及ぼす諸要因について」『静岡大学教育学部研究報告　人文・社会科学篇』**36**, pp. 185-193.
Smith, D. L. (1991). *Hidden Conversations: An Introduction to Communicative Psychoanalysis*. Routledge.
Smith, D. L. (1999). *Approaching Psychoanalysis: An Introductory Course*. Karnac Books.
Smith, D. L. (2004). *Why We Lie: The Evolutionary Roots of Deception and the Unconscious Mind*. St. Martin's Press.（スミス，D. L.，三宅真砂子（訳）(2006).『うそつきの進化論──無意識にだまそうとする心』NHK 出版.）
鈴木睦夫 (1997).『TAT の世界──物語分析の実際』誠信書房.
諏訪義英 (2007).『日本の幼児教育思想と倉橋惣三（新装新版）』新読書社.
高林朋恵・藤野友紀 (2002).「保育実践に迫るための方法論を求めて──城戸幡太郎と倉橋惣三における保育実践観を手がかりに」『北海道大学大学院教育学研究科紀要』**86**, pp. 165-177.
高杉展 (2008).「倉橋惣三の保育者論」津守真・森上史朗（編）『倉橋惣三と現代保育』フレーベル館, pp. 137-158.
田矢幸江・柏木惠子 (2004).「乳児期の社会性，対人関係の発達──保育園登園場面の観察から」『発達研究──発達科学研究教育センター紀要』**18**, pp. 43-56.
鳥光美緒子・北野幸子・山内紀幸・中坪史典・小山優子 (1999).「保育現実の分析のための方法論的検討──津守真による転回をめぐって」『幼年教育研究年報』**21**, pp. 1-8.
外山紀子 (1989).「絵本場面における母親の発話」『教育心理学研究』**37**(2), pp. 151-157.
外山滋比古 (1975).「エディターシップ」『エディターシップ（外山滋比古著作集 4）』みすず書房, 2002, pp. 147-311.
外山滋比古 (1978).「異本論」『異本と古典（外山滋比古著作集 3）』みすず書房, 2003, pp. 1-275.
津守房江 (1971).「子どもの生きがい──絵本を通してその『時』を考える」『幼児の教育』**72**(5), pp. 56-60.
津守房江 (1977).「子どもの内的世界」森上史朗・江波諄子（編）『保育のための幼児理解（保育実践講座第 1 巻）』第一法規出版, pp. 37-52.
津守房江 (1981).「子どもと水──水の中の世界と外の世界」『愛育』**46**(8), pp. 14-17.
津守房江 (1984).『育てるものの目』婦人之友社.

津守房江 (1986).「子どもと生きる日常の意味――煮炊きする湯気の中で」『愛育』**51**(7), pp.38-41.（のちに改題のうえ，津守房江（1988）に収録）

津守房江 (1988).『育てるものの日常』婦人之友社.

津守房江 (1990).『育てる心の旅』日本基督教団出版局.

津守房江 (1996).「成長とは何か――保育学の視点から」『日本保育学会大会研究論文集』**49**, pp.30-31.

津守房江 (2001).『はぐくむ生活』婦人之友社.

津守房江 (2007).「苗床のうた（家庭指導グループで）」愛育養護学校教職員（編）『「あゆみ」愛育養護学校50年史』愛育養護学校, pp.18-20.

津守房江 (2016).『はぐくむ人をめぐって思ったこと』お茶の水女子大学附属幼稚園後援会.

津守真 (1964).「不安定に耐える力を養うこと――教育計画における柔軟性の必要について」『幼児の教育』**63**(10), pp.29-33.

津守真 (1968a).「保育の過程」『子ども学のはじまり』フレーベル館, 1979, pp.23-67.

津守真 (1968b).「保育学の発展の必要」『幼児の教育』**67**(1), pp.38-42.

津守真 (1973).「幼児の観察研究――反省と出発」『子ども学のはじまり』フレーベル館, 1979, pp.99-112.

津守真 (1974a).「倉橋惣三の保育論の現代における位置」『子ども学のはじまり』フレーベル館, 1979, pp.266-291.

津守真 (1974b).「保育研究転回の過程」津守真ほか『人間現象としての保育研究（増補版）』光生館, 1999, pp.3-42.

津守真 (1974c).「幼児にあらわれる人間の原型」『子ども学のはじまり』フレーベル館, 1979, pp.195-224.

津守真 (1978).「児童学総説　実践研究の意味――依存と受容をめぐって」『家政学雑誌』**29**(1), pp.11-16.

津守真 (1979).『子ども学のはじまり』フレーベル館.

津守真 (1980).『保育の体験と思索――子どもの世界の探究』大日本図書.

津守真 (1981-1983).「保育の一日」『保育の一日とその周辺』フレーベル館, 1989, pp.9-88.

津守真 (1985).「『理解すること』について」『教育と医学』**33**(12), pp.1225-1229.

津守真 (1987a).「倉橋惣三『幼稚園真諦』を『幼稚園教育の在り方』と対応させて読む」『保育の一日とその周辺』フレーベル館, 1989, pp.209-235.

津守真 (1987b).『子どもの世界をどうみるか――行為とその意味』日本放送出版協会.

津守真 (1988a).「受動を能動にかえる自我の力」『幼児の教育』**87**(4), pp.7-11.

津守真（1988b）.「保育の専門性・保育の協力性」『保育者の地平——私的体験から普遍に向けて』ミネルヴァ書房, 1997, pp. 102-106.

津守真（1989）.『保育の一日とその周辺』フレーベル館.

津守真（1991）.「現代の幼児教育と人間の成長——『幼稚園にカリキュラムは必要か』にみる和田實10の課題」東京教育専門学校（編）『和田實の幼児教育論についての研究論集（和田実幼児教育研究第2巻）』白桃サービスセンター, 2003, pp. 93-100.

津守真（1992）.「再会」『保育者の地平——私的体験から普遍に向けて』ミネルヴァ書房, 1997, pp. 251-254.

津守真（1993a）.「それぞれに子ども学がはじまる」『幼児の教育』92(6), pp. 4-8.

津守真（1993b）.「保育の知——深くかかわることによって」『幼児の教育』92(4), pp. 6-10.

津守眞（1994）.「背負う」『愛育の庭から——子どもと歩み学ぶ日々』愛育養護学校, 2009, pp. 23-24.

津守真（1997）.『保育者の地平——私的体験から普遍に向けて』ミネルヴァ書房.

津守真（1998）.「保育者としての教師」佐伯胖ほか（編）『教師像の再構築（岩波講座現代の教育第6巻）』岩波書店, pp. 147-168.

津守真（1999）.「全部自分のものにしたい心」『幼児の教育』98(8), pp. 4-7.

津守真（2001）.「私が『幼児の教育』誌の編集にたずさわった頃——一九五四年から一九八三年まで」『幼児の教育』100(1), pp. 8-18.

津守真（2002）.「保育の知を求めて」『教育學研究』69(3), pp. 37-46.

津守眞（2004）.「障碍をもつ子どもと統合教育」『そだちの科学』3, pp. 41-46.

津守真・宍戸健夫・李相琴・本田和子（1984）.「倉橋惣三の人と思想（シンポジウム）」『幼児の教育』83(11), pp. 32-64.

津守眞・津守房江（2008）.『出会いの保育学——この子と出会ったときから』ななみ書房.

津守真・津守房江・無藤隆（2001）.「人間の学としての保育学への希望」『発達』88, pp. 69-81.

ターナー, V. W., 冨倉光雄（訳）（1996）.『儀礼の過程（新装版）』思索社.（Turner, V. W. (1969). *The Ritual Process: Structure and Anti-Structure*. Aldine Publishing.）

氏原寛・東山紘久（編）（1995）.『幼児保育とカウンセリングマインド』ミネルヴァ書房.

和田修二（1982）.『子どもの人間学』第一法規出版.

Wallas, G. (1926). *The Art of Thought*. Solis Press, 2014.

Wenger, E. (1998). *Communities of Practice: Learning, Meaning, and Identity*.

Cambridge University Press.

ウェンガー, E., マクダーモット, R. & スナイダー, W. M., 櫻井祐子（訳）(2002).『コミュニティ・オブ・プラクティス――ナレッジ社会の新しい知識形態の実践』翔泳社. (Wenger, E., McDermott, R. & Snyder, W.M. (2002). *Cultivating Communities of Practice*. Harvard Business School Press.)

Winnicott, D. W. (1960). The theory of the parent-infant relationship. *International Journal of Psycho-Analysis*, **41**, pp. 585-595. (ウィニコット, D. W., 牛島定信（訳）(1977).『情緒発達の精神分析理論』岩崎学術出版社.)

やまだようこ (1987).『ことばの前のことば――ことばが生まれるすじみち1』新曜社.

山本聡子・松葉百香 (2012).「子どもの登園における保育者の配慮に関する研究」『名古屋市立大学大学院人間文化研究科 人間文化研究』**18**, pp. 97-108.

山中康裕 (1991).『老いのソウロロギー（魂学）』有斐閣.

横山真喜子 (1997).「就寝前の絵本の読み聞かせ場面における母子の会話の内容」『読書科学』**41**(3), pp. 91-104.

初出一覧

　各章の初出を示す。本書への収録にあたっては重複等を整理し、新たな考察を加えるなどして書き改めた。

序　章
1　西隆太朗（2010）.「保育の中の静かな時間」『幼児の教育』**109**(5), pp.28-31.
2　書き下ろし
3　西隆太朗（2018）.「心が開かれるとき」『幼児の教育』**117**(2), pp.28-31.
4　西隆太朗（2015）.「保育園の砂——ある日の去り際に」『幼児の教育』**114**(4), pp.30-33.
5　西隆太朗（2017）.「保育はみんなでつくるもの——ある日の登園から」『幼児の教育』**116**(2), pp.54-57.

第Ⅰ部

Introduction　西隆太朗（2017）.「倉橋惣三を読む」『ノートルダム清心女子大学　児童臨床研究所年報』**30**, pp.72-74.

第1章
西隆太朗（2015）.「小説『夏子』に見る倉橋惣三の保育者論——アイデンティティ探求の過程に着目して」『保育学研究』**53**(1), pp.6-17.

第2章
西隆太朗（2017）.「子どもの心へのアプローチ——倉橋惣三における『保育の心理学』」『発達』**152**, pp.32-37.

第Ⅱ部

Introduction　書き下ろし

第3章
西隆太朗（2016）.「津守眞の保育思想における省察——子ども達との出会いに立ち返って」『保育学研究』**54**(1), pp.30-41.

第 4 章
　西隆太朗（2017）．「津守房江の保育思想――保育を捉える視点と事例解釈の方法論」『日本家政学会誌』**68**(7)，pp. 326-336.

第Ⅲ部

Introduction　西隆太朗（2017）．「自らかかわって理解するということ――関係性を組み入れた『保育の知』のために」『ノートルダム清心女子大学　清心こころの相談室年報』**30**，pp. 31-33.

第 5 章
　西隆太朗（2013）．「保育者の省察に基づく事例研究の方法論――子どもたちとのかかわりを通して」『乳幼児教育学研究』**22**，pp. 53-62．（うち，導入部分を収録・加筆した）

第 6 章
　西隆太朗（2013）．「保育者の省察に基づく事例研究の方法論――子どもたちとのかかわりを通して」『乳幼児教育学研究』**22**，pp. 53-62．及び，西隆太朗（2013）．「事例記述における素材の選択について――ケア的なかかわりを中心に」『ノートルダム清心女子大学　清心こころの相談室年報』**10**，pp. 32-35．（両論文に修正を加えて再構成した）

第Ⅳ部

Introduction　書き下ろし

第 7 章
　西隆太朗（2016）．「保育的なかかわりにおけるイメージと関係性の展開――ある子どもとの出会いから」『遊戯療法学研究』**15**(1)，pp. 85-96.

第 8 章
　西隆太朗（2014）．「絵本を通して子どもと関わること――2歳児クラスでの相互的関係とイメージの展開」『保育の実践と研究』**19**(2)，pp. 68-79.

第 9 章
　西隆太朗（2013）．「M. J. ランゲフェルトの『コロンブス・テスト』におけるイメージと関係性の展開――保育園での実施経験から」『臨床教育学研究』**1**，pp. 144-161.

第10章
　西隆太朗（2016）．「去りぎわが生まれるとき――2歳児クラスでのかかわりによる事例研究」『ノートルダム清心女子大学紀要　人間生活学・児童学・食品栄養学編』**40**(1)，pp. 113-123.

《著者紹介》

西　隆太朗（にし・りゅうたろう）

1971年生まれ。1995年に京都大学教育学部卒業後，2002年に同大学大学院にて博士号（教育学）を取得。精神分析的心理療法における関係性についての研究から出発し，近年は保育現場で子どもたちとかかわりながら保育研究を進めている。2016年には，論文「小説『夏子』に見る倉橋惣三の保育者論——アイデンティティ探求の過程に着目して」で日本保育学会研究奨励賞（論文部門）受賞（本書第1章）。

現　在　ノートルダム清心女子大学人間生活学部児童学科准教授。臨床心理士。
主　著　『保育の中の子ども達——ともに歩む日々』（共編著）大学教育出版，2012年。
　　　　『心理療法における「私」との出会い』（共著）創元社，2014年。

　　　　　　子どもと出会う保育学
　　　　　　——思想と実践の融合をめざして——

2018年6月10日　初版第1刷発行　　　　　〈検印省略〉

定価はカバーに
表示しています

著　　者　　西　　　隆太朗
発　行　者　　杉　田　啓　三
印　刷　者　　田　中　雅　博

発行所　株式会社　ミネルヴァ書房
607-8494　京都市山科区日ノ岡堤谷町1
電話代表（075）581-5191
振替口座01020-0-8076

©西隆太朗，2018　　　　　創栄図書印刷・清水製本

ISBN978-4-623-08352-7
Printed in Japan

書名	判型/頁数	本体価格
保育者の地平 ――私的体験から普遍に向けて 津守 真／著	Ａ５判／312頁	3000円
保育の場に子どもが自分を開くとき ――保育者が綴る14編のエピソード記述 室田一樹／著	Ａ５判／242頁	2400円
保育の場で子どもを理解するということ ――エピソード記述から"しる"と"わかる"を考える 室田一樹／著	Ａ５判／172頁	2200円
保育のためのエピソード記述入門 鯨岡 峻・鯨岡和子／著	Ａ５判／256頁	2200円
エピソード記述で保育を描く 鯨岡 峻・鯨岡和子／著	Ａ５判／272頁	2200円
子どもの心の育ちをエピソードで描く ――自己肯定感を育てる保育のために 鯨岡 峻／著	Ａ５判／296頁	2200円
保育の場で子どもの心をどのように育むのか ――「接面」での心の動きをエピソードに綴る 鯨岡 峻／著	Ａ５判／312頁	2200円
共 感――育ち合う保育のなかで 佐伯 胖／編	四六判／232頁	1800円
子どもを「人間としてみる」ということ ――子どもとともにある保育の原点 子どもと保育総合研究所／編	四六判／308頁	2200円
「子どもがケアする世界」をケアする ――保育における「二人称的アプローチ」入門 佐伯 胖／編著	四六判／244頁	2200円
保育のグランドデザインを描く ――これからの保育の創造にむけて 汐見稔幸・久保健太／編著	四六判／344頁	2400円

―― ミネルヴァ書房 ――

http://www.minervashobo.co.jp/